Samenkorn

Lothar Gassmann

Die Endzeitrede Jesu Christi

Was kommt auf uns zu?

Reihe: BIBEL AKTUELL

1. Auflage 2013

Christlicher Schriften- und Liederverlag
Liebigstr. 8, 33803 Steinhagen, Germany

Titelfoto: Lothar Gassmann (Blick vom Ölberg auf Jerusalem, Israel)
Umschlag Gestaltung: Jakob Penner, Nelly Hildebrant

Satz: Samenkorn e.V.
Druck und Bindung: C.H. Beck, Germany

ISBN: 978-3-86203-102-3

Hinweis:
Diese Auslegungen sind aus Predigten im Rahmen einer Bibelwoche hervorgegangen. Sie wurden von Monika Ebert und Ute Bromund vom Band getippt und sprachlich geglättet, wofür ich ihnen hiermit herzlich danke. Für die Endredaktion zeichne ich selber verantwortlich. Der Stil der freien Rede wurde so weit wie möglich beibehalten.

Inhalt

1. Teil
Aktuelle Zeichen der nahen Wiederkunft Jesu Christi

In Matthäus 24, der bekannten Ölberg- oder Endzeitrede, stellen die Jünger Jesu am Anfang mehrere Fragen. Es geht hier um die Zeichen Seiner Wiederkunft.

Matthäus 24,1 ff:

Und Jesus ging hinweg von dem Tempel und Seine Jünger traten zu Ihm, dass sie Ihm zeigten des Tempels Gebäude. Er aber sprach zu ihnen: „Seht ihr nicht das alles? Wahrlich, Ich sage euch, es wird hier nicht ein Stein auf dem anderen bleiben, der nicht zerbrochen werde." Und als Er auf dem Ölberg saß, traten zu Ihm Seine Jünger besonders und sprachen: „Sage uns, wann wird das geschehen? Und welches wird das Zeichen sein Deines Kommens und des Endes der Welt?" Jesus aber antwortete und sprach zu ihnen: „Sehet zu, dass euch nicht jemand verführe, denn es werden viele kommen unter Meinem Namen und sagen: Ich bin der Christus und werden viele verführen."

Gebet:

Lieber HERR Jesus Christus. Danke, dass Du uns diese warnenden Worte gesagt hast, dass wir uns nicht verführen lassen sollen durch falsche Christusse und falsche Propheten. Bitte bewahre uns davor. Schenke es uns, dass wir gereinigt werden durch Dein Blut, dass wir bewahrt werden durch Deinen Heiligen Geist und dass wir durch Dein Wort allen bösen Mächten widerstehen können. Amen

Gott verlässt den Tempel

„Und Jesus ging hinweg von dem Tempel"

Wer geht vom Tempel weg? GOTT geht weg, denn Jesus ist GOTTES Sohn. GOTT verlässt den Tempel. Dieser Tatsache kommt eine überaus weitreichende Bedeutung zu. Kein Wunder, dass Jesus Christus sagt, dieser Tempel werde bald zerstört werden, denn die führenden Juden Seiner Zeit haben Jesus zu überwiegender Mehrheit abgelehnt. Er hatte vor den Endzeitrede im Tempel Streitgespräche geführt mit den tonangebenden politischen Führern, den Herodianern, sowie mit den führenden Theologen, den Schriftgelehrten: mit Pharisäern als der konservativen und mit Sadduzäern als der liberalen Richtung des damaligen Judentums. Von wenigen Ausnahmen abgesehen, haben sie Ihn leider nicht als den Messias erkannt und anerkannt, während GOTT es dagegen im einfachen Volk vielen geoffenbart hat. Viele Menschen aus dem Volk Israel sind Jesus nachgefolgt, aber die Oberschicht hat Ihn weitgehend abgelehnt. Die Sünde eines jeden menschlichen Herzens ist auch damals schon dort in Israel bis zum Himmel gestiegen. Aus diesem Grund geht Jesus hinweg von dem Tempel. Wenn wir das Ende in Kapitel 23 betrachten, dann sehen wir, wie Jesus sogar über die Stadt Jerusalem weint. Er sieht prophetisch voraus, was Ihm geschehen wird, und Er weiß auch, was den Propheten im alten Bund geschehen ist. So ist dieses Weinen auch als ein Klageruf zu verstehen:

Matthäus 23,37:

„Jerusalem, Jerusalem, die du tötest die Propheten und steinigst, die zu dir gesandt sind. Wie oft habe Ich deine Kinder versammeln wollen, wie eine Henne versammelt ihre Küchlein unter ihre Flügel, und ihr habt nicht gewollt. Siehe, euer Haus soll euch wüste gelassen werden, denn Ich sage euch, ihr werdet Mich von jetzt

an nicht mehr sehen, bis ihr sprecht: Gelobt sei, der da kommt im Namen des HERRN."

Das Kommen Jesu wird geschehen, wenn der HERR auf dem Ölberg erscheint, an jenem Ort, an welchem Er auch zum Himmel aufgefahren ist. Er kommt wieder zur Schlacht bei Harmagedon. Dann werden sie auf Ihn sehen, den sie durchbohrt haben (Sacharja 12,10).

In Jerusalem stand, als Jesus auf Erden wandelte, ein prachtvoller Tempel. Der erste Tempel stammte aus der Regierungszeit des Königs Salomo, der zweite erstand während der Zeit von Serubbabel. Diesen hatte König Herodes in großartiger Weise ausbauen lassen und er galt als eines der Wunderwerke in der damaligen Welt. Es waren goldene Platten auf die Steine gegossen. Wenn die Sonne unterging, hat es darauf strahlend geleuchtet. Die Kuppel des heutigen Felsendoms in Jerusalem (das islamische sogenannte Heiligtum) ist nur ein schwacher Abglanz dessen, was der Tempel Gottes an Leuchtkraft ausgestrahlt hat. Die weißen Steine und das Gold, mit dem sie verziert waren, die riesige Ausdehnung des Tempels – all dies bot einen prachtvollen Anblick. Wenn man heutzutage in Jerusalem ist, sieht man noch einen Rest der Westmauer, jedoch nur die tiefliegenden Teile. Diese Bruchstücke sind aber allein schon riesengroß. So ist nur der Grundstein mehrere Meter lang und hoch. Der Tempel war also gewaltig und eindrucksvoll.

Nun kommt die Ernüchterung in den Worten Jesu:

„Seht ihr nicht das alles? Wahrlich, Ich sage euch, es wird hier nicht ein Stein auf dem anderen bleiben, der nicht zerbrochen werde."

Das war ein Schock für die Jünger, die ebenfalls von diesem Tempel beeindruckt waren. Galt er ja als der Ort der Gegenwart GOTTES, in welchem sich das Allerheiligste befand. Der Hohepriester hatte nur einmal im Jahr Zugang zu dem Allerheiligsten. Und nun sollte dieser Ort zerstört werden? Ja, nämlich wegen der Unbußfertigkeit des Volkes, weil sie Jesus, den Messias abgelehnt haben!

Wie sieht es heute in unseren „Tempeln" aus?

Wenn man die damalige Situation auf unsere Zeit überträgt, stellt sich mit Macht die Frage: Wie sieht es mit unseren Kirchen, mit unseren „Tempeln" heute aus? Der Tempel im neuen Bund ist ja das eigene Herz. Denn als Kinder Gottes sind *wir* der Tempel des Heiligen Geistes (1. Korinther 6, 19). Auch die Gemeinde ist der Tempel Gottes im Neuen Bund (1. Korinther 3,16 f.). Und ebenso sollen die heutigen Kirchengebäude wirkliche Tempel der Gegenwart GOTTES sein. Aber was findet sich heute in Kirchen alles an Verwässerung, an Relativierung des Wortes GOTTES und sogar an Gotteslästerung?! Was befindet sich in unseren eigenen Herzen an Zweifeln, an Unglauben und an Sünde?! Immer wieder ist eine Tempelreinigung geboten. Der HERR Jesus selbst hat den Tempel gereinigt, sogar zweimal oder mehrfach. Und doch ist er eine Räuberhöhle geblieben …

So hatte der irdische Tempel in Jerusalem keine Zukunft mehr. Kein Stein solle auf dem anderen bleiben, der nicht zerbrochen werden würde.

Das ist genauso eingetroffen. Was man heute sehen kann, ist lediglich noch ein Rest der Westmauer, der Umgebungsmauer. Der Tempel selbst ist nicht mehr vorhanden, denn er ist beim Angriff der Römer im Jahre 70 n. Chr. bis auf die Grundmauern niedergebrannt worden. Durch die Fackeln, welche in den Umkleideraum der Priester geworfen wurden, hat das Feuer begonnen zu lodern. Wie überliefert wird, soll der römische Feldherr persönlich noch versucht haben, den Brand zu stoppen. Aber es war längst zu spät und so ist alles bis auf die Grundmauern abgebrannt. Um das Gold herauszuholen, hat man die Mauersteine in die Hitze gelegt. So ist alles abgetragen worden.

An wen ist die Endzeitrede gerichtet?

Im weiteren Text lesen wir:

Als Er auf dem Ölberg saß, traten zu Ihm Seine Jünger besonders.

Die Endzeitrede, die nun folgt, ist nicht mehr für das allgemeine Volk bestimmt. Diese gilt allein für die Gläubigen, um sie vor dem Kommenden zu warnen. Es behaupten manche Bibelausleger, dass diese Ölbergrede (wie auch andere Reden Jesu) nur an Israel gerichtet sei. Das halte ich nicht für richtig. Man kann zwar davon ausgehen, dass die ersten Jünger meist israelitischer Herkunft waren, dass sie also Juden waren. Aber das, was der HERR hier ausdrückt, sagt Er stellvertretend zu ihnen für *alle* Jünger, also auch für jene aus den Heidennationen. Die Verengung der Bibel auf bestimmte Volksgruppen, die übertriebene Schriftteilung sollten wir nicht übernehmen. Ich habe schon manche Menschen sagen hören, dass auch die Bergpredigt nur zu Israel gesprochen worden sei. Da stellt sich die Frage: Wenn das so wäre, was gilt denn dann überhaupt noch in der Bibel? Als Nachfolger Jesu sollten wir keinesfalls eine solch fromm getünchte Bibelkritik betreiben!

Ich verstehe die Endzeitrede so, dass sie für die Gemeinde Jesu bestimmt ist und dass sie uns im Hier und Heute genauso betrifft, ob wir nun messianische Juden oder aus den Heidennationen bekehrte Christen sind. Sie gilt für alle, die Ohren haben zu hören.

Wann erfüllt sich die Endzeitrede?

Seine Jünger traten zu Ihm und sprachen: „Sage uns, wann wird das geschehen? Und welches wird das Zeichen sein Deines Kommens und des Endes der Welt?“

Für „Ende der *Welt*“ steht im Griechischen *„aion“:* Zeitalter bzw. Weltalter. Hier ist die Vollendung des Weltlaufs gemeint, in dem sich die Jünger befanden und in welchem wir uns heute ebenfalls befinden. Nun zu den einzelnen Fragen in diesem Textabschnitt:

Die erste Frage bezieht sich auf die Zerstörung des Tempels, von der Jesus gesprochen hat. Die zweite Frage zielt nicht auf die Zerstörung des Tempels, sondern auf die weitere Zukunft der Geschehnisse. Es mag sein, dass diese Ereignisse in der Naherwartung der Jünger nicht so weit auseinander lagen, aber es ist genauso möglich, dass die letztere(n) Frage(n) auf die weiter entfernte Zukunft bezogen waren. Denn die Jünger fragen ja: *„Welches wird das Zeichen sein ...“* – sie wissen den Zeitpunkt also nicht konkret. Sie konnten ja nicht erkennen, dass dies zeitlich weit auseinander liegen wird. Die Jünger Jesu lebten etwa 30 n. Chr. Die Tempelzerstörung ereignete sich ungefähr 40 Jahre später – und die Vollendung des Zeitalters ist bis heute noch nicht eingetroffen. Dem 2. Petrusbrief, Kapitel 3, entnehmen wir, dass der HERR die Verheißung nicht verzögert, sondern Geduld hat, damit noch viele Menschen gerettet werden. Dass also Jesus noch nicht wiedergekommen ist und damit der Weltlauf noch nicht vollendet wurde, liegt allein darin begründet, dass GOTT Gnadenzeit schenkt, damit sich noch viele Unerrettete bekehren können.

Noch einmal sei betont: Es war den Jüngern in den 30er Jahren des 1. Jahrhunderts noch nicht bekannt, dass sich die *eine* Prophezeiung, nämlich die Tempelzerstörung, bereits im 1. Jahrhundert nach Christus ereignen wird – und alles andere, was der HERR voraussagte, in den weiteren Jahrhunderten folgen würde. Wir werden bei der folgenden Auslegung einige Vorhersagen Jesu finden, die im 1. Jahrhundert tatsächlich bereits eingetreten sind.

Manche Ausleger behaupten, dass sich im 1. Jahrhundert bereits *alles* erfüllt habe. Diese müssen dann aber die Bibel symbolisch und allegorisch umdeuten. Die Heuschrecken aus der Offenbarung seien z.B. die Römerheere im Jahre 70 n. Chr. gewesen. Der Antichrist wäre bereits in der Gestalt von Kaiser Nero aufgetreten. Aber man muss der Bibel schon wirklich Gewalt antun, wenn man alles das in das 1. Jahrhundert hineinzwängen will. In diesem Fall würde ihr prophetischer Inhalt für uns keinerlei Bedeutung mehr aufweisen. So gibt es verschiedene Tricks, die der Widersacher entfaltet, um uns der Aktualität der Heiligen Schrift zu berauben.

Solche „Ausleger“ erkennen nicht, dass in der Prophetie verschiedene Erfüllungsebenen bestehen. Die erste Erfüllungsebene kann eine Naherfüllung sein, die weiteren Erfüllungsebenen können in weiter entfernt liegenden Zeiten geschehen. Es stellt sich wie bei einem Blick auf ein Gebirge dar. Hier sieht man zunächst den ersten Berg, dahinter kommt ein Tal, dann folgt der zweite Berg usw. So kann es sich über weitere Zeiten oder Strecken hinweg fortsetzen. Die Jünger haben in der Römerzeit sozusagen nur „den ersten Berg“ gesehen, aber sie wussten noch nicht, dass sich alles mit viel Zeit über Jahrtausende in der Menschheitsgeschichte entfalten kann. Heute wissen wir rückblickend natürlich vieles mehr und sehen auch, dass sich die Zeichen der Zeit mehren, vor allem seit der Staatsgründung Israels. Aber auch wir sind aufgerufen, immer wachsam zu bleiben, denn Zeit und Stunde der Wiederkunft des HERRN sind uns nicht offenbart.

Die Fragen der Jünger an Jesus

Es handelt sich um zwei, vielleicht sogar drei Fragen:

1. die Frage nach der *Tempelzerstörung,*
2. die Frage nach dem *Kommen Jesu* - und
3. eng damit verbunden die Frage nach dem *Ende des „aion“.*

Das Problem ist, dass diese unterschiedlichen Fragen und Erwartungen sowie deren Beantwortung in Matthäus 24 (und in den Parallelstellen Markus 13 und Lukas 21) einander *durchschlingen.* Deshalb gibt es mancherlei Fehldeutungen und verschiedene Interpretationen, insbesondere an jenen Zitaten, die sich auf den Tempel und auf Israel beziehen. Aber diese Bibelstellen sind - außer der Offenbarung – die interessantesten Kapitel, bezogen auf die Endzeit, im Neuen Testament und deshalb heute für uns sehr aktuell und wichtig.

Die Frage nach der Zerstörung des Tempels

Wann wird der Jerusalemer Tempel zerstört werden? Die Antwort steht in Lukas 21,20-24:

„Wenn ihr aber sehen werdet, dass Jerusalem von einem Heer belagert wird, dann erkennt, dass seine Verwüstung nahe herbeigekommen ist. Alsdann, wer in Judäa ist, der fliehe ins Gebirge, und wer in der Stadt ist, gehe hinaus, und wer auf dem Lande ist, komme nicht herein. Denn das sind die Tage der Vergeltung, dass erfüllt werde alles, was geschrieben ist. Weh aber den Schwangeren und den Stillenden in jenen Tagen! Denn es wird große Not auf Erden sein und Zorn über dies Volk kommen, und sie werden fallen durch die Schärfe des Schwertes und gefangen weggeführt unter alle Völker, und Jerusalem wird zertreten werden von den Heiden, bis die Zeiten der Heiden erfüllt sind."

Dies ist auf die Naherfüllung im Jahre *70 n. Chr.* bezogen. Die erste Belagerung fand übrigens schon 66 n. Chr. statt, als Cestus Gallus Jerusalem militärisch eingeschlossen hatte. Damals brach der erste Aufstand gegen die Römer aus und die Belagerung endete noch einmal. Aber im Jahr 70 n. Chr. nahmen die Heere des Titus die Stadt ein, entweihten das Heiligtum und zerstörten den Tempel bis auf den letzten Stein. Das hatte Jesus prophetisch vorausgesehen. 70 n. Chr. wurde der Tempel endgültig niedergebrannt.

Die Christen damals wussten von der Prophezeiung und sind 68 n.Chr. nach Pella geflüchtet, in das Ostjordanland, das heutige Jordanien. Es gab damals schon Fluchtbewegungen und darum ist die Mehrheit der Christen 70 n. Chr. nicht hingemetzelt worden. Sie erinnerten sich noch gut an die Worte des HERRN, denn die Evangelien sind ja bereits vor der Zerstörung des Jerusalemer Tempels geschrieben worden. Die Bibelkritiker allerdings behaupten, dass alle Evangelien erst 70 n. Chr. entstanden seien. Warum? Weil sie nicht damit rechnen, dass es eine biblische Zukunftsprophetie gibt. Sie glauben nicht, dass Jesus Christus das alles vorausgewusst hat. Aber es war dennoch so. Den Jüngern waren die Worte Jesu im Matthäusevangelium bekannt und sie wussten: Wenn die römischen Heere kommen, ist es Zeit zu fliehen.

Ab dem Jahr 135 n. Chr. erfüllte sich die Prophetie dann vollends, als der Bar Kochba-Aufstand zuende ging. Bar Kochba

(„Sternensohn") wurde als eine Art Messias verehrt, der die Juden in Israel von den Römern befreien sollte. Sie haben manche Siege errungen, wurden dann aber doch besiegt und die Juden nunmehr wirklich unter alle Völker zerstreut (Diaspora), bis 1948 ein neuer Staat Israel entstand. Jetzt steht noch jene Verheißung auf die fernere Zukunft Israels aus. Denn in der Endzeitrede Jesu, in Lukas 21, sagt der HERR in der zweiten Satzhälfte:

„...und Jerusalem wird zertreten werden von den Heiden, bis die Zeiten der Heiden erfüllt sind."

Das ist ein göttliches Geheimnis. Das Evangelium wird allen Heiden verkündigt in dieser Zwischenzeit, wo Jerusalem beiseite gesetzt ist. Aber am Ende der Zeit wird sich, im Blick auf die Heilsgeschichte, Gott wieder Israel zuwenden. Das erleben wir seit dem 20. Jahrhundert unübersehbar – auch diejenigen, die das leugnen wollen und keinen Blick für Israel und die Prophetie haben. Es gibt leider Christen, die erstaunlich unwissend für die biblische Prophetie sind. So sind heutzutage leider bei solchen, die sich „Christen" nennen, viele Feinde Israels zu finden. Doch wir dürfen weder Feinde Israels sein noch übertriebene Israelschwärmer, sondern wir sollen ein nüchternes biblisches Verhältnis zu diesem Land und Volk haben. Ja, sie haben den Messias verworfen und sie haben das Gericht erleiden müssen. Aber GOTT hat dennoch für Israel einen Heilsplan bereit. Deshalb wollen wir für dieses Volk beten, je mehr es heute wieder in Bedrängnis kommt.

Nach dem zweiten jüdischen Aufstand, der blutig niedergeschlagen wurde, ließ der römische Kaiser Hadrian im Jahre 136 n. Chr. einen Jupitertempel an der Stelle des zerstörten herodianischen Tempels errichten. In späterer Zeit (7./8. Jahrhundert n. Chr.) entstand an der gleichen Stelle der „Felsendom" – geweiht dem Mondgott – als eines der wichtigsten „Heiligtümer" der islamischen Welt (Mohammed soll hier gen Himmel geritten sein). Möglicherweise entsprechen diese heidnischen Bauwerke an heiliger Stätte dem „Gräuel der Verwüstung", von dem Jesus gesprochen hat.

Hier verknüpft sich unverkennbar Matthäus 24 mit dem Buch *Daniel.* Jesus selbst weist auf Daniel hin in Matthäus 24,15-18:

„Wenn ihr nun sehen werdet das Gräuelbild der Verwüstung stehen an der heiligen Stätte, wovon gesagt ist durch den Propheten Daniel (Daniel 9,27; 11,31), – wer das liest, der merke auf! –, alsdann fliehe auf die Berge, wer in Judäa ist; und wer auf dem Dach ist, der steige nicht hinunter, etwas aus seinem Hause zu holen; und wer auf dem Felde ist, der kehre nicht zurück, seinen Mantel zu holen."

In Daniel lesen wir z.B. in Kapitel 11,31:

„Und seine Heere werden kommen und Heiligtum und Burg entweihen und das tägliche Opfer abschaffen und das Gräuelbild der Verwüstung aufstellen."

Ich denke, dass diese Bibelverse - neben Daniel 9,27 und 12,11 – eine zweifache, wenn nicht gar dreifache Erfüllung aufweisen.

Die *erste Erfüllung* geschah im 2. Jahrhundert v. Chr. (vor allem 167 v. Chr.), als Antiochus IV. Epiphanes den Tempel entweihte. Dies ist insbesondere in den Apokryphen 1. und 2. Makkabäer ausführlicher berichtet. Bereits damals wurde der Tempel verwüstet und der Opferdienst verboten. Um den Tempel zu entweihen, opferte Antiochus eine Sau auf dem Altar, welche ein unreines Tier darstellte. Damit wurde der Tempel verunreinigt und für Juden unberührbar gemacht. Zusätzlich platzierte er ein Standbild eines griechischen Gottes (Zeus) in den Tempel. Es fand also eine doppelte Entweihung statt: Verunreinigung und dazu noch Götzendienst.

Die *zweite Erfüllung* geschah dann, wie bereits erwähnt, im Jahr 70 n. Chr., als die Römer den Tempel plünderten und zerstörten. Heute steht ja nur noch der Westteil der Umfassungsmauer des herodianischen Tempelbezirks (diese heutige „Klagemauer" ist also *nicht* eine Mauer des Tempels selbst; vgl. Matthäus 24,2).

Die *dritte Erfüllung* mag wohl in der antichristlichen Zeit liegen. Da gehen allerdings die Meinungen der Ausleger weit auseinander, denn der Tempel kann einerseits geistlich als „die Gemeinde" gedeutet werden, sogar als „jeder einzelne wiedergeborene Gläubige", in welchem der Heilige Geist wohnt (vgl.

1. Kor 3,17; 6,19; Eph 2,21). Zum anderen ist ein buchstäblich verstandener Tempel auch nicht auszuschließen, der eventuell doch wieder in Jerusalem errichtet werden könnte (vgl. die ausführliche Beschreibung eines noch nie dagewesenen Tempels durch den Propheten Hesekiel, Kapitel 40-48). Wir können deutlich erkennen, dass sich dieserart Bestrebungen unter orthodoxen Juden entwickeln.

Daniel 9,27 ist ein äußerst entscheidender Vers in der Prophetie:

„Er wird aber vielen den Bund schwer machen eine Woche lang. Und in der Mitte der Woche wird er Schlachtopfer und Speisopfer abschaffen. Und im Heiligtum wird stehen ein Gräuelbild, das Verwüstung anrichtet, bis das Verderben, das beschlossen ist, sich über die Verwüstung ergießen wird."

Diese Prophezeiung wird oft auf Antiochus IV. Epiphanes gedeutet, aber sie kann nicht auf ihn beschränkt werden. Denn ihrer Erfüllung gehen „69 Jahrwochen" voraus (Daniel 9,25 ff.), so dass die letzte Jahrwoche m.E. so zu interpretieren ist, dass sie sich erst in der Endzeit, genauer gesagt; in der Trübsalszeit, erfüllt (siehe unten). Falls das zutrifft, wird in jener Jahrwoche der Tempel noch einmal gegenständlich vorhanden sein und dann faktisch entweiht werden. In dieser Deutung wird ‚der Tempel' – bezogen auf die Endzeit – ganz real und wörtlich verstanden.

Mehr zur Tempelfrage folgt im weiteren Verlauf der Auslegung.

Warnung vor Verführung durch falsche Christusse und falsche Propheten

Wir betrachten nun den nächsten Vers in Matthäus 24. Die Jünger fragen Jesus:

„Welches wird das Zeichen Deines Kommens und des Endes der Welt sein?"

Nun warnt Er sie als erstes vor der Verführung durch falsche Christusse:

„Seht zu, lasst euch nicht verführen, denn viele werden kommen unter Meinem Namen und sagen: Ich bin's, und: Die Zeit ist herbeigekommen. – Folgt ihnen nicht nach!"

Die Jünger sind also neugierig. Sie wollen wissen, wann es geschieht, was das Zeichen Seiner Wiederkunft oder Seines Kommens und des Endes der Welt ist. Wenn wir heute an die Endzeitprophetie denken, denken wir wohl als erstes an Kriege, Katastrophen, Hungersnöte, Seuchen, Inflation und vieles mehr. Das wird auch insgesamt genannt, aber nicht an erster Stelle. Zuvor steht die Warnung vor der Verführung, insbesondere durch falsche Christusse. Einige Verse weiter erfolgen dann auch die Voraussagen hinsichtlich der falschen Propheten.

Matthäus 24,11:

„Ebenso werden sich viele falsche Propheten erheben und viele verführen"

Im Folgenden werde ich nicht – wie bisher – Vers für Vers auslegen, sondern eine zusammenfassende Deutung geben. Denn die falschen Christusse und die falschen Propheten werden dann auch in Vers 24 wieder gemeinsam genannt:

„Denn mancher falsche Christus und falsche Propheten werden aufstehen und große Zeichen und Wunder tun, so dass, wenn es möglich wäre, auch die Auserwählten verführt würden."

Was heißt eigentlich Christus, auf Hebräisch „Meschiach"? Messias bedeutet „der Gesalbte", der „Heilskönig", der „Retter", der Erretter Israels und der Menschheit, allerdings nur der Menschen, die glauben. Das sind die Gläubigen, die Ihn annehmen und durch Seine Wunden geheilt sind. Sie sind wirkliche Christen, nämlich solche, die mit dem Heilskönig, dem HERRN Jesus Christus verbunden sind. Die falschen Christusse ahmen Ihn nach. Sie imitieren Ihn. Sie wollen Ihn vorwegnehmen. Man spricht in der Fachsprache von einem „proleptischen Messianismus". Dies bedeutet: eine Vorwegnahme des messianischen Friedensreiches Jesu Christi, eine Nachahmung Seiner messianischen Eigenschaften oder Wirkungen oder Titel oder Seiner Majestät. So lassen sich viele Menschen, hauptsächlich sind es Männer, als „Messiasse" verehren. Es gibt aber auch zahlreiche falsche Propheten - und hier sind es gleichermaßen Männer wie Frauen.

Der HERR Jesus sagt an dieser Stelle etwas Erschütterndes. ***„Sehet zu, dass euch nicht jemand verführe, denn es werden viele kommen unter Meinem Namen und sagen: Ich bin der Christus und werden viele verführen."***

Wie viel Verführung ist heute eingedrungen – bis hinein in evangelikale Kreise! Es besteht weit und breit ein begehrlicher Anspruch auf Prophetie, auf besondere Salbungen! Was wird heute nicht alles an absurden Dingen behauptet?! Wir müssen gar nicht nur auf die Sekten sehen, obwohl wir diese in ihrer Vielzahl auch nicht unterschätzen dürfen.

Die Kette der falschen Christusse und Propheten wird im Kommen ***des*** falschen Christus, des Antichristus, und seines „Propagandaministers", des falschen Propheten, gipfeln (Offb 13). „Anti" heißt „gegen" und gleichzeitig auch „anstelle von". Der Antichristus steht also gegen Christus. Er gibt sich aber zugleich als Christus aus und will Ihn ersetzen, also Stellvertreter Christi sein. Es existiert diesbezüglich eine religiöse Institution, welche seit Jahrhunderten immer mit verschiedenen Personen gefüllt ist: der Papst. Dieses Amt ist einer davon. Aber es gibt auch viele andere. Im Kommen ***des*** falschen Christus, des Antichristen, wird die Kette der falschen Christusse gipfeln. Diese sind ja vorausgesagt im 1. Johannesbrief, Kapitel 2: Viele Antichristen bzw. falsche Christusse ***sind von uns ausgegangen. Sie waren aber niemals von uns.*** Sie haben den Glauben nur vorgetäuscht und sich verstellt. Der Antichristus wird in der Offenbarung ausführlich beschrieben in Gestalt des Tieres aus dem Meer. Sein falscher Prophet, sein Propagandaminister, ist das Tier von der Erde (Offb. 13).

Parallelen zwischen Matthäus 24 und der Johannesoffenbarung

Ich bin überzeugt, dass es viele Parallelen zwischen Matthäus 24 und der gesamten Johannes-Offenbarung gibt, insbesondere, was die Gerichtsabfolge angeht. Das heißt: In der Offenbarung an Johannes führt der erhöhte HERR Jesus Christus noch ausführlicher aus, was der irdische Jesus in Seiner Endzeitrede schon im Wesentlichen entfaltet hat. In der Offenbarung werden noch weitere Einzelheiten dargestellt. Die Endzeitrede ist also ein Überblick über die Endzeitereignisse - und die Offenbarung bringt eine detailliertere Entfaltung.

Der Hinweis auf die falschen Christusse entspricht der Öffnung des ersten Siegels in der Johannesoffenbarung. Dabei erscheint der Reiter auf dem weißen Pferd:

Offenbarung 6,1 f.:

Und ich (Johannes) sah, wie das Lamm eines von den Siegeln öffnete, und ich hörte eines von den vier lebendigen Wesen wie mit Donnerstimme sagen: Komm und sieh! Und ich sah, und siehe: ein weißes Pferd, und der darauf saß, hatte einen Bogen und es wurde ihm eine Krone gegeben und er zog aus als ein Sieger und um zu siegen.

Der Apostel Johannes sieht ein weißes Pferd. Weil in Offenbarung 19 Christus auf einem weißen Pferd erscheint, meinen manche Ausleger, dass es sich bei dem ersten apokalyptischen Reiter dementsprechend auch um Christus handelt. Ich denke aber, dass dem nicht so ist, weil Jesus nicht einer der vier Gerichtsreiter, sondern deren HERR und Auftraggeber ist. Ich bin der Ansicht, dass der erste apokalyptische Reiter eine Imitation Christi ist, nämlich der Antichrist. Wir wissen ja aus 2. Korinther 11,14 + 15, dass der Teufel sich als Engel des Lichts verstellt und seine Diener als Diener der Gerechtigkeit. So ist es auch kein Wunder, dass der Antichrist auf einem weißen Pferd reitet: Weiß ist die Tarnfarbe seiner Finsternis! So laufen die Menschen Gefahr, auf ihn hereinzufallen, weil er sich als Lichtsgestalt und eben nicht in seiner Finsternis präsentiert. Nur die Menschen, die im Lebensbuch des Lammes (Jesus Christus) stehen, werden den Antichristen durchschauen, ihn meiden und ablehnen und sein Malzeichen nicht annehmen (Offb. 13,8).

Wenn man hier tatsächlich vom Antichristen ausgeht, passen die nachstehenden Hinweise genau mit der ersten Warnung in der Ölbergrede zusammen. Denn als nächstes erfolgt der Fingerzeig auf die Kriege und die Hungersnöte, was dann dem zweiten und dritten Reiter in den Siegelvisionen entspräche. Dann haben wir genau die folgende Parallele: falsche Christusse – Kriege – Hungersnöte usw.

Satanisches Welteinheits- und Weltfriedensreich

Der Antichrist wird der Menschheit ein Welteinheits- und Weltfriedensreich anbieten. Viele denken nun aktuell an die heutigen Bestrebungen der UNO, eine einheitliche Regierung über die Menschheit zu bilden. Vorstufen dazu sind z.B. die europäische Vereinigung sowie die Vereinigung anderer Erdteile und Ländergruppen, die ja mit aller Gewalt durchgehalten werden muss, auch wenn noch so viel heutzutage an Wirtschaftskraft verloren geht. Wahrscheinlich wird eine so große Krise kommen, dass dann der Ruf nach dem „starken Mann" unüberhörbar erschallt.

Auch die ökumenischen Bestrebungen auf religiösem Gebiet, welche ebenfalls in die Einheitsideologie des Antichristen einmünden werden, sind bereits heute deutlich zu erkennen und gehören zu den Zeichen der Endzeit. Ich verweise an dieser Stelle auf die Götzenfriedenstreffen in Assisi, wo der Papst sämtliche Führer aller Religionen einlädt. Das römische System entspricht in Vollendung der Hure Babylon. Das ganze System der Globalisierung ist ja in der Offenbarung und auch an anderen Stellen vorausgesagt. Aber denken wir daran: ***Wenn sie sagen werden: Es ist Friede, es hat keine Gefahr –, dann wird sie das Verderben schnell überfallen (1. Thess. 5,3).*** Wenn dann noch ein Friedensvertrag mit Israel entsteht, beginnt wohl auch die 70. Jahrwoche nach Daniel 9 zu laufen. Wir dürfen und wollen trotzdem keine Zeitpunkte nennen.

Dem Antichristen wird laut Offenbarung 13 Macht gegeben zu überwinden – das bezieht sich sogar auf die „Heiligen", das heißt die geistlich wiedergeborenen Christen. Dabei zeigt er sein wahres Wesen, nämlich seine Kriegslüsternheit mit allen bösen

Folgen. Er wird die Nachfolger Jesu bekämpfen, und es wird auf der gesamten Erde Krieg geben. GOTT wird dann Seine Gerichte ausschütten bis hin zu den Zornschalengerichten, die sehr schrecklich sind. So entwickelt sich eine Prophezeiung aus der anderen.

Wie lässt sich aber der wiederkommende *wahre Christus* von den falschen Christussen (sie alle sind Vorläufer des Antichristen, des Tieres aus dem Meer gemäß Offb 13) *unterscheiden?* Nicht an den großen Taten, Zeichen und Wundern (diese tun auch die falschen Christusse durch satanische Macht; Matthäus 24,24), nicht an Seiner „Liebe" oder an „Nägelmalen" (all dies kann nachgeahmt werden), sondern allein an der *Art Seines Kommens:*

Matthäus 24,25-27:

„Siehe, Ich habe es euch zuvor gesagt. Darum, wenn sie zu euch sagen werden: Siehe, Er ist in der Wüste! so geht nicht hinaus; siehe, Er ist in der Kammer! so glaubt es nicht. Denn wie der Blitz ausgeht vom Aufgang und leuchtet bis zum Niedergang, so wird auch das Kommen des Menschensohns sein."

Der wahre Christus kommt *in Macht und Herrlichkeit* – für die ganze Welt sichtbar – in *einem* Augenblick wieder:

Matthäus 24,30:

„Und alsdann wird erscheinen das Zeichen des Menschensohns am Himmel. Und alsdann werden heulen alle Geschlechter auf Erden und werden kommen sehen des Menschen Sohn in den Wolken des Himmels mit großer Kraft und Herrlichkeit."

Jesus Christus erscheint nicht mehr in menschlicher Gestalt und Niedrigkeit auf dieser Erde, sondern kommt auf den Wolken des Himmels in Herrlichkeit. Somit sind alle Menschen, die unter uns leben, gelebt haben oder noch leben werden und zugleich behaupten, der wiedergekommene Christus zu sein, eindeutig als falsche Christusse zu entlarven. Auch der Antichrist lässt sich daran sowie an dem Zahlenwert seines Namens (666) erkennen (Offb. 13,18).

Einige Beispiele für falsche Christusse

Nun will ich einige Beispiele nennen. *Falsche Christusse* gab es von der Zeit der Urkirche an bis heute, doch erleben wir jetzt eine Häufung in weltweitem Maßstab und ein Wachstum ihrer Anhängerschaft wie nie zuvor. Nur die bekanntesten seien genannt:

- *Abd-ru-shin* (= Oskar Ernst Bernhardt; 1875-1941), ein Deutscher, sah das Werk Jesu Christi als gescheitert an und verkündigte sich selbst als den „wahren Christus", welcher der Menschheit die rettende „Gralsbotschaft" übermittelt. Diese ist sehr mystisch und okkult, wenn man etwa an den Gralstempel denkt. Man vergleiche hier auch die Oper „Parsifal" von Richard Wagner. Dies ist eine okkulte Verdrehung des Kreuzesopfers Jesu Christi.

- *Jiddu Krishnamurti* (1895-1986), ein Hinduknabe, wurde seit 1910 von Annie Besant, der Präsidentin der Theosophischen Gesellschaft, als wiedergekommener „Messias", „Lord Maitreya" und „Weltenlehrer" propagiert. Später hat er sich von dieser Rolle distanziert und etliche esoterische Schriften veröffentlicht, aber sich nicht mehr als Christus gefühlt.

- *Father Divine* (= George Baker, gestorben 1965) ein Schwarzer aus Süd-Georgia / USA, betrachtete sich als die zweite Fleischwerdung Gottes (= Vaterstufe) nach der Sohnesstufe (= Christus). Sein Tod wird von seinen Anhängern als Sühneopfer für ihre Sünden gewertet.

- *San Myung Mun* (1920-2013), ein Koreaner, behauptet, der „Sohn Gottes" und „Besieger Satans" zu sein. Sein vierter Eheschluss im März 1960 sei die „Hochzeit des Lammes" nach Offenbarung 19 gewesen – eine ausnehmend lästerliche Verdrehung der biblischen Wahrheit und Reinheit!

- *Vissarion* in Sibirien, der von Hunderttausenden Anhängern in Russland verehrt wird. Er hat sich die Haare wachsen lassen, trägt lange weiße Gewänder und stellt sich dar, wie man sich auf vielen Bildern Christus vorstellt. Er soll auch Wunder tun können. Aber das können auch die Okkultisten, von denen er einer ist, in der Macht des Satans vollbringen.

- *Ivo Sasek* aus Walzenhausen in der Schweiz, Führer der „Organischen Christusgeneration", schreibt in seinen Schriften immer wieder, dass, wer ihn verwirft, zugleich Christus verwirft, dass Menschen nur wieder begnadigt werden können, wenn er vor dem Thron des Vaters für sie eintritt. Das macht deutlich, dass er sich als die Spitze des Christusleibes sieht. Nur, wer dieser „Organischen Christusgeneration" angeschlossen ist, habe Zugang zum Thron Gottes. Diese Sekte ist ganz besonders gefährlich, weil sie in vielen frommen Kreisen „Wilderei" betreibt.

- *„Der Christus des Neuen Zeitalters (New Age)"*, der noch anonym ist, soll der Welt Frieden und Sicherheit bringen und identisch sein mit den erwarteten Heilsgestalten anderer Religionen (z.B. mit dem Maitreya-Buddha der Buddhisten, dem Imam Mahdi der Moslems und dem Krishna der Hindus). Diese Ansicht hat weit über das Lager der Theosophischen Gesellschaft und New-Age-Bewegung hinaus, durch die sie zuerst propagiert wurde, Verbreitung gefunden. Sie trägt in Wirklichkeit die Kennzeichen des in der Bibel vorhergesagten Antichristus. Maitreya wurde bereits in den 70er und 80er Jahren des 20. Jahrhunderts von Benjamin Creme verkündigt. Der Christus sei jetzt unter uns, hieß es. Das neue Zeitalter des Wassermanns sei angebrochen. In der Tat erleben wir seither eine okkulte Welle, die aber keinesfalls mit der Wiederkunft des biblischen HERRN Jesus Christus identisch ist, sondern eine entgegengesetzte Herkunft aufweist.

Falsche Propheten

Lassen sich falsche Christusse vom bibelkundigen Leser noch relativ einfach entlarven, so ist die Sachlage bei den *falschen Propheten* ungleich schwieriger. Denn während es nur *einen* wiederkommenden Christus gibt, der eindeutig zu erkennen sein wird, treten *viele* echte und falsche Propheten in der Geschichte nebeneinander auf (vergleiche Jeremia 8,10 ff.; 23,9 ff.; 26,28). Die Bibel fordert uns deshalb auf,

„die Geister zu prüfen, ob sie von Gott sind; denn es sind viele falsche Propheten ausgegangen in die Welt" (1. Joh. 4,1).

Kennzeichen falscher Propheten

Die Heilige Schrift gibt uns zur Geisterunterscheidung und zum Durchschauen falscher Propheten *Kriterien* an die Hand, von denen ich die nachfolgenden ausführe:

- Sie fügen etwas zur Bibel hinzu oder nehmen etwas davon weg (1. Kor. 4,6; 2. Joh. 1,9; Offb. 22,18 ff.). In den genannten Bibelstellen finden wir die eindeutige Warnung, dass wir die Bibel nicht verändern dürfen, also nichts wegnehmen und auch keine Neuoffenbarungen dazufügen sollen. Offb. 22,18 ff.:

„Ich bezeuge allen, die da hören die Worte der Weissagung in diesem Buch. Wenn jemand etwas dazu setzt, so wird GOTT zusetzen auf ihn die Plagen, die in diesem Buch geschrieben stehen. Und wenn jemand etwas davon tut von den Worten des Buchs dieser Weissa-

gung, so wird GOTT abtun seinen Anteil vom Baum des Lebens und von der heiligen Stadt, davon in diesem Buch geschrieben steht.“

Da die Offenbarung das letzte Buch der Bibel ist, gilt das auch für die ganze Bibel! Selbstverständlich besteht in der Bibel eine heilsgeschichtliche Entfaltung vom alten zum neuen Bund: ***Verheißung*** im alten Bund, ***Erfüllung*** im neuen Bund. Das heißt aber nicht notwendigerweise, dass wir etwas wegtun dürfen, denn die Verheißung im alten Bund ist unentbehrlich, um die Erfüllung zu verstehen. Was im neuen Bund verankert ist, bleibt ohnehin für uns die letztgültige Basis. Da dürfen wir nichts dran verändern.

- Sie erfinden Lehren, die im Widerspruch zum eindeutigen Wortsinn und Gesamtzusammenhang der Bibel stehen (Gal. 1,6 ff.). Wir vermögen alle Lehren zu prüfen, indem wir die Bibel so auslegen, dass wir ihren Wortsinn so stehen lassen, wie es der Zusammenhang erfordert. Wenn also der HERR Jesus sagt, hier steht ein Gleichnis, ist es als ***Gleichnis*** auszulegen. Wenn es ein historischer Bericht ist, muss es als historischer Bericht gewertet werden. Wird uns ein Bildwort vor Augen gestellt, muss man es auch als Bildwort gelten lassen. Die Unterscheidung und Aufschlüsselung wird vom Zusammenhang her deutlich. Darum muss man immer vom Kontext her prüfen, was genau an dieser Stelle gemeint ist. Sonst kommt man zu falschen Interpretationen. Und diese Fehlauslegungen sind ein typisches Kennzeichen von falschen Propheten und Sekten, die durch sie entstanden sind.

- Sie übergehen zentrale Wahrheiten des christlichen Glaubens. Sie verleugnen Jesus und Sein Werk – vor allem Seine Gottessohnschaft, Seine Fleischwerdung, Sein Sühneopfer am Kreuz und Seine leibliche

Auferstehung (1. Joh. 2,22 f.; 4,2 f.; 2. Joh. 1,7; 2. Petr. 2,1; Jud. 4). Das wird alles umgedeutet, relativiert, spiritualisiert, vergeistlicht und nicht als reale historische Tatsache stehengelassen. Das Kreuzesopfer Jesu reicht nach ihrer Meinung angeblich nicht aus, sondern man muss noch etwas hinzufügen. Die Auferstehung sei nur in das Kerygma (Verkündigung) hinein erfolgt, wie Rudolf Bultmann behauptet hat, ein bekannter liberaler Theologe. Es gibt hier tausendfache Variationen, Man sollte immer Folgendes prüfen: Werden Abstriche gemacht an Jesus Christus und an Seinem Heilswerk, dann ist es eine falsche Prophetie, dann ist ein falscher Geist im Hintergrund.

➢ Ihre Behauptungen sind eine Mischung aus Wahrheit und Lüge, um viele Menschen zu verführen (Joh. 8,44; 2. Kor. 11,14). Wenn es ***nur*** Lüge wäre, wäre es ja einfach zu durchschauen. Aber es ist immer ein Stückchen Wahrheit beigemischt. Dann sagt man: ***„Ja, der hat doch so eine tolle Botschaft und der kann so schön predigen“*** usw. Aber das heißt alles nichts, wenn die Lüge so eindeutig gegen die Bibel steht, dass sie sich als Verführung entlarvt. Bei Predigern muss man auch prüfen, welche Teile der biblischen Botschaft sie weglassen und unterschlagen!

Sie machen Zukunftsvoraussagen, die mit göttlichem Offenbarungsanspruch vorgetragen werden und dann nicht eintreffen (Jer. 28,9). Das sieht dann so aus, dass sie sagen: „Der HERR hat zu mir geredet ...“ oder noch schlimmer, sie stehen vorne und behaupten: „Ich, der HERR sage euch jetzt.“ Diese Praktiken existieren nach wie vor in manchen (zumeist) charismatischen Kreisen. Da wird mit einem direkten Offenbarungsanspruch aufgetreten. Solche Dinge muss man sehr nüchtern prüfen und in Frage stellen.

- Ihre Versprechungen sind oft mit schönen Worten verpackt (Matth. 7,15). So tarnt sich der „Wolf im Schafspelz“. Es hat einmal jemand gefragt: ***Wie kann man diesen Wolf durchschauen?*** Man muss ihn entlarven. Man muss ihm auf den Schwanz treten und ihm sagen: ***„Aber in der Bibel steht es anders.“*** Dann merkt man, wie schnell er aggressiv wird. Wenn man ihn mit dem Wort GOTTES konfrontiert: ***„Aber es steht geschrieben...“***, dann wird er wütend. Wir sollten dann aber ruhig bleiben und immer wieder das Wort GOTTES zitieren.

- Ihre Lehren enthalten häufig (nicht immer) ein falsches Evangelium von Frieden, Liebe, Harmonie, Einheit und Toleranz (Jer. 6,13 f.), oft sind es aber auch falsche oder übertriebene Darstellungen von GOTTES Gericht. Derzeit ist dieses falsche Einheitsevangelium sehr populär. Einheit geht ihnen über alles. Das hat ja sogar eine evangelikale Zeitschrift als Titel über ihre Fahnen geschrieben: „EiNS“. Es ist dieses große Vereinheitlichungs-Modell, bei welchem vor lauter Harmoniestreben die Wahrheit aus dem Zentrum gerückt wird.

Es sei betont, dass nicht alle genannten Kriterien auf alle Falschprophetien zutreffen. So gibt es zum Beispiel auch häufig Gerichtsbotschaften bei falschen Propheten. Doch wenn bereits *ein* Kennzeichen vorhanden ist, kann man sicher sein, dass man es mit Falschprophetie zu tun hat.

Einige Beispiele für falsche Propheten

Falsche Propheten finden sich insbesondere unter den Begründern von ***Neuoffenbarungsbewegungen und Sekten,*** die ihre „Schauungen“ und Erkenntnisse über oder neben die Heilige

Schrift stellen, diese umdeuten und ihr in vielen Punkten widersprechen. Klassische Modelle – in aller Kürze genannt - sind zum Beispiel die folgenden Personen und die von ihnen ins Leben gerufenen Bewegungen:

- *Joseph Smith* (1805-1844), der Begründer der Mormonen, fügte zur Bibel das „Buch Mormon" hinzu, das er angeblich durch Beauftragung eines Engels auf vergrabenen goldenen Platten fand und mit Hilfe einer „Prophetenbrille" übersetzte. Es gibt nur ganz wenige „Zeugen", die diese Platten gesehen haben wollen. Einige davon haben ihr Zeugnis später widerrufen. Es ist sehr fragwürdig, ob es diese Platten wirklich gegeben hat. Vermutlich hat Joseph Smith mehrere spiritistische Inspirationen empfangen. Man hat auch Bücher gefunden, auf die das Buch Mormon wiederum zurückzuführen ist. Diese waren bereits vor dem Buch Mormon lieferbar, so dass Smith mit ziemlicher Sicherheit von diesen abgeschrieben hat, etwa die esoterischen Legenden über die frühe amerikanische Besiedlung. Nebenbei bemerkt: Es finden sich für die biblischen historischen Angaben zahlreiche archäologische Belege und Bestätigungen. Für die historischen Behauptungen im Buch Mormon dagegen gibt es, wie ich in Amerika gehört habe, nicht einen einzigen archäologischen Beweis. Es ist wohl reine Phantasie, was von Joseph Smith über die frühe Besiedlung Amerikas geschrieben wird.

  Dagegen finden sich in der Lehre der Mormonen viele freimaurerische, magische und spiritistische Elemente (zum Beispiel der Tempel als Quellort und das Priestertum als Kanal „himmlischer" Kräfte, die stellvertretende „Taufe" für die Toten, Geheimrituale usw.). Es ist – wie bei fast allen anderen Sekten auch – eine spiritistische Sekte, wo von Geisterwelten, vom Aufstieg zum Geistigen geredet wird. Und es wird gesagt – so in einer späteren Schrift von Joseph Smith – (von mir frei wiedergegeben) „Du Mensch wirst einmal das sein, was GOTT jetzt ist – und was jetzt GOTT ist, das war früher mal ein Mensch." Der Mensch entwickelt sich angeblich höher zur Gottheitsstufe durch Evolution und Spiritismus. Eine eindeutige Falschlehre!

- *Mary Baker-Eddy* (1821-1910), die Begründerin der „Christlichen Wissenschaft" („Christian Science"), bezeichnete ihr Buch „Wissenschaft und Gesundheit" als „Schlüssel zur Heiligen Schrift". Nach ihrer vom Hinduismus und Mesmerismus beeinflussten Lehre ist das wahre Wesen der Welt und des Menschen Vollkommenheit. Sünde, Krankheit und Tod seien lediglich „Irrtümer", beruhend auf mangelnder Erkenntnis des Vollkommenen. Jesus sei nur ein „Lehrer", der uns den Weg zur Überwindung des Irrtums zeige und der uns erkläre, dass wir in Wirklichkeit vollkommen seien. Auch hier haben wir einen völligen Gegensatz zur biblischen Sünden- und Erlösungslehre.

- *Baha u'llah (=* Mirza Husayn Ali; 1817-1892), der „Prophet" der Baha'i-Religion, propagierte in seinen Schriften die Einheit der Völker und Religionen. Heute haben Bahais Zugang bis zur UNO mit ihrer Ideologie. Baha u`llah betrachtete sich selbst als den von den schiitischen Moslems erwarteten Imam Mahdi, den Gesandten Allahs, zu dessen Vorläufern er neben Mose, Zarathustra, Buddha und Mohammed auch Jesus Christus zählte. Von Moslems wird dies jedoch abgelehnt, ebenso wie von wirklichen Christen. Bahais werden von schiitischen und sunnitischen Moslems verfolgt. Im Bahaismus tut man so, als würden alle zum gleichen GOTT beten, obwohl das nicht so ist, weil außerhalb von biblischem Judentum und Christentum zu Götzen und Dämonen gebetet wird.

- *Charles Taze Russell* (1852-1916), der Begründer der „Ernsten Bibelforscher“ (seit 1931: „Zeugen Jehovas“ unter seinem Nachfolger Rutherford), berechnete die Aufrichtung des messianischen Friedensreiches Christi auf das Jahr 1914 – und es kam der Erste Weltkrieg. Ähnliche Voraussagen seiner Nachfolger für die Jahre 1918, 1925 und 1975 trafen ebenso wenig ein. Es waren ausnahmslos falsche Voraussagen.

- *Rudolf Steiner* (1861-1925), der Begründer der Anthroposophie, las auf hellseherischem Weg in einer unsichtbaren „Akasha-Chronik“, drang so in die „höheren Welten“ ein und empfing ein „Fünftes Evangelium“ mit einem zutiefst okkult geprägten Jesusbild. Jesus spaltet sich bei ihm auf in vier Leiber von jeweils zwei Jesusknaben. Der eine verkörpert die Buddha-Strömung, der andere die Zarathustra-Strömung. In die Mixtur dieser zwei Jesusgestalten tritt (nachdem jeder Jesusknabe zwei seiner Leiber geopfert hat und sie miteinander verschmolzen sind) der Christus-Sonnengeist hinein. Vor dem „Mysterium von Golgatha“ habe der Christusgeist den Jesusleib wieder verlassen. Im Jesusleib sei jedoch noch die Blutskraft gewesen, die die Aura umgewandelt hat und behaftet war mit der Sonnenenergie des Christus-Sonnengeistes. Als das Blut aus der Jesushülle in die Erde getropft ist, sei die Sonnenenergie in die Erde gefahren, so dass die Erde sich wieder weiter entwickeln kann in der Evolution und mit Sonne, Mond und den Sternen verschmilzt zum Kosmos der Liebe. Wer das nicht versteht, muss sich keine Sorgen machen. Es widerspricht der Bibel völlig. Es ist ein okkult geprägtes Verständnis einer heidnischen Mysterienreligion, die sich mit christlichen Begriffen schmückt, die jedoch ein völlig verändertes Verständnis von Jesus Christus entfaltet.

- *Gabriele Wittek* (geb. 1933), die seit dem Tod ihrer Mutter im Jahr 1970 mit spiritistischen Kreisen Kontakt hatte, behauptet, dass seit 1975 „Christus" durch sie zur Menschheit sprechen würde. So ist sie auch als Frau ein falscher Christus. Sie bezeichnet sich als „Prophetin" des 1977 gegründeten „Heimholungswerkes" (später „Universelles Leben" oder „Innere-Geist=Christus-Kirche" genannt). Die Lehren, die sie verkündigt (z. B. Astralkörper, Bewusstseinserweiterung, Geistheilung, Vegetarismus und Reinkarnation), besitzen jedoch fernöstliches und spiritistisches, nicht christliches Gepräge.

So könnte ich fortsetzen und noch zahlreiche Namen nennen, wozu der Platz hier nicht reicht. Daher habe ich vorher grundsätzlich Kennzeichen genannt, um die Geister zu unterscheiden. Prüft anhand dieser Kennzeichen, ob ein Geist von Christus ist oder nicht!

Die genannten Personen haben allesamt eine große Anhängerschaft um sich geschart. Daneben treten *„Einzelpropheten"* auf (in Wirklichkeit oft spiritistische Medien!), die hauptsächlich eine „Lesergemeinde" (oder einzelne Kreise) um sich versammelt haben, etwa *Jakob Lorber* und *Edgar Cayce.* Mit großer Vorsicht zu genießen sind auch angebliche *Jesusoffenbarungen in „Ich-Form"* („Ich, der Herr, sage euch..."), wie sie in manchen schwärmerischen Kreisen vorkommen. Da Falschprophetie immer und überall auftreten kann, sind grundsätzlich *alle* Aussagen zu prüfen, welche prophetischen Charakter beanspruchen. Die Grundlage hierzu bildet die in der Heiligen Schrift vorliegende

Offenbarung Gottes – und zwar in ihrem unverdrehten Wortsinn und Gesamtzusammenhang. Da, wo ein falscher Prophet ist, müssen wir diese Lehre insgesamt ablehnen. Das, was gut und richtig ist, steht ohnehin schon in der Bibel. So wollen wir das Wort GOTTES als unsere einzige Basis behalten. Wir finden alles darin geschrieben für unser Leben, auch für unser ewiges Leben, für unser Seelenheil und wollen GOTT dafür danken, dass Er uns die Bibel gegeben hat.

Gebet:

Lieber HERR Jesus Christus, wir haben gehört, wie viele Menschen sich verrannt haben in falsche Lehren, ja sich sogar als Propheten ausgeben und es nicht sind. Manche geben sich sogar als Dich aus. HERR. Wie schrecklich ist es, wenn ein Mensch so weit kommt, so weit von Dir weg ist. Wir können Dich nur bitten: Bewahre die Deinen. Bewahre Deine Herde. Bewahre uns alle vor diesen Verführungen. Und unter dem Schutz Deines Blutes bitten wir auch für solche verführten Menschen, dass sie herausfinden aus ihren okkulten Bindungen. HERR, erbarme Dich. Amen.

2. Teil
Weitere Zeichen der nahen Wiederkunft Jesu Christi

Kriege

Von welchen konkreten Gerichten Gottes lesen wir im Alten Testament immer dann, wenn das Volk Israel Götzendienst getrieben und gesündigt hatte? Es geschahen Kriege, Hungersnöte, Seuchen, das Angreifen wilder Tiere, Erdbeben. So wird es auch in der Endzeit sein.

Matthäus 24,6 ff:

Jesus spricht: „Ihr werdet hören von Kriegen und Kriegsgeschrei. Seht zu und erschreckt nicht, denn das muss so geschehen. Aber es ist noch nicht das Ende da. Denn es wird sich ein Volk gegen das andere erheben und ein Königreich gegen das andere. Und es werden Hungersnöte sein und Seuchen und Erdbeben hier und dort. Das alles aber ist der Anfang der Wehen."

Der Reiter auf dem feuerroten Pferd

Matthäus 24 verläuft parallel zu den Siegelgerichten in der Johannesoffenbarung. So wird auch diese Voraussage Jesu

Christi dort weiter entfaltet in den Siegelvisionen in Offenbarung Kapitel 6. Die zweite beschreibt den *Reiter auf dem feuerroten Pferd:*

Offenbarung 6,3-6:

Und als es (das Lamm) das zweite Siegel öffnete, hörte ich das zweite lebendige Wesen sagen: Komm und sieh! Und es zog ein anderes Pferd aus, das war feuerrot, und dem, der darauf saß, ihm wurde gegeben, den Frieden von der Erde zu nehmen, damit sie einander hinschlachten sollten, und es wurde ihm ein großes Schwert gegeben. Und als es das dritte Siegel auftat, hörte ich die dritte Gestalt sagen: Komm! Und ich sah und sieh! Ein schwarzes Pferd. Und der darauf saß, hatte eine Waage in seiner Hand. Und ich hörte eine Stimme unter den vier Gestalten sagen: Ein Pfund Weizen um ein Silberstück und drei Pfund Gerste um ein Silberstück. Aber Öl und Wein taste nicht an.

Das zweite Siegel weist auf Krieg hin, das dritte Siegel auf den Hunger und das vierte Siegel auf den Tod:

Offenbarung 6,7-8:

Da es das vierte Siegel auftat, hörte ich die Stimme der vierten Gestalt sagen: Komm! Und ich sah und siehe: Ein fahles Pferd. Und der darauf saß, dessen Name hieß Tod. Und die Hölle folgte ihm nach, und ihnen ward Macht gegeben über den vierten Teil der Erde, zu töten mit dem Schwert und Hunger und Tod und durch die wilden Tiere auf Erden.

Das nächste Siegel bezieht sich dann auf die Märtyrer. Dieses Siegel wird beim Thema Christenverfolgung vertieft. Diese Thematik ist auch gleich der nächste Inhalt, welcher in der Endzeitrede Jesu erfolgt. Hier sieht man nun buchstäblich die Parallele zu Offenbarung 6, wo durch das Lamm alles weiter ausgeführt wird, was der irdische Jesus Christus bereits gesagt hat – eine weitere wunderbare Übereinstimmung in der Bibel! Wir sehen bereits vom Alten Testament her diese Gerichtsfolgen kommen, dann finden sie sich in der Endzeitrede wieder und münden schließlich in der Offenbarung Christi an Johannes. Diese Gesamtschau der Bibel zeigt eine perfekte Harmonie über die Jahrtausende hinweg, welche wortwörtlich durch GOTTES Geist eingegeben worden ist.

Warum Kriege kommen müssen

Nun thematisiert die Heilige Schrift hier die negativen Endzeitzeichen aufgrund der Unbußfertigkeit der Menschheit. Und weil diese ihr Herz nicht für Jesus Christus geöffnet hat, sondern für den Antichristen und seine Vorläufermächte, werden diese Gerichte eintreten müssen. Jesus Christus sagt nämlich selbst: Es *muss* so geschehen. Nicht *wir* sagen, dass Kriege kommen müssen, sondern der HERR Jesus kündigt es an.

Es stand einmal in einer Zeitung zu lesen: *Gassmann ruft zum Krieg auf,* als ich einen Vortrag über die Endzeitrede gehalten hatte. Aber ich hatte lediglich die Bibelstelle zitiert, in welcher der HERR Jesus spricht: *"Es muss so geschehen."* Wir wünschen uns gewiss keinen Krieg, sondern ersehnen von Herzen den Frieden. *"Selig sind die Friedensstifter, denn sie werden GOTTES Kinder heißen."* sagt der HERR in der Bergpredigt (Matthäus 5,9). Friedensstifter, *„eiréno-poioí"* sind diejenigen, welche Frieden stiften vermöge GOTTES Kraft. Es gibt keinen Frieden um jeden Preis, entgegengesetzt zu Gottes Wort.

Wir sind als Jesu Nachfolger – der, als Er geschlagen wurde, nicht widerstrebte – natürlich auf gar keinen Fall Kriegstreiber. Die Gerichte kommen aufgrund des Bösen in der Welt. Die Menschen tun sich selbst Böses an durch jene Feindschaften und Kriegshandlungen. Zweifelsohne steht auch GOTTES Geschichtsplan hinter diesen unabwendbaren Geschehnissen. Es wird sich alles nach Seinem Plan erfüllen müssen. Und weil GOTT voraussieht, dass sich die Menschheit auf den Antichristen hin bewegt, lässt er diese Kriege und Katastrophen zu.

Wir können nicht jede Not und alles Elend auf dieser Erde erklären, aber das Leiden insgesamt hängt mit dem Sündenfall des Menschen zusammen. Dadurch, dass sich die ersten Menschen bereits von GOTT losgesagt haben und selbst wie GOTT sein wollten, als sie auf die Einflüsterungen Satans gehört haben, kam die Sünde in die Welt. Die Folgen der Sünde sind Tod, Krankheit und Vergänglichkeit. Mit dem ersten Mord, den Kain an Abel verübte (1. Mose 4), begann zunehmend die Welle der

Grausamkeiten, des Blutvergießens, der Gewalt über die Jahrtausende bis heute in unser Zeitalter.

Erschreckt nicht!

Der erste Reiter war also der Antichrist, parallel dargestellt durch die falschen Christusse, die ihm vorausgehen, von denen der HERR Jesus in der Ölbergrede spricht. Nun lautet das zweite Gerichtszeichen: Kriege und Kriegsgeschrei. Es wird also auch viel „Geschrei" geben und außerdem Gerüchte über Kriege. Man wird ringsum in Angst und Not sein, wenn es tatsächlich ausbricht. Wir sollen aber nicht erschrecken, denn so ist es vorausgesagt. Und Christenmenschen wissen: Niemand kann uns aus der Hand Jesu reißen; nicht im Krieg und auch nicht dann, wenn sie unseren Leib töten. Die Seele können sie uns nicht rauben. ***Fürchtet euch nicht vor denen, die den Leib töten können, vielmehr vor dem, der Leib und Seele verderben kann in der Hölle,*** so spricht es der HERR Jesus uns zu (Matthäus 10,28). Diese Warnungen sind den Gottesfürchtigen für die allerletzte Zeit gegeben. Wir brauchen nicht in Angst und Panik zu fallen wie die übrige, ungläubige Menschheit. Denn selbst, wenn wir hier leiblich sterben sollten, besitzen wir eine wunderbare Verheißung für die himmlische Herrlichkeit: Es erwartet uns ein neuer Auferstehungsleib, den kein Feind mehr antasten kann. Das möchte ich als Trost und feste Zusage Gottes vorausschicken, wenn nachfolgend die Katastrophen und Seuchen betrachtet werden.

Das Schein-Friedensreich des Antichristen wird eine bemessene Zeit Bestand haben – und dann werden die Gerichte GOTTES darüber hereinbrechen. Es wird dann auch offenbar werden, dass die Regierung des Antichristen über kurz oder lang Krieg mit sich bringt. Dies wird vermutlich noch nicht in der ersten Hälfte der 70. Jahrwoche geschehen, sondern eher danach. Dann wird GOTT Seine Zornschalen als die vierte Gerichtsreihe entfalten. Es ereignen sich vier charakteristische Gerichtsreihen in der Offenbarung. Diese unterscheidet die Bibel in: Siegelgerichte, Posaunengerichte, Donnergerichte (wobei letztere oft übersehen werden, weil sie noch versiegelt bleiben) – und zum Schluss geschehen die Zornschalengerichte.

Wenn der Antichrist seine Maske fallen lässt …

Das Bündnis, welches der Antichrist mit Israel schließen wird (vgl. Daniel 9,27), wird schnell gebrochen werden und der Antichrist wird seine harmlose Maske als der Friedensstifter fallen lassen. So war es auch damals bei Adolf Hitler. Am Anfang brachte Hitler Arbeit und Brot - und dabei wurde doch alles mit bösartiger Akribie für den Krieg vorbereitet. Wir erblicken in der Geschichte einige Vorläufer des Antichristen. Dazu zählen Hitler, Stalin, Mao und wie die Vorboten alle heißen mögen. Bei dem Thema „Verfolgung der Gemeinde" werde ich weitere Ausführungen darüber geben.

Jene mit dem antichristlichen Geist setzen eine friedliche Maske auf, die sie aber fallen lassen, wenn sie ihre Pläne so weit vorbereitet haben, dass sie Krieg beginnen können. Der Antichrist wird Krieg mit den Heiligen führen, aber auch mit den Königen, die sich ihm zunächst nicht unterwerfen wollen. Es heißt beim Propheten Daniel, dass drei der Hörner (Machtzentren) abgeschlagen werden und die anderen sieben Hörner sich dem Antichristen unterwerfen werden, wenn er als zunächst „kleines Horn", das um sich frisst, hervortritt (Daniel 7,8). Die Herrscher der Erde werden ihre eigene Macht dem Tier übergeben und dann mit *einer* gleichgeschalteten Meinung für ihn funktionieren (Offb. 17). Alle, die nicht mit ihm übereinstimmen, werden vom Antichristen beseitigt werden.

Die feuerrote Farbe des zweiten Pferdes (im griechischen Text steht „phyr", zu deutsch: Feuer), beim zweiten apokalyptischen Reiter, steht für einen Weltenbrand, der sich flächendeckend über die Erde ziehen wird:

Offenbarung 6,3:

...dem, der darauf saß, ihm wurde gegeben, den Frieden von der Erde zu nehmen, damit sie einander hinschlachten sollten, und es wurde ihm ein großes Schwert gegeben.

Dies ist eben nicht das Schwert unseres HERRN Jesus, welches Geist und Seele unterscheidet, sondern hier ist ein Kriegsschwert gemeint, welches Blut fordert. So steht in Jesaja 48,22 geschrieben:

Die Gottlosen haben keinen Frieden

Das muss man auch allen jenen zurufen, die es gutheißen, mit sämtlichen Religionen (hinter denen sich ja Dämonen verbergen) zusammen ‚Friedensgebete' zu verrichten und ein Friedensreich aufzurichten. Die Gottlosen, so sagt das Wort GOTTES ganz unverkennbar, *haben* keinen Frieden. Damit sind auch diejenigen gemeint, welche falsche Götter verehren und in Wahrheit den Götzen dienen. Wenn man sich von Jesus, dem Lamm Gottes, lossagt, kann man nicht mit wirklichem Frieden rechnen. Dieser antichristliche Scheinfriede muss deshalb zerbrechen und scheitern. Die Grausamkeit des Antichristen wird in der späteren Entwicklung offenbar.

Ich bin der Ansicht, dass die Siegel zwar erst in der Trübsalszeit endgültig geöffnet werden, wir aber die Vorschattungen derselben heute bereits erleben: Wir durchleiden derzeit schon eine massive antichristliche Verführung auf allen Kanälen und in jeder Hinsicht - insbesondere als eine Art Großangriff durch die Massenmedien.

Hinter uns liegen der erste und der zweite Weltkrieg. Der dritte Weltkrieg steht nach biblischen Aussagen noch bevor (vgl. Sacharja 12-14; Hesekiel 38 ff.). In diesen Bibelversen wird beschrieben, dass alle Völker auf Erden gegen Jerusalem marschieren werden. Jerusalem wird der Taumelkelch für alle Völker sein, und daran werden sich alle Nationen wundreiben. Die islamischen Araber werden niemals anerkennen, dass die Juden Jerusalem als ihre Hauptstadt sehen und besitzen.

Ich erwähne bewusst die islamisch dominierten Arabervölker. Es ist vor allem der Halbmond der Mondgöttin (der Macht der Nacht), unter welchem arabische Stämme wohnen. Diese Tatsache hängt mit Ismael zusammen, der als der erste Sohn Abrahams durch Ungehorsam zur Welt kam. Sarah und Abraham hatten bekanntlich zunächst nicht die Geduld, auf Isaak zu warten, den verheißenen Sohn (1. Mose 16). Daher gibt es bis heute diesen Konflikt zwischen den Nachfolgern Isaaks und Ismaels. Die islamische Religion weltweit wird weiterhin nicht akzeptieren, dass die Juden Jerusalem als ihre Hauptstadt beanspruchen. Es wird darum fortgesetzt Streit und Zank geben und am Schluss wird daraus – so sagt es der Prophet Sarcharja voraus (GOTT hat es ihm eingegeben) – der dritte Weltkrieg entstehen.

Genauso wird in Hesekiel 38 ff. noch ausführlicher beschrieben, dass Gog und Magog gegen Israel aufmarschieren. Dies wird vermutlich zweimal geschehen: einmal vor dem tausendjährigen Reich und dann noch einmal nach dem tausendjährigen Reich. Beim ersten Aufmarsch ist es so, dass nach dem Sieg Jesu bei der Schlacht von Harmageddon sieben Jahre lang die Waffen verbrannt werden (Hesekiel 39,9). Dies wird ***nach*** dem tausendjährigen Reich nicht mehr sein. Denn direkt nach dem dann erfolgenden Sieg GOTTES und nach dem großen Weltgericht geht dann das Zeitalter über in die nächste Periode des neuen Himmels und der neuen Erde (Offenbarung 20,7 ff.).

Die falsche Ökumene

Es wird bis zu Jesu Friedensreich keinen dauerhaften Frieden auf der Erde geben. Der Antichrist wird der Menschheit den Frieden lediglich vorgaukeln. Er wird verlangen, dass man alle Religionen (gemäß freimaurerisch inspiriertem Plan) vereint und leugnen soll, dass Jesus der alleinige Weg zum Vater ist. Der meist bekämpfte Vers in der Bibel, besonders auch in der Endzeit, wird Johannes 14,6 sein, wo der HERR Jesus spricht:

„Ich bin der Weg, die Wahrheit und das Leben. Niemand kommt zum Vater außer durch Mich."

Das wollen die Strippenzieher der Welteinheit nicht hören und akzeptieren. Dagegen müssen diese Feinde des Evangeliums kämpfen und die große Ökumene auf allen Kanälen propagieren bis hin zur Verbrüderung auch mit den Evangelikalen. Am Ende dieser Entwicklung werden fast alle bei der großen Hure Babylon dabei sein. Man kann erkennen, wenn man in fromme Kreise Einblick hat, wer da bereits in vorauseilendem Gehorsam mitmarschiert – sei es bewusst oder unbewusst. Es geht offensichtlich erkennbar in Richtung Rom, zielgerichtet der großen Ökumene in die offenen Arme laufend.

„Lieber Bruder in Rom" wurde der Papst vor einiger Zeit in einem Buch von führenden Evangelikalen angeredet. Daran erkennt man, wie weit die sogenannte Christenheit schon gekommen ist. Wie anders aber hat Martin Luther diesen „lieben Bruder in Rom" genannt? Den Antichristen! Die Entwicklung ist weit fortgeschritten und wir erkennen auch daran, dass die Endzeit sich ihrem Abschluss zuneigt.

Dies ist die Verführung, welche kommen wird. Wie schon erwähnt, wird durch die Öffnung des zweiten Siegels die Grausamkeit des Antichristen offenbar. Aus scheinbarem Frieden wird Krieg, unter anderem auch gegen die Heiligen, die wiedergeborenen Christen. Es kann auch nicht anders verlaufen, weil sich die Adams- und Kainslinie durch die Menschheitsgeschichte hindurch zieht. Wenn Menschen nicht wiedergeboren sind, das heißt, wenn sie durch den Heiligen Geist nicht von ihrer Sünde überführt und durch das Blut Jesu von ihrer Sünde abgewaschen und erneuert worden sind, dann können sie nicht wirklich Frieden halten.

Apokalyptische Waffenarsenale

Trotz aller Friedensbewegungen und -bemühungen konnte das Kriegselend auf dieser Erde nicht beseitigt werden. Jesus hat im Blick auf die Endzeit vorausgesagt:

„Ihr werdet hören von Kriegen und Kriegsgeschrei; seht zu und erschreckt nicht. Denn das muss so geschehen; aber es ist noch nicht

das Ende da. Denn es wird sich ein Volk gegen das andere erheben und ein Königreich gegen das andere; und es werden Hungersnöte sein und Erdbeben hier und dort. Das alles aber ist der Anfang der Wehen" (Matth. 24,6ff.).

Hinter der Wendung *„ein Volk gegen das andere und ein Königreich gegen das andere"* verbirgt sich ein hebräischer Ausdruck für einen sehr großen, viele Völker umfassenden Konflikt, man kann sagen: einen Weltkrieg. Nun haben solche Weltkriege erstmals in den Jahren 1914-1918 sowie 1939-1945 stattgefunden. Der erste Weltkrieg forderte ca. 10 Millionen Tote, der zweite ca. 55 Millionen Opfer (einschließlich der in den Konzentrationslagern umgekommenen Menschen und durch Bomben getöteten Zivilbevölkerung). Laut Statistik starben allein im 20. Jahrhundert ca. 100 bis 185 Millionen Menschen durch Kriege. Nach dem Ende des zweiten Weltkrieges sind mindestens 25 Millionen Menschen durch Kriege ums Leben gekommen. Da wird z. B. der Korea-Krieg genannt 1950-1953 mit 2,5 bis 3,5 Millionen Todesopfern, der Vietnam-Krieg 1945-1975 mit 2,3 bis 3,8 Todesopfern und viele Kriege in Afrika, die gerade in den letzten Jahrzehnten stattgefunden haben mit 500.000 bis 1.000.000 Todesopfern pro Konfliktherd. Solche Kriege fanden z. B. statt im Sudan, in Biafra, Mozambique, Ruanda, Kongo, Angola, Uganda – alles schön klingende Namen, aber auch dort sind Menschen, die sich bis aufs Blut bekämpft haben, oft auch um des Glaubens wegen. Moslems töten Christen. Das ist heute leider schon fast überall, wo man hinschaut, üblich.

Angesichts solch hoher Zahlen von Kriegsopfern ist unserer heutigen Denkweise, es sei ja längst Friede, mit einem entschiedenen „Nein" entgegenzutreten. Denn die Voraussage Jesu ist schon eingetroffen. Es werden Kriege bis ans Ende stattfinden. Aber es heißt dann weiter, dass dies erst der Anfang der Wehen sei. Wir wissen ja von den Geburtswehen einer Frau, dass diese die nahe Geburt ankündigen. Mit der Geburt beginnt dann das neue Leben. Die neue Welt GOTTES zeigt sich zunächst, wenn das tausendjährige Reich beginnt und danach im himmlischen Jerusalem. Aber vorher werden sich noch die beschlossenen

Gerichte Gottes einstellen. So schmerzhaft, wie sich die Wehen einer Frau darstellen, so qualvoll werden diese Bedrängnisse für die Menschheit sein. Das wird hier parallel gesetzt mit den Katastrophen, von denen die Kriege an erster Stelle stehen.

Die Grausamkeit und Zerstörungskraft der Waffen wurde seit dem ersten Weltkrieg ständig gesteigert und bis zu einer unheilvollen Perfektion getrieben. Man denke vor allem an die ABC-Waffen (atomare, biologisch-bakteriologische und chemische Waffen)! Es ist allein der Gnadenzeit GOTTES zu verdanken, dass es bisher noch nicht zu einer globalen Katastrophe durch das bereits vorhandene Waffenarsenal gekommen ist. Es wurden nur wenige Atombomben bisher abgeworfen. Wir wissen z. B. von Japan und den schrecklichen Folgen bis heute, wie Krebs und Erbschäden bei den Menschen, die davon betroffen waren.

Bereits am Anfang der achtziger Jahre des 20. Jahrhunderts hatte man genug Atomwaffen hergestellt, um die gesamte Menschheit vierzehnmal zu vernichten! Selbst Berichterstatter, die sonst mit der Bibel nichts anzufangen wissen, sprechen immer wieder von „apokalyptischen Dimensionen" im Blick auf die Waffenarsenale unseres Erdballs. Die prophetischen Voraussagen über globale Katastrophen und das Vergehen dieser Welt (z.B. 2. Petr 3,10; Offb. 6 ff.), die man in früheren Jahrhunderten zum Teil noch belächelte, sind heute nur zu sehr in den Bereich des menschlich Vorstellbaren getreten. Hat man sich früher nicht vorstellen können, dass z.B. die Elemente vor Hitze zerschmelzen und sich alles auflöst, so wissen wir heute, dass dies durch Atomwaffen sogar durch Menschenhand möglich ist. Um wie viel mehr kann das GOTT tun, wenn Er Seine Endgerichte schickt?!

Der bibellesende und gläubige Christ weiß, dass allein GOTT die Fäden der Geschichte in Seiner Hand hält. Diese Welt wird keinen Augenblick früher vergehen, als GOTT es zulässt. Das ist unser Trost. Die Kriege und die Bedrohungen, die wir erleben, sind erst die Vorboten Seines Gerichts. Sie sind der „Anfang der Wehen".

Die zwei Weltkriege und Israel

Es sei hier die auffallende Tatsache erwähnt, dass die beiden Weltkriege in engem Zusammenhang mit dem deutlichsten Zeichen der Endzeit stehen: der Neugründung des Staates Israel. Im ersten Weltkrieg verlor die Türkei Palästina. Es kam als internationaler Verwaltungsbezirk unter englische Oberhoheit. Die Balfour-Deklaration vom 2.11.1917 sicherte den Juden dort ein Siedlungs- und Heimatrecht. Daraufhin folgten Einwanderungswellen in immer rascherer Folge und mit immer größeren Zahlen von Menschen: Während im Jahr 1914 85.000 Juden in Palästina lebten, waren es 1928 bereits 200.000 Menschen Diese Einwanderungswellen erhielten einen gewaltigen Schub zur Zeit des nationalsozialistischen Holocaust und des zweiten Weltkriegs. So zählte man 1948 in Palästina 758.000 Juden.

Erschüttert über die unsäglichen Leiden dieses Volkes, erkannten nach dem Krieg die meisten Länder, die sich in der UNO zusammenschlossen, das Existenzrecht der Juden in Palästina an. Am 15. Mai 1948 legte England sein Mandat über Palästina nieder, und der Staat Israel wurde ausgerufen. Ob dies heute noch möglich wäre? Gegenwärtig würde man eher der Gründung eines Palästinenserstaates zustimmen, wenn nicht noch einzelne Politiker ihr Veto dagegen einlegen würden. Zurzeit ist diese Frage noch nicht entschieden. Aber das wird sich letztendlich so zuspitzen, wie es beim Propheten Sacharja Kapitel 12 bis 14 vorausgesagt ist.

Hungersnöte

Als das nächste Endzeitzeichen treten die Hungersnöte in den Vordergrund. Diese gehen ja oftmals mit den Kriegen Hand in Hand. Es gibt natürlich auch Dürrekatastrophen durch Klimaveränderungen, Wüstenwachstum und vieles mehr. Wäre die Erde ein Dorf mit 1000 Einwohnern, dann hätten rund 200 Menschen reichlich und rund 300 gerade genug zu essen. Die restlichen 500 aber würden an ständiger Unterernährung leiden.

Viele von ihnen würden verhungern. Das ist heute im 21. Jahrhundert der gegenwärtige Zustand unserer Welt. Wir erleben in unserer Zeit Versorgungsengpässe und Hungerkatastrophen wie nie zuvor – nicht nur in den „klassischen“ Hungerländern Asiens, Afrikas und Lateinamerikas, sondern auch im Osten Europas. Die Ursachen sind vielfältig: jahrzehntelange Fehlplanung und Misswirtschaft im kommunistischen Machtbereich, Fehlverteilung der Nahrungsmittel, Inflation, Bevölkerungsexplosion in den „Dritte-Welt-Ländern“, Klimaveränderungen, Treibhaus-Atmosphäre, Dürrekatastrophen, Wachstum der Wüsten, Massenarbeitslosigkeit und Armut.

In der Bibel sind uns diese Probleme, diese weltweiten Krisen vorausgesagt. So lesen wir in der dritten Siegelvision der Offenbarung:

Offb. 6,5 ff:

„Und ich sah, und siehe, ein schwarzes Pferd. Und der darauf saß, hatte eine Waage in seiner Hand. Und ich hörte eine Stimme unter den vier Gestalten sagen: Ein Pfund Weizen für ein Silberstück und drei Pfund Gerste für ein Silberstück“

Ein Silberstück war in neutestamentlicher Zeit der Tageslohn eines Arbeiters! Ein ganzer Tageslohn, um ein Pfund Weizen zu kaufen – das zeigt eine acht- bis zwölffache Verteuerung. Und das wiederum bedeutet Armut, Not und Hunger!

Nach dem Reiter des schwarzen Pferdes holt der Reiter des fahlen Pferdes seine traurige Ernte ein:

Offb. 6,8:

„Und ich sah, und siehe, ein fahles Pferd. Und der darauf saß, dessen Name hieß Tod, und die Hölle folgte ihm nach. Und ihnen ward Macht gegeben über den vierten Teil der Erde, zu töten mit dem Schwert und Hunger und Tod und durch die wilden Tiere auf Erden“

Am Ende herrscht der Tod. Der höllische Reiter des fahlen Pferdes erntet eine durch Krieg, Inflation, Armut und Hunger geschüttelte Welt. Krieg (vgl. die zweite Siegelvision in Offb. 6,3ff.) führt zu Hunger. Hunger führt wiederum zu Krieg. Daneben treten Seuchen auf und es folgen Angriffe von wilden Tieren. Dieser Teufelskreis des Grauens wurde von dem Reiter des weißen

Pferdes in der ersten Siegelvision, den die meisten Ausleger auf den Antichristen deuten, in Gang gesetzt (Offb. 6,1ff.). Die darin beschriebenen Plagen werden also erst in der Zeit der großen Trübsal zu ihrer Ausreifung gelangen, aber sie werfen – für jedermann sichtbar – ihre Schatten schon längst voraus.

Teuerung

Zu Hungersnöten gehört die Teuerung oder Inflation. Sie hängt eng mit Ungerechtigkeit zusammen. Das steht zwar nicht ausdrücklich in Matthäus 24, ist aber darin enthalten, wenn hier von Hungersnöten die Rede ist. Denn die Teuerung bringt es mit sich, dass man nichts mehr kaufen kann und dadurch hungern muss. Das ist auch bei uns zurzeit sehr aktuell. Wir haben alle eine gewisse Angst vor der Inflation, vor allem, wenn unsere Staaten sich weiterhin dermaßen finanziell verausgaben. Natürlich soll man den anderen helfen, aber nicht in der Weise, dass wir dann als Staats- und Volkswirtschaft selbst zugrunde gehen. Viele mutige Fachleute sagen voraus, dass es zu einer Inflation kommen wird, und geben Anhaltspunkte, wie man sein Geld am besten anlegen sollte.

Wie kann es zu einer Teuerung kommen? Ein charakteristisches Zeichen der Endzeit und eine Voraussetzung dafür, dass „niemand kaufen oder verkaufen kann", wenn er sich nicht dem antichristlichen System unterwirft, wird in Jakobus 5 genannt: *die Konzentration immer größerer Reichtümer in immer weniger Händen.*

Jakobus 5,3-6:

„Ihr habt euch Schätze gesammelt am Ende der Tage. Siehe, der Lohn der Arbeiter, die euer Land abgeerntet haben, den ihr ihnen vorenthalten habt, der schreit, und das Rufen der Schnitter ist gekommen vor die Ohren des HERRN Zebaoth. Ihr habt geschlemmt auf Erden und geprasst und eure Herzen gemästet am Schlachttag. Ihr habt den Gerechten verurteilt und getötet, und er hat euch nicht widerstanden."

Hier ist von *ungerecht erworbenem Reichtum* die Rede, von einer „zum Himmel schreienden" wirtschaftlichen Ungerechtigkeit. Der Lohn der Arbeiter wird ihnen vorenthalten. Zu unserer Zeit werden immer mehr unbezahlte Überstunden verordnet. Es wird nicht ausbezahlt, was die Arbeit wert ist. Das Ausmaß dieser Ungerechtigkeit wird einem erst deutlich, wenn man hört, dass zum Beispiel in den USA die „Superreichen“, die gerade *ein* Prozent der Bevölkerung ausmachen, mehr besitzen sollen als die restlichen 99 Prozent zusammen. Und es ist ein offenes Geheimnis, dass aus diesem Kreis der Superreichen die meisten Illuminaten kommen, die durch ihre Macht enormen Einfluss auf die Politik nehmen.

Zudem werden immer mehr Betriebe zusammengelegt – oder richtiger gesagt: die finanzschwächeren werden von den finanzstärkeren aufgekauft. Das gibt es leider inzwischen auch auf dem christlichen Sektor – man denke nur an die einflussreichen Verlage und Buchhandlungen. Die meisten großen evangelikalen Verlage im deutschsprachigen Raum sind bereits in *einer* Hand, was zum Nachteil für die inhaltlichen Aussagen der Bücher und Schriften, die dort noch veröffentlicht werden dürfen, gereicht. Es ist ein Monopol in einer Stiftung mit einer theologischen Linie entstanden, die sich vorwiegend als ökumenisch-charismatisch charakterisieren lässt. Rund 9/10 der Bücher, die heute noch in evangelikalen Buchhandlungen zu haben sind, sind von dieser einen monopolisierten Verlagsgruppe dominiert und haben die vorgenannte Ausprägung. Das passt sehr gut in die Endzeitentwicklung hinein, wo alles in Richtung Hure Babylon einmündet. Solche Bücher wie dieses hier, das Sie gerade lesen, wird man dort wohl vergeblich suchen. Man hätte vor 20 oder 30 Jahren nicht erwartet, dass plötzlich so viele christliche Verlage Bankrott machen und von einem Multimilliardär aufgekauft werden.

Auf internationaler Ebene werden im Zuge der *Globalisierung* Industriezweige und ganze Volkswirtschaften armer Länder von internationalen Konzernen aufgekauft, die dadurch immer mehr Macht gewinnen. Auch deutsche Industriebesitzer gehören zu den Käufern. Das bekommt man nicht unbedingt so zu hören, sondern meist nur, dass der Staat dorthin Zahlungen leistet. Dass beispielsweise gleichzeitig die ganze griechische Volkswirtschaft schon fast von anderen großen Konzernen aufgekauft wurde, u.a. auch von solchen in Deutschland, wird in den Nachrichten nicht gemeldet. Dies ist unbestritten ein Zeichen der Endzeit und zeigt die genaue Erfüllung der Verse in Jakobus 5,3-6. In ein – zum Teil künstlich angeheiztes – Wirtschaftschaos wird gezielt immer lauter der Ruf nach einer neuen *Weltfinanzordnung* hineingetragen. Das ist genau das, was wir ganz aktuell in diesen Tagen erleben. Dies wird die Welteinheitswährung bringen, eine Voraussetzung für das Auftreten des Antichristen. Dann kann niemand kaufen oder verkaufen, wenn er nicht das Malzeichen hat, nämlich den Namen des Tieres oder die Zahl seines Namens (Offb. 13).

Ich will keinesfalls etwas dagegen sagen, dass man sich durch das Werk seiner Hände sein Einkommen und vielleicht auch einen gewissen Wohlstand erarbeitet. Problematisch ist es jedoch, wenn dieser Wohlstand *auf Kosten anderer* geht, etwa durch Unterbezahlung von Arbeitern und Angestellten, Steuerhinterziehung, Betrug oder die Zerschlagung anderer Betriebe oder Volkswirtschaften. Die Bibel spricht hier eine deutliche Sprache. So heißt es etwa beim Propheten Amos:

Amos 8,4-7:

„Hört dies, die ihr die Armen unterdrückt und die Elenden im Lande zugrunde richtet und sprecht: Wann will denn der Neumond ein Ende haben, dass wir Getreide verkaufen, und der Sabbat, dass wir Korn feilhalten können und das Maß verringern und den Preis steigern und die Waage fälschen, damit wir die Armen um Geld und die Geringen um ein Paar Schuhe in unsere Gewalt bringen und Spreu für Korn verkaufen? Der HERR hat bei sich, dem Ruhm Jakobs, geschworen: Niemals werde Ich diese ihre Taten vergessen!"

Schon zur Zeit des Propheten Amos gab es eine große himmelschreiende Ungerechtigkeit auf wirtschaftlichem Gebiet und ebenso bei den Gerichten. So ist es auch heute weithin.

Aus der wirtschaftlichen Ungerechtigkeit und einem Nicht-Einhalten der Gebote GOTTES folgen Inflation und Wirtschaftskrisen.

Wirtschaftliche Ungerechtigkeit kann zur *Geldentwertung (Inflation)* führen. Auch andere Ursachen können hier mitspielen, etwa das gegenseitige Hochschrauben der Lohn-Preis-Spirale durch die Tarifpartner, die Forderung nach „immer mehr" (hier müssen wir auch uns selbst prüfen, das steckt gleichfalls in uns), die Steuerung des Weltmarktes durch die Rohstoffpreise (vor allem Öl), die wirtschaftliche Kluft zwischen Ländern der „ersten, zweiten und dritten Welt", Fehlplanungen und Fehlinvestitionen auf Betriebs- oder Staatsebene, die zu hohen Verschuldungen führen.

Der HERR Jesus hat die „Teuerung" (Inflation) als ein Kennzeichen der Endzeit genannt (Matth. 24,7). Viele Experten meinen, dass die Menschheit auf eine ***neue Weltwirtschaftskrise*** zusteuert. Eine solche würde geradezu den Ruf nach dem „starken Mann" erforderlich machen, der die Welt wieder ins Lot bringt. Eine Vorschattung davon war zum Beispiel die Weltwirtschaftskrise und die daraus entstandene Massenarbeitslosigkeit 1929, die vielerorts die Entstehung von Diktaturen begünstigte wie in Deutschland, Italien, Spanien und anderen Ländern.

Seuchen

Es werden geschehen große Erdbeben und hier und dort Hungersnöte und Seuchen, sagt Jesus Christus voraus (Lk. 21,11). Angesichts der großen Fortschritte der Medizin und des Sieges über die klassischen Seuchen (zum Beispiel Pest, Pocken, Tuberkulose und Syphilis), die früher zum Teil ganze Landstriche ausgelöscht hatten, glaubte man bereits, diese Voraussage ad acta legen zu können – bis plötzlich ***neue, unbekannte Seuchen*** auftraten, deren Herkunft und Bekämpfung man ratlos gegenüberstand. Es sind zum einen Seuchen bei Tieren, etwa neue Arten von Schweine- und Rinderpest, zum anderen Seuchen bei Menschen. Ich habe Recherchen auf der Seite www.gesundheitreport.de vorgenommen und zitiere Fakten daraus:

„Seuchen wieder im Vormarsch. Europa muss sich gegen Pandemien rüsten."

„Krankheitsepidemien sind im Bewusstsein der modernen Menschen als jederzeit präsente Gefahr vielleicht mit Ausnahme von Aids nicht richtig angekommen. Wer von Krankheitsepidemien spricht,

denkt meist an solche, die zeitlich oder räumlich weit entfernt sind. Und tatsächlich scheinen wir einige Seuchen überwunden zu haben.“

Danach folgt jedoch eine Warnung, dass das keineswegs immer so sein muss.

Meine Ausführungen möchte ich mit den Seuchen in früheren Jahrhunderten beginnen. Der HERR Jesus hat diese Voraussage im ersten Jahrhundert ausgesprochen. Somit ist von daher gesehen alles in der Zukunft gelegen, was sich inzwischen bereits in Bezug auf Seuchen erfüllt hat. Folgende Fakten finden sich ebenfalls auf der genannten Seite. Ich gebe sie mit eigenen Worten wieder.

Wir wissen aus den Geschichtsbüchern, wie zum Beispiel die Pest gewütet hat im Mittelalter. Allein im 14. Jahrhundert sind rund 18 Millionen Menschen in der damals bekannten Welt, so schätzt man, der Pest erlegen. Das waren damals ca. 30 % der europäischen Gesamtbevölkerung. Jeder dritte starb damals im 14. Jahrhundert an der Pest. Es gab noch kein Penicillin und ähnliche Medikamente. So steht auch in diesem Report, dass zahlreiche weitere Pestepidemien in Abständen von 10 bis 40 Jahren bis zum Beginn des 18. Jahrhunderts folgten. Die Pest wird übertragen durch das Bakterium „Yersinia pestis" und durch Rattenflöhe. Die mangelnde Hygiene ist natürlich eine wichtige Ursache der Verbreitung. So können überall dort Seuchen wie beispielsweise die Cholera entstehen, wo verseuchtes Wasser oder viele Ratten sind. Jederzeit können solche Seuchen ausbrechen. Wir wissen, dass Tsunamis große Flutwellen erzeugen können. Gerade an den Küstenregionen kann es manche Seuchen im Gefolge geben, wo es zu Überschwemmungen kommt.

Im 17. und 18. Jahrhundert gab es in Europa zahlreiche Pockenepidemien. Jedes Jahr starben im Schnitt etwa 400.000 Menschen an Pocken. Daher praktiziert man auch heute noch die Pockenschutzimpfungen. Das Prinzip der Impfung hatte man später entdeckt. Durch Ritzen werden Menschen immun, wenn sie eine kleine Dosis bekommen. Das ist durchaus ein großer und segensreicher medizinischer Fortschritt.

Die Malaria ist zwar keine Seuche, aber eine Krankheit mit seuchenartiger Verbreitung in vielen Regionen dieser Erde. Sie wird durch Stechmücken weitergegeben. Nach den Angaben im Gesundheitsreport erkranken jährlich rund 100 Millionen Menschen an Malaria. Etwa 1 Million sterben daran. 40 % der Weltbevölkerung sind von der Malaria betroffen. Das Interessante, aber vielleicht auch Schockierende in diesem Bericht ist, dass durch die Klimaerwärmung diese Malariamücke immer weiter nach Norden vorrücken kann. Sie ist bereits am Mittelmeer vorgekommen. Sie braucht viel Wärme und Feuchtgebiete zu ihrer Fortpflanzung.

Auch die Tuberkulose ist nicht ausgerottet. Nach den Angaben im Gesundheitsreport ist ein Drittel der Weltbevölkerung mit Tuberkulose infiziert, auch wenn die Krankheit nicht überall ausbricht.

Desgleichen auch die Grippearten. Grippeviren sind deshalb gefährlich, weil sie jedes Jahr ihre Gestalt verändern. Man kann sie nicht dauerhaft durch Impfungen bekämpfen. Jedes Jahr muss man sich gegen neue Virenkombinationen impfen lassen.

Am verhängnisvollsten wirkt sich gegenwärtig das „Aquired immunodeficiency Syndrome" („Erworbenes Immunschwäche-Syndrom"), kurz *„Aids"* genannt, aus. Das HIV-Virus ist ein Retrovirus. Dieses Retrovirus besitzt nicht die übliche DNA (Desoxyribonukleinsäure) als Trägerin der Erbinformation, sondern eine Kopie aus RNA. Ich zitiere aus dem Gesundheitsreport:

„Von einem Retrovirus spricht man, weil die genetische Information zum Eiweiß in umgekehrte Richtung verläuft. Man kennt heute zwei HIV-Typen, die wiederum weitere Unterarten besitzen. Alle sind genetisch betrachtet deutlich voneinander verschieden. Diese hohe Wandlungsfähigkeit des HIV macht ihn auch so einzigartig und gefährlich. Er ist in der Lage, seinen genetischen Code, damit seine Hülle und seine Zugänge so schnell zu wechseln, dass eine Impfung fast unmöglich erscheint. Für eine Impfung benötigt man möglichst gleichbleibende Oberflächenstrukturen, die es beim HIV nicht gibt."

Das Verhalten dieser Erkrankung gleicht einem Chamäleon. Sie wechselt ständig Aussehen und Form, so dass eine Impfung nicht funktioniert. Diese Seuche weist zudem noch einige Besonderheiten auf, welche deutlich ***endzeitliches Gepräge*** tragen. So wurde sie erstmals 1980 bei jungen Männern festgestellt, die homosexuellen Kontakt pflegten. Sie wird fast ausschließlich durch sexuellen Verkehr übertragen – und das heißt: durch außereheliche ***Kontakte*** mit wechselnden Partnern gleichen oder unterschiedlichen Geschlechts. Aids wird daher im Volksmund treffend als neue ***„Lustseuche"*** bezeichnet. Eheliche Treue ist der beste Schutz dagegen, Untreue hingegen der Hauptgrund ihrer Verbreitung. Kondome bieten keinen absoluten Schutz. Seltener wird Aids durch intravenösen Drogenmissbrauch, bei der Schwangerschaft und durch Bluttransfusionen übertragen. In diesen Fällen ist gezielte medizinische Vorsorge möglich.

Nun sind Untreue, vor- und außereheliche Beziehungen, lesbische und homosexuelle „Partnerschaften" heute leider sehr verbreitet. Insofern muss man sich über die ***rasante Weitergabe*** des Aids-Virus nicht wundern. Da in Schwarzafrika die Promiskuität (wechselnde sexuelle Beziehungen) durch Polygamie (Vielehe) und Prostitution außergewöhnlich hoch ist, muss man dort auch die höchste Zuwachsrate verzeichnen. Afrika droht zu einem sterbenden Kontinent zu werden. Aber die weißen Völker sind moralisch nicht vorbildlicher, denn in anderen Erdteilen sieht es nicht viel besser aus. Jedes Jahr ist eine Steigerung der Zahlen zu verzeichnen. Es heißt im Gesundheitsreport:

„Weltweit tragen das HIV derzeit etwa 40 Millionen Menschen in sich. In Deutschland sind im Jahr 2011 rund 33.800 Menschen an Aids erkrankt."

Das hört sich noch relativ gering an. Aber für den einzelnen betroffenen Menschen bedeutet es ein schweres Schicksal. Im Hinblick darauf ist es wohl kontraproduktiv, wenn überall betont (und teilweise sehr anzüglich) für Kondome geworben wird nach der Devise: Ihr müsst es jetzt erst recht praktizieren. Dabei ist auch mit Kondom keine absolute Sicherheit gewährleistet. In dieser Medienkampagne wird geradezu zur Untreue und Unzucht aufgefordert. Eheliche Treue aber ist der beste Schutz (nicht nur) gegen diese schwere Erkrankung.

Diese Tatsachen machen betroffen. Wir sollten Aids-Kranken helfen, wo wir können. Wir sollen sie nicht verurteilen, sondern mit der Liebe Jesu bekannt machen und die Vergebung Jesu zusprechen, wenn sie Buße tun. Wir dürfen ihnen auch seelsorgerlich zur Seite stehen. Zugleich aber sollten wir die Warnungen der Bibel vor ***sexuellen Verirrungen*** nicht verschweigen. Folgende Stelle würden ja am liebsten viele Kreise (bis in manche Kirchen hinein) aus der Bibel herausschneiden:

Römer 1,26+27:

„Darum hat sie Gott dahingegeben in schändliche Leidenschaften; denn ihre Frauen haben den natürlichen Verkehr vertauscht mit dem widernatürlichen; desgleichen haben auch die Männer den natürlichen Verkehr mit der Frau verlassen und sind in Begierde zueinander entbrannt und haben Mann mit Mann Schande getrieben und den Lohn ihrer Verirrung, wie es ja sein musste, an sich selbst empfangen"

Kann es noch deutlicher gesagt werden? Es ist eine Warnung aus der Liebe GOTTES heraus. Ebenso folgende Stelle in Gottes Wort:

1. Korinther 6,9:

„Lasst euch nicht irreführen! Weder Unzüchtige noch Götzendiener, Ehebrecher, Lustknaben, Knabenschänder, Diebe, Geizige, Trunkenbolde, Lästerer oder Räuber werden das Reich Gottes ererben."

Selbst wenn – was zu wünschen ist – ein Heilmittel gegen Aids gefunden wird, so bleibt doch gerade diese Seuche für jeden, der hören kann, ein deutliches ***Signal zur Umkehr:***

Apg. 3,19:

„Tut Buße und bekehrt euch, dass eure Sünden getilgt werden, damit die Zeit der Erquickung komme von dem Angesicht des HERRN und Er den sende, der euch zuvor zum Christus bestimmt ist: Jesus."

Erdbeben und andere Katastrophen

Unter den Endzeitzeichen werden in den Evangelien und im Buch der Offenbarung Erdbeben und andere Katastrophen, welche die Schöpfung betreffen, genannt. Es ist anzunehmen, dass diese sich bis zur Wiederkunft Jesu Christi steigern werden – heißt es doch z.B. in Offb. 16,18 ff.:

„Und es wurden Blitze und Stimmen und Donner; und es ward ein großes Erdbeben, wie solches nicht gewesen ist, seit Menschen auf Erden gewesen sind, solch Erdbeben, so groß."

Es findet also das stärkste Erdbeben während der Zornschalengerichte statt. Jesus hat jedenfalls vorausgesagt, dass sich immer wieder Erdbeben ereignen werden. Man sieht deutlich, dass sie zugenommen haben. Natürlich haben wir heutzutage bessere Messmethoden als früher. Ebenso ist heute das Wissen vorhanden, wie Erdbeben entstehen, etwa indem sich die Erdplatten gegeneinander bewegen und indem vulkanische Untergründe vorhanden sind. Aber dieses Wissen widerspricht trotzdem nicht den biblischen Voraussagen, dass es so geschehen wird. Die Statistiken bestätigen die zunehmende Häufung von Erdbeben im 20. und 21. Jahrhundert, auch der Seebeben und anderer Katastrophen. Insgesamt ist ein steiler Anstieg festzustellen. Man sieht, dass unser Erdball in Bewegung ist und sich dabei einiges verändert. Durch manche Erdbeben hat sich sogar die Erdachse leicht verschoben, so sagen es uns Wissenschaftler.

Nach Angaben von Versicherungen haben Naturkatastrophen und die durch diese verursachten Schäden in den letzten Jahrzehnten dramatisch zugenommen. Von den sechziger bis zu den neunziger Jahren des 20. Jahrhunderts hat sich die Zahl der Naturkatastrophen verfünffacht. Die von den Versicherungen zu ersetzenden Schäden sind im gleichen Zeitraum sogar um das Fünfzehnfache gestiegen, weil auch immer mehr Menschen in Ballungsräumen wohnen, manchmal direkt in Erdbebengebieten. Als Ursache der Steigerung wird zum Teil die durch menschliche Eingriffe hervorgerufene Umwelt- und Klimaveränderung angesehen, doch lassen sich dadurch nicht alle Naturkatastrophen (z.B. Erdbeben und Vulkanausbrüche) erklären.

1996 beispielsweise zählte man weltweit 600 größere Schäden, darunter 30 Vulkanausbrüche, 50 Erdbeben, 170 Überschwemmungen, 200 schwere Stürme und 150 andere Katastrophen wie

Hitze- und Kältewellen, Dürren, Waldbrände, Erdrutsche und Lawinen. Dabei kamen ca. 11.000 Menschen ums Leben.

1998 ging als „Katastrophenjahr“ in die Geschichte ein, das insgesamt rund 30.000 Menschenleben bei Naturkatastrophen forderte. Allein der Hurrikan „Mitch“ in Mittelamerika tötete über 11.000 Menschen. Das Hochwasser des Jangtse in China verschlang mindestens 3.700 Opfer und machte 223 Millionen Menschen obdachlos.

Neuere Zahlen für 2011 zitiere ich aus Idea-Spektrum Nr. 32/2011:

München (idea) – Eine ungewöhnliche Häufung schwerster Naturkatastrophen stellt die Rückversicherungsgesellschaft Munich Re (früher Münchener Rück) fest.

2011 sei bereits nach Ablauf der ersten Jahreshälfte das schadenträchtigste Jahr aller Zeiten, heißt es in einer am 12. Juli veröffentlichten Pressemitteilung der Münchner Zentrale des „Versicherers der Versicherungen“. An erster Stelle steht das Erdbeben mit Tsunami im März in Japan, das 15.500 Todesopfer forderte und wirtschaftliche Gesamtschäden von 210 Milliarden US-Dollar (150 Milliarden Euro) verursachte. Das in Medien oft als „apokalyptisch“ - also endzeitlich – beschriebene Ausmaß erinnert Christen an Zeichen, die Jesus Christus für die Zeit vor seiner Wiederkehr genannt hat, etwa: „Es werden geschehen große Erdbeben und hier und dort Hungersnöte und Seuchen“ (Lukas 21,11).

Beben, Erdrutsche, Überschwemmungen

Neben dem Erdbeben in Japan und der folgenden Kernschmelze im Atomkraftwerk Fukushima forderten Erdrutsche und Sturzfluten Mitte Januar in Brasilien 1.350 Todesopfer. In den USA kamen bei Unwettern und Tornados Ende April 350 Menschen ums Leben. Im Juni starben bei Überschwemmungen in China 240 Menschen, und 181 Tote gab es Ende Februar bei einem Erdbeben in Neuseeland, das große Teile der Stadt Christchurch zerstörte. Hinzu kommen zahlreiche weitere Naturkatastrophen im ersten Halbjahr 2011.

Häufung von Naturkatastrophen

Die wirtschaftlichen Schäden in den sechs Monaten 2011 von rund 265 Milliarden US-Dollar (188 Milliarden Euro) übertreffen laut Munich Re bereits die Summe des bisher teuersten Jahres 2005 (220 Milliarden Dollar / 156 Milliarden Euro) bei weitem. Insgesamt habe die Schadensumme mehr als fünf Mal so hoch gelegen wie im Durchschnitt der ersten sechs Monate der vergangenen zehn Jahre. Üblicherweise fielen in der ersten Jahreshälfte geringere Schäden an als in der zweiten, die häufig von den Hurrikanen im Nordatlantik und Taifunen im Nordwest-Pazifik geprägt ist. Eine Häufung von so extremen Naturereignissen wie in diesem Jahr sei sehr selten (Idea).

Inzwischen bezeichnen selbst weltliche Massenmedien praktisch jedes Jahr als „Katastrophenjahr". Zurzeit registrieren die Erdbebenwarten weltweit durchschnittlich an jedem dritten Tag ein Erdbeben der Stärke 6 oder darüber auf der Richterskala. Die Häufigkeit solcher schweren Beben hat deutlich zugenommen.

Es kann sich natürlich auch wieder ändern. Es muss nicht gleichmäßig linear Jahr für Jahr schlimmer werden. Aber wir sehen, dass GOTTES Wort auch hier die Wahrheit aufzeigt. Die erfüllte Prophetie ist für mich ein starker Gottesbeweis, auch wenn es sich bei den erwähnten Ereignissen um schmerzliche Dinge handelt. Uns tut jeder einzelne Mensch leid, der von diesen Katastrophen betroffen ist. Wir wollen, auch wenn wir es als Erfüllung der prophetischen Voraussagen erkennen müssen, doch mit den betroffenen Menschen Anteil nehmen und für die Situation beten, damit sie wieder gesund und geheilt werden. Es gibt zumeist zahlreiche Verletzte während solcher Katastrophen. Für die Verstorbenen allerdings können und sollen wir nicht beten.

Als Nachfolger Jesu dürfen wir bitten, dass der HERR weitere Gnadenzeit schenkt, dass Er Seine Katastrophen noch zurückhält und die Bedrängnisse nicht so rasant zunehmen. Kein normaler Mensch wünscht sich Nöte und Unglücksfälle während seiner Lebenszeit. Aber gemäß der Bibel wird und muss es sich nach Gottes Plan so erfüllen.

In dieser Spannung stehen wir besonders in diesen letzten Tagen unseres Zeitalters. Wir wünschen Gottes Zorngerichte, Katastrophen und Leid niemandem. Aber weil sich die Menschheit immer drastischer lossagt von GOTT, nehmen unabwendbar auch die Gerichte GOTTES ihren Lauf. Sie sind eine zwangsläufige Folge.

Deshalb haben wir den Auftrag, das Evangelium von unserem HERRN Jesus Christus zu verkündigen, damit noch viele gerettet werden. Vielleicht geschieht bei einigen suchenden Seelen noch eine Umkehr zu GOTT im Glauben an den HERRN Jesus. Die großen Verheißungen für massenhafte Bekehrungen finden sich, entsprechend der Bibel, im Blick auf die Endzeit indes nicht mehr. Allerdings wird noch allen Völkern das Evangelium verkündigt. Es geschehen noch immer Bekehrungen von Unerretteten. Aber auch wenn wir in unserem Land nicht mehr eine gewaltige Erweckung oder Massenbekehrungen sehen, wollen wir uns nicht entmutigen lassen, sondern wir wollen weiter beten und für jeden einzelnen Menschen, der uns auf dem Herzen liegt, vor dem Thron GOTTES eintreten, damit auch er noch gerettet werde. Amen.

Gebet:

Ja HERR, wir sind sehr betroffen, wenn wir hören, wie viele Menschen jetzt leiden unter den Katastrophen. Wir können Dich nur bitten: Schenke noch Gnadenzeit! Lindere die Leiden und die Schäden. Aber schenke auch Umkehr, solange Menschen noch leben, die durch Katastrophen umkommen werden. Wir wissen nicht, ob solches auch uns geschehen wird. HERR, so fang bei uns, bei mir an, dass wir Dich wirklich von ganzem Herzen lieben, dass wir Deine Kinder sein und bleiben dürfen und das Ziel erreichen, in Deiner himmlischen Herrlichkeit zu sein. Sei Du bei uns, denn es will Abend werden über dieser Welt, aber Du hast verheißen, Dein neues herrliches Reich aufzurichten - und darauf dürfen wir uns freuen, HERR Jesus Christus, GOTTES Lamm. Amen.

3. Teil
Weitere Zeichen der nahen Wiederkunft Jesu Christi

Christenverfolgung

Jesus Christus spricht zu den Jüngern (und das gilt auch allen Nachfolgern Jesu aller Zeitalter oder aller Generationen):

Matthäus 24,9 ff:

Dann werden sie euch der Bedrängnis preisgeben und euch töten. Und ihr werdet gehasst werden um Meines Namens willen von allen Völkern. Dann werden viele abfallen und werden sich untereinander verraten und werden sich untereinander hassen. Und es werden sich viele falsche Propheten erheben und werden viele verführen. Und weil die Gesetzlosigkeit überhandnehmen wird, wird die Liebe in vielen erkalten. Wer beharrt bis ans Ende, der wird gerettet werden. Und es wird gepredigt werden dies Evangelium vom Königreich GOTTES in der ganzen Welt zum Zeugnis für alle Völker, und dann wird das Ende kommen.

Während die *Verführung* von Christen vor allem in Ländern einsetzt, wo die christliche Religionsausübung staatlich erlaubt ist, haben Christen in anderen Ländern mit dem Problem der *Verfolgung* zu kämpfen. Es mag manchem Menschen in unserer

„modernen Zeit" unvorstellbar erscheinen, und doch gab es im 20. Jahrhundert und auch im 21. Jahrhundert die größten Christenverfolgungen aller Zeiten. Die Zahlen ändern sich jedes Jahr und steigern sich auch leider weiter.

Die Religionsstatistiker Barrett und Johnson schätzen die Zahl der wegen ihres Glaubens getöteten Christen vom Jahre 33 bis zum Jahre 1990 n. Chr. auf insgesamt etwa 40 Millionen. Davon jedoch gingen nach ihren Angaben circa 27 Millionen (also ungefähr zwei Drittel) allein in den Jahren 1900-1990 in den Tod – eine ungeheure Steigerung! Inzwischen haben wir neuere Zahlen. Dazu möchte ich einige Zitate anführen aus einem Bericht der OSZE (Organisation für Sicherheit und Zusammenarbeit in Europa), die im Juni 2011 in Gödöllö bei Wien tagte:

Alle 5 Minuten wird ein Christ ermordet – OSZE-Vertreter legt Zahlen zur Christenverfolgung vor:

> Vergangene Woche hielt der OSZE-Vertreter für den Kampf gegen Fremdenfeindlichkeit, Rassismus und Diskriminierung, der Soziologe Massimo Introvigne, auf Schloss Gödöllö bei Budapest einen Vortrag über den interreligiösen Dialog zwischen Christen, Juden und Moslems.
>
> Eingeladen hatte der Staat Ungarn, der gerade die EU-Präsidentschaft innehat. In seinem Vortrag erklärte Introvigne als OSZE-Antidiskriminierungsbeauftragter, dass jedes Jahr weltweit mehr als 100.000 Christen wegen ihres Glaubens ermordet werden.
>
> Auf welche Zahlen und Quellen stützte der OSZE-Repräsentant seine in Gödöllö gemachte Aussage? Grundlage dafür sind die Studien des amerikanischen Center for Study of Global Christianity. Das von David B. Barrett geleitete Studienzentrum veröffentlicht regelmäßig die bekannte „World Christian Encyclopedia" und den „Atlas of Global Christianity".
>
> Die Arbeiten Barretts gehören zu den am meisten zitierten im akademischen Bereich, aber auch insgesamt zu den Statistiken der Weltreligionen. 2001 begannen Barrett und sein Mitarbeiter Todd M. Johnson, die Zahl der

christlichen Märtyrer der Weltgeschichte zu erheben. In der bahnbrechenden Arbeit „World Christian Trends AD 30 – AD 2200“ (William Carey Library, Pasadena 2001) versuchten sie die Gesamtzahl der christlichen Märtyrer seit der Stiftung der Kirche durch Jesus Christus bis zum Heiligen Jahr 2000 zu errechnen.

Am Anfang ihrer Erhebung galt es, eine klare Definition für einen christlichen Märtyrer festzulegen. Sie entschieden sich für die Formel: „An Christus Glaubende, die ihr Leben vorzeitig als Glaubenszeugen durch die Gewalt anderer Menschen verloren".

Die Veröffentlichung von 2001 kam zum Schluss, dass es in den ersten zweitausend Jahren rund 70 Millionen christliche Märtyrer gab, von denen 45 Millionen allein im 20. Jahrhundert umgebracht wurden. Die Forschungsmethode von Barrett und Johnsohn wurde in den folgenden zehn Jahren wissenschaftlicher Debatte bestätigt. Seither aktualisieren die Autoren jährlich die Zahl der getöteten Christen. Von 2000 stieg die Zahl der ermordeten Christen stark an, bis sie 2005 mit jährlich 160.000 neuen Märtyrern für die gesamte zweite Hälfte des Jahrzehnts einen erschreckenden Höhepunkt erreichte.

2010 ging die Zahl der Märtyrer zurück, wie die beiden Wissenschaftler in ihrem Beitrag „Christianity 2011: Martyrs and the Resurgence of Religion" schreiben, der in der Januar-Ausgabe des „International Bulletin of Missionary Research" veröffentlicht wurde. Der Rückgang geht auf das Abflauen der Christenverfolgung im Südsudan durch die muslimische Regierung in Karthoum zurück. 2005 konnte unter Druck der internationalen Staatengemeinschaft ein Zeitplan zur Lostrennung des Südens vom Sudan und die Ausrufung eines eigenständigen, souveränen Staates durchgesetzt werden.

Dennoch bleibt die Zahl der getöteten Christen, die weiterhin bei über 100.000 im Jahr liegt, ausgesprochen hoch. Vor allem in der Demokratischen Republik Kongo und in Nordkorea habe sich die Lage für die Christen verschlechtert, um nur zwei Beispiele zu nennen. Barrett und Johnson geben an, dass die Zahl von derzeit mindestens 100.000 christlichen Märtyrern „ausgesprochen zurückhaltend" sei.

Die beiden amerikanischen Soziologen Brian J. Grim und Roger Finke kommen in ihrer Studie „The Price of Freedom Denied" (Cambridge University Press, Cambridge 2011), in der sie die soziologische Theorie der sogenannten „religiösen Ökonomie" auf die Erhebung der religiösen Verfolgungen und deren sozialen Folgen anwenden, zum Schluss, dass die Zahl der wegen ihren Glaubens getöteten Christen zwischen 130.000 und 170.000 betrage.

Der OSZE-Repräsentant Massimo Introvigne nannte in seinem Gödöllö-Vortrag mit jährlich derzeit rund 105.000 christlichen Märtyrern eine „vorsichtige" Schätzung im unteren Bereich nach Barrett und Johnson. Eine Zahl, die wesentlich unter den Angaben von Grim und Finke liegt.

105.000 getötete Christen bedeutet, dass täglich weltweit zwischen 287 und 288 Christen wegen ihres Glaubens ermordet werden. Das sind 12 Christen jede Stunde oder ein Christ alle fünf Minuten (alle vier Minuten nach Grim und Finke). Eine erschreckende Zahl, trotz des von Barrett und Johnson erhobenen Rückgangs für 2010.

Introvigne zog in Gödöllö den Schluss, dass die Christenverfolgung weltweit unter allen Formen der Diskriminierung und Verfolgung die schlimmste ist. Es brauche umgehend Maßnahmen, um dieses Massaker zu beenden. Der erste Schritt dazu sei, dass die Staaten erkennen, dass die Christenverfolgung die schlimmste menschliche Tragödie unserer Zeit ist und gegen diese Notlage etwas unternommen werden müsse. Introvigne mahnte: „Der Dialog zwischen den Religionen und den Kulturen wird zwar wunderschöne Tagungen hervorbringen, aber keine konkreten Ergebnisse. Wer die Zahlen verschweigt, will wahrscheinlich nichts gegen das Massaker unternehmen."

Es bestehen auch noch weitere Untersuchungen anderer Organisationen. Natürlich stirbt nicht immer exakt alle 5 Minuten ein Christ, sondern diese Berechnung ist ein statistischer Durchschnittswert. Massive Verfolgungswellen ergehen auch zur Stunde über Stämme, Volksgruppen und einzelne Christen bzw. Menschen, die sich zum christlichen Glauben bekennen. Ob sie wirklich wiedergeboren sind oder es lediglich ein äußerliches Bekenntnis ist, bleibt eine andere Frage. Darüber können und wollen wir nicht urteilen. Aber es ist anzunehmen, dass es doch sehr oft wiedergeborene Christen sind, die bereit sind, für den HERRN Jesus in den Tod zu gehen. Moslems hassen bekanntlich die Christen allein schon nur aus dem Grunde, wenn sie keine Moslems sind, sondern einem anderen Glauben angehören. Das gilt bereits dann, wenn sie sich nur äußerlich Christen nennen, aber keine echte Wiedergeburt erlebt haben. Diesen Konflikt kann ich an dieser Stelle nur andeuten. Jedoch grundsätzlich sind es wohl überwiegend wiedergeborene Gotteskinder, die in islamischen Ländern verfolgt werden.

In den alten Schriften der Täufer kann man von vielen Details der brutalen Verfolgung lesen, die auch bei uns in Europa geschehen ist, so beispielsweise gegen die Täuferbewegung ab dem 16. Jahrhundert. Der Täufer Michael Sattler beispielsweise wurde im Jahr 1527 bei Rottenburg qualvoll getötet. Ihm wurde zuerst die Zunge herausgerissen, dann mit den glühenden Zangen Stücke aus dem Leib, dann wurde er noch gevierteilt und verbrannt. Es ist unfassbar, zu welchen Grausamkeiten Menschen fähig sind, nur weil sie eine andere Glaubensüberzeugung haben. Es waren in diesem Fall Katholiken, die dazu noch gemeint haben, GOTT damit einen Dienst zu erweisen.

Aber wie sieht es heute aus? Nach Meinung der Weltweiten Evangelischen Allianz, welche die Zahl der im gesamten 20. Jahrhundert getöteten Christen noch weitaus höher schätzt, wird dieses Jahrhundert – „als das Jahrhundert der Märtyrer in die Geschichte eingehen". Allein die Verfolgung während der

26 Jahre dauernden Herrschaft des russischen Diktators Stalin hat mehr Tote hinterlassen als das gesamte Römische Reich in den ersten drei Jahrhunderten nach Christi Geburt. Ähnliches gilt für die Christen in China unter der Herrschaft Mao Tse Tungs. Christen opferten ihr irdisches Leben für ihren Glauben in kommunistischen Diktaturen, islamischen Scheichtümern, Arbeitslagern, KZs und den Folterkammern einer missbrauchten Psychiatrie.

Zu den blutrünstigsten Juden- und Christenverfolgern gehörten außer Stalin und Mao: Lenin (Sowjetunion), Hitler (Deutschland), Ceausescu (Rumänien), Hodscha (Albanien), Idi Amin (Uganda) und Kim Il Sung (Nordkorea). Nordkorea ist das Land mit der schlimmsten Christenverfolgung bis heute. Dort lässt sich der Herrscher als Gott verehren. Im Ostblock hat sich nach dem Fallen des Eisernen Vorhangs Ende der 80er-Jahre des 20. Jahrhunderts die Lage teilweise entspannt, doch dafür branden in noch-kommunistischen Staaten wie China, Nordkorea, Vietnam und Laos sowie in vielen islamischen Ländern immer wieder neue Verfolgungswellen auf.

Vor einiger Zeit kam die Meldung, dass in Kasachstan restriktive Religionsgesetze beschlossen werden, wenn nicht noch ein Wunder geschähe. Diese Gesetze würden unregistrierte Versammlungen fast unmöglich machen und Hausgemeinden in die Illegalität treiben, wie es damals in der Sowjetunion der Fall war. Gegenwärtig herrscht aber nicht mehr der Kommunismus, sondern der Islam.

Staaten wie Algerien, Iran, Libyen, Sudan, Saudi-Arabien und die Türkei bedrängen die Christen aufs Schwerste. Wie sich diese Verfolgung weiter entwickelt, bleibt abzuwarten. Bereits im Jahre 1980 erließ die „Panislamische Konferenz" in Lahore/Pakistan folgenden Geheimbeschluss:

„Das ganze Gebiet (= der Nahe Osten) ist bis zum Jahre 2000 völlig zu islamisieren, und zwar dergestalt im Mittleren Osten, dass alle Lebenden, die nicht Moslems geworden sind - die koptischen Christen in Ägypten, die Christen in Irak, Iran, Türkei, Libanon, Syrien ... und die Israelis völlig ausgelöscht werden müssen."

Sie haben es bis zum Jahr 2000 nicht geschafft. Aber sie erzielen laufend Fortschritte bei diesem ungeheuerlichen, blutrünstigen Plan. Und doch reden die europäischen liberalen Theologen von einem ‚friedlichen Islam' und ‚dem einen Gott'. Gleichwohl wird in unseren Landen bedenkenlos und unbegrenzt – unter dem Deckmantel der Toleranz – der Moscheebau gefördert.

Es kann auch uns bald Verfolgung treffen. Ich denke an den Lissabonner Reformvertrag der Europäischen Union mit den Antidiskriminierungsgesetzen. Wenn man heute etwas gegen andere Religionen oder sexuelle Perversionen sagt, kann schon Strafe drohen. Die Verfolgung ist somit gar nicht mehr so fern.

Aber in den islamischen Ländern tobt sie bereits jetzt schon sichtbar, gerade auch in Afrika. 24 Regierungen afrikanischer Länder schlossen sich im Sommer 1990 zur „Islam-in-Afrika-Organisation" (IAO) zusammen. Auf der Gründungssitzung wurde beschlossen, nur noch Moslems in führende Ämter zu berufen, das islamische Recht (Scharia) einzuführen und das Christentum sowie andere nichtislamische Religionen zu vernichten. Dem Bürgerkrieg im Sudan sind seit 1982 bis zur Jahrtausendwende nach Schätzungen 1/2-1 Million Christen zum Opfer gefallen. Die nicht Getöteten wurden zu Tausenden in die Sklaverei verschleppt und zum Teil gegen hohe Lösegelder freigegeben. Kinder von Christen wurden geraubt und dann in muslimischen Familien zwangsislamisiert, um später als Soldaten gegen Christen zu kämpfen.

Auch in Staaten mit einem relativ hohen christlichen Bevölkerungsanteil – wie etwa Ägypten oder Indonesien – werden Christen zunehmend bedrängt und verhaftet. Nach Angaben der Weltweiten Evangelischen Allianz wurden z.B. im Jahre 1998 über 1.000 Christen aus dem ägyptischen Dorf El-Kasheh 600 Kilometer südlich von Kairo eingesperrt und teilweise durch Auspeitschen und Elektroschocks gefoltert. Aber auch aus nichtislamisch regierten Staaten wie etwa dem hinduistischen Indien wird eine zunehmende Zahl von Übergriffen gegen Christen gemeldet.

Jesus hatte es Seinen Jüngern vorausgesagt:

Johannes 15,18-20:

„Wenn euch die Welt hasst, so wisst, dass sie Mich vor euch gehasst hat ... Haben sie Mich verfolgt, so werden sie auch euch verfolgen."

Matthäus 24,9:

„Sie werden euch der Bedrängnis preisgeben und euch töten, und ihr werdet gehasst werden um Meines Namens willen von allen Völkern."

Doch herrlich ist der Lohn derjenigen, die Jesus treu bleiben und Seinen Namen nicht verleugnen:

Offb. 2,10:

„Fürchte dich nicht vor dem, was du leiden wirst! ... Sei getreu bis an den Tod, so will Ich dir die Krone des Lebens geben."

Werden auch wir dem HERRN treu bleiben, wenn uns Bedrängnis ereilt und wenn es etwas kostet, Christ zu sein?

Inmitten härtester Verfolgung hat die Gemeinde Jesu in Ländern wie der früheren Sowjetunion und der Volksrepublik China überlebt, ja sie wurde sogar geistlich gestärkt und ist gewachsen. Die gläubigen Russland- und Rumäniendeutschen, die seit dem Fallen des Eisernen Vorhangs in den Westen kamen, sind oft ein beeindruckendes Beispiel für eine innige Jesusliebe, die im Leidensfeuer geläutert und entflammt wurde. Ja, es gilt:

1. Petr. 4,13:

„Freut euch, dass ihr mit Christus leidet, damit ihr auch zur Zeit der Offenbarung Seiner Herrlichkeit Freude und Wonne haben mögt!"

Dies entspricht der Öffnung des fünften Siegels: die Blutzeugen unter dem Altar.

Offb. 6,9 ff.:

Und als es das fünfte Siegel öffnete, sah ich unter dem Altar die Seelen derer, die hingeschlachtet worden waren um des Wortes GOTTES willen und um des Zeugnisses willen, das sie hatten. Und sie riefen mit lauter Stimme und sprachen: Wie lange, oh HERR, Du Heiliger und Wahrhaftiger, richtest Du nicht und rächst nicht unser Blut an denen, die auf der Erde wohnen? Dies sind die Märtyrer, die um des HERRN Jesus willen dahingeschlachtet worden sind.

... und es wurde ihnen gesagt, dass sie noch eine kleine Zeit ruhen sollten, bis auch ihre Mitknechte und ihre Brüder vollendet wären, die auch wie sie getötet werden sollten.

Dies ist eine sehr interessante Stelle, denn durch sie wissen wir, dass auch nach dem irdischen Tode die Zeit noch andauert. Es handelt sich hier um eine Zeit des Wartens. Die getöteten Christen in dieser Zeit sollen warten, *bis auch ihre Mitknechte und ihre Brüder vollendet wären, die auch wie sie getötet werden sollten.* Wir stehen ja hier am Anfang der Wehen! Noch andere Blutzeugen, Märtyrer Jesu Christi, werden zu den bereits getöteten hinzukommen. Wir befinden uns hierbei in der Zeit des fünften Siegels – und erst die siebte Zornschale beendet das Gericht GOTTES. So werden sich in der Trübsalszeit sehr wohl auch Gläubige (Christen) auf der Erde befinden – und getötet werden. Dies geht klar aus unserem Textabschnitt hier aus Offenbarung 6 hervor. So sollen die Märtyrer des fünften Siegels warten, bis die Vollzahl der Blutzeugen eingegangen ist.

Hier geht es nicht um Rache gemäß unserem menschlichen Verständnis. Es geht um die Gerechtigkeit GOTTES. Denn es ist ja Unrecht, was hier geschieht. Die Märtyrer fragen GOTT, wann Er Recht schaffen wird. Zweifelsohne *wird Er* Recht schaffen zu Seiner Zeit. Es wird ein schlimmes Erwachen geben für die, die, ohne von dieser Sünde umgekehrt zu sein, andere um ihres Glaubens willen getötet haben. Manche Verfolger haben sich bekehrt durch das Zeugnis der Märtyrer. Und es hat sich auch immer wieder der Satz erfüllt: Das Blut der Märtyrer ist der Same der Gemeinde. Die Blutzeugen unter dem Altar warten, bis die Zahl der Märtyrer vollendet ist.

Der Abfall vom Glauben

Das wohl Erschütterndste, was für die Endzeit vorausgesagt wurde, ist das *Abfallen* vieler Christen vom Glauben, von Gottes Ordnungen und von der Liebe zu Gott und den Menschen unter dem wachsenden Druck einer christusfeindlichen Umwelt.

Matthäus 24,10-12:

„Es werden viele abfallen und werden sich untereinander verraten und werden sich untereinander hassen. Und es werden sich viele falsche Propheten erheben und werden viele verführen. Und weil die Gesetzlosigkeit überhandnehmen wird, wird die Liebe in vielen erkalten.“

Das war schon in der alten römischen Zeit so, dass es drei Gruppen gab:

Solche, die fest blieben im Glauben und zu Märtyrern wurden

Solche, die ganz abgefallen sind vom Glauben und zu Verrätern wurden

Und solche, die hin- und hergeschwankt sind, um ihr irdisches Leben zu retten.

Man sollte die Letzteren nicht einfach verurteilen. Wer weiß, wie wir selbst uns in einer solchen Situation verhalten hätten … Es ist nicht leicht, wenn solch große Opfer im Raum stehen. Aber es wird auch jene geben, die ganz abfallen, die sich lossagen und sprechen: „Ich glaube nicht an Jesus.“ Solchen wird man daraufhin das vergängliche irdische Leben schenken. Aber der Teufel freut sich, wieder eine Seele mehr für die Hölle gefangen zu haben. Wie kurzsichtig! Die Ewigkeit ist doch unendlich viel länger als unsere begrenzte Zeit hier. Wer hier Jesus verrät, der wird ewig, ewig gequält werden, weil er keinen Weg mehr zur Errettung hat, weil er das Blut Jesu mit Füßen tritt, das der Heiland stellvertretend am Kreuz von Golgatha für Dich und mich vergossen hat.

Hier erhebt sich mit Macht die Frage: Wer kann denn abfallen? Kann jemand abfallen, der nie ein echter Christ war? Dies ist eine wichtige Frage für viele christliche Kreise. Man hört manchmal die Behauptung: Ein Christ kann nie abfallen, nie verloren gehen, ein Kind GOTTES bleibt immer ein Kind. Ich verstehe das Wort Gottes jedoch so: Abfallen bedeutet, dass man einmal dabei war. Vielleicht nicht von ganzem Herzen – darüber kann man diskutieren: War der Abgefallene wirklich einmal ganz bekehrt, ganz wiedergeboren, ganz dem HERRN hingegeben gewesen? Ins Herz kann niemand von uns schauen, das weiß nur der HERR. Aber das Wort vom „Abfallen-Können“ ist eine wichtige Warnung für solche, die meinen, sie stehen, damit sie nicht fallen. Diese Warnung brauchen wir in unserem Glaubensleben immer wieder, sonst schlafen wir geistlich ein.

Manchmal denkt man: ***Jetzt habe ich so einen tollen Zustand erreicht als Christ. Es geht mir so gut im Glaubensleben. Halleluja! Jetzt kann mir nichts mehr passieren.*** Dann schickt GOTT einen kleinen Virus, plötzlich liegt man auf der Nase, hadert mit GOTT und fragt: ***Warum jetzt? Warum mir?*** Und manche sind dann sogar schon vom Glauben abgefallen. Wenn man die Bibel kennt, weiß man, dass Jesus gesagt hat: ***Wenn sie Mich verfolgen, werden sie auch euch verfolgen*** (Johannes 15,20). Es ist nicht jeden Tag Sonnenschein. Insbesondere die Nachfolge Jesu ist ein Leidensweg, der dann aber in die Herrlichkeit mündet. Aber es geht nur durch Leiden zur Herrlichkeit, durch den Tod zur Auferstehung. Wenn das Weizenkorn nicht in die Erde fällt und stirbt, dann wird es nicht auferstehen und Frucht bringen.

Hier steht also eine deutliche Warnung, denn abfallen kann nach meinem Verständnis nur, wer einmal dabei war. Es sind also Kinder Gottes, wahre Christen, welche abfallen und keine Namenschristen. Einer, der nicht wirklich dabei war, vermag auch nicht abzufallen. Von was oder wovon soll er denn abfallen, wenn die Verbindung mit Christus nicht echt war? Es gibt viele Bibelstellen, die das deutlich machen:

5. Mose 4,19 (Luther 84

„... und fallest ab und betest sie an."

5. Mose 11,16 (Luther 84)

„... dass ihr abfallt und anderen Göttern dient."

5. Mose 13,6 (Luther 84)

„Der falsche Prophet soll getötet werden, weil er euch gelehrt hat, abzufallen von dem HERRN."

1. Tim. 4,1:

„Der Geist aber sagt ausdrücklich, dass in späteren Zeiten etliche vom Glauben abfallen und sich irreführenden Geistern und Lehren der Dämonen zuwenden werden."

Eine der bekanntesten Stellen ist folgende:

Hebräer 6,4-6:

„Denn es ist unmöglich, die, welche einmal erleuchtet worden sind und die himmlische Gabe geschmeckt haben und Heiligen Geistes teilhaftig geworden sind und das gute Wort GOTTES geschmeckt haben, dazu die Kräfte der zukünftigen Weltzeit, und die dann abgefallen sind, wieder zur Buße zu erneuern, da sie für sich selbst den Sohn GOTTES wiederum kreuzigen und zum Gespött machen!"

Ich denke, diese waren wirklich Gläubige. Wir finden dazu sehr unterschiedliche Kommentare - je nach Position und Standpunkt. Manche Ausleger meinen, die Abgefallenen waren niemals echte Christen. Aber wenn doch hier steht, sie sind sogar „des Heiligen Geistes teilhaftig geworden", kann man das von einem Ungläubigen nun wirklich nicht sagen! Abgefallen können sie ja nur sein, wenn sie wirklich ernsthaft dabei waren. Und solche kann man nicht erneuern zur Buße.

Aber ich möchte seelsorgerlich betonen: Wenn jemand fragt: „Kann ich jetzt überhaupt wieder gerettet werden, wenn ich schon einmal abgefallen war?" – Wenn jemand persönlich von dieser Frage umgetrieben wird und wenn sie ihn drängt, dann darf er wissen: Der HERR zieht mich wieder und lädt mich ein, umzukehren von einem falschen breiten Weg, auf dem ich gelandet bin. Der HERR spricht mich wieder an. Er klopft schon an die Herzenstür. Er steht dann zwar noch außen und klopft an die Tür: ***Siehe, Ich stehe vor der Tür und klopfe an.*** Aber Er klopft an in Liebe und mit deutlich warnenden Worten: ***Kehre um, damit du nicht verloren gehst.*** Er bietet Seine ausgestreckte Hand an wie der liebende Vater dem verlorenen Sohn (Lukas 15). Ohne diese Sehnsucht nach dem HERRN würde man die Frage gar nicht stellen. So ergreife diese Hand, wenn Du fern vom HERRN bist!

Vielleicht ist jemand durch irgendwelche Erlebnisse weggekommen, durch welche er Zweifel bekommen hat an GOTT. Wenn es uns gut geht, dann schreiben wir es uns ja gerne selbst auf die Fahne. Aber wenn es uns schlecht geht, dann wird sehr schnell GOTT die Schuld gegeben. So ist der Mensch leider in seiner sündigen Natur. Aber das ist völlig ungerecht gegenüber

GOTT. Wir dürfen das Schöne, aber auch das Schwere aus Seiner Hand nehmen. Er trägt uns, das hat Er verheißen. GOTT versucht niemand über seine Kraft, sondern macht es so, dass die Versuchung so ein Ende nimmt, dass man es ertragen kann. Das haben schon viele erleben dürfen. Wir müssen nur fest bleiben im HERRN und wissen: Er wird uns hindurch tragen. Möge der HERR uns davor bewahren, abzufallen, damit wir wachsam sind und in Seiner Hand bleiben. Das möge Er schenken.

Verrat

Es ist auch erschütternd, wenn hier steht: ***Sie werden sich untereinander verraten.*** Die Auslieferung an die Verfolger – manchmal durch die engsten Angehörigen – kam und kommt leider immer wieder vor, etwa in Ländern des Ostblocks oder in islamischen Staaten. Der frühere Pfarrer in der DDR, Dr. Theo Lehmann, hat in seiner Autobiografie berichtet, dass der Verräter in seiner nächsten Nähe war. Es war einer seiner engsten Freunde und Mitarbeiter. Dieser hat alle seine Informationen direkt an die Stasi gegeben, die er über diesen gläubigen Pfarrer in der früheren DDR sammeln konnte. Es ist erschütternd, wenn man dann erfahren muss: Der Verräter saß ganz in meiner Nähe.

Deshalb warnt uns das Wort GOTTES vor dem Verrat. Wir sollen wachsam bleiben und nicht blindlings jedem Menschen vertrauen. Ich habe auch schon leider mehrmals erleben müssen, dass Menschen, denen ich vertraut hatte, mich dann bitter enttäuscht haben. Vielleicht habe ich es auch schon gemacht, dann tut es mir Leid und ich bitte um Vergebung. Denn wir sind alle keine vollkommenen Heiligen. Wir brauchen alle die Gnade und Vergebung des HERRN. Aber Auslieferung an die Verfolger - das ist eine schwere Sünde. Ich hoffe, dass wir nie in eine solche Lage kommen, dass wir jemanden verraten würden, insbesondere, wenn es Verfolgung gibt, sondern dass wir dann – wie es auch im Dritten Reich aufrechte Menschen gab – den Verfolgten Schutz bieten, die um ihres Glaubens willen verfolgt werden. Damals waren es Juden. Aber die Christen standen ja auch schon auf der Liste und etliche waren bereits im KZ, wie etwa der Prediger von Buchenwald, Paul Schneider, ein evangelischer Märtyrer. In der Endzeit wird diese Verfolgung weltweit zunehmen, da konsequentes Christsein immer mehr der Lächerlichkeit preisgegeben und als „intolerant" bezeichnet werden wird. Es passt nicht in den Einheitssog, der zum antichristlichen Reich führt.

Entschiedene Jesusnachfolger werden durch das Wort des Propheten Micha vor Verrat gewarnt:

Micha 7,2.5-7:

„Sie lauern alle auf Blut, ein jeder jagt den andern, dass er ihn fange ... Niemand glaube seinem Nächsten, niemand verlasse sich auf einen Freund! Bewahre die Tür deines Mundes vor der, die in deinen Armen schläft! Denn der Sohn verachtet den Vater, die Tochter widersetzt sich der Mutter, die Schwiegertochter ist gegen die Schwiegermutter; und des Menschen Feinde sind seine eigenen Hausgenossen. Ich aber will auf den HERRN schauen und harren auf den GOTT meines Heils; mein GOTT wird mich erhören."

Ist das nicht erschütternd, wenn der Riss durch die Familien geht? Wie traurig, wenn ein Familienmitglied oder mehrere nicht gläubig sind. Wenn man nicht gemeinsam beten kann. Aber wir können nichts erzwingen. Viele von uns werden ungläubige Angehörige haben. Betet, dass auch sie gerettet werden. Dass sie nicht ewig in der Hölle gequält werden müssen. Besser als anpredigen ist aber: den Glauben in Liebe vorleben.

Dies ist also eine eindeutige Warnung, dass wir nicht jedem einfach Vertrauen schenken sollen. Es soll aber kein Aufruf zum ständigen Misstrauen sein. Man muss grundsätzlich wachsam bleiben. Es haben sich schon Menschen in Gemeinden eingeschlichen, um sie auszuspionieren. Das ist in kommunistischen Ländern sehr verbreitet gewesen. Die Gläubigen waren dort sehr vorsichtig. Dabei gilt mehr denn je:

1. Sam. 16,7:

„Ein Mensch sieht, was vor Augen ist; der HERR aber sieht das Herz an."

Der Glaubensabfall der vielen einzelnen summiert sich zum Glaubensabfall der Kirchen

„*Die Hure Babylon ist die verweltlichte Kirche*“[1], schrieb im 19. Jahrhundert der Theologieprofessor Carl August Auberlen im Blick auf Offenbarung 17.

Und Friedrich Mayer bemerkt zu dieser Stelle in seinem Buch „Der Tag des HERRN“:

„Dabei dürfen wir nicht nur an ´Rom` denken, sondern ohne Zweifel an alles falsche Kirchenwesen auf Erden, an alles unechte, also »weltförmige Christentum«, wie es allmählich auch in der kleinsten Gemeinschaft mitten drin sitzt. Sie alle, diese Kirchen, Konfessionen, Sekten, Freikirchen, Gemeinschaften, keine einzige ausgenommen, sind kleine »Babel« geworden, voll Verwirrung, und sind von ihrem ersten Geist himmelweit gefallen.“[2]

Obwohl ich mich dem letzten Satz in seiner Radikalität nicht anschließen kann (meines Erachtens ist die Lage noch nicht in allen Gemeinden ganz so schlimm), so enthält er doch einen wahren Kern: nämlich dass *keine* christliche Gruppierung vom „Babelgeist“ unberührt bleiben wird. Die Welt kommt leider überall rein! Keine Gemeinde wird sagen können: „Ihr seid Babel - und wir nicht!“ Nein, „Babel“ geht mitten durch die Gemeinden, ja manchmal sogar mitten durch die Herzen hindurch! Wir sollten beten, dass GOTT diesen Babelgeist austreibt. Gegenüber diesem Geist der Vermischung, der Weltanpassung, des falschen Pluralismus, der falschen Toleranz gegenüber Lügen und falschen Systemen und Irrlehren müssen wir intolerant sein. Gegenüber der Person, auch wenn sie anders denkt, können wir tolerant sein, aber nicht in der Wahrheits- und Sachfrage.

Denn so definiert René Pache treffend in seinem bekannten Werk „Die Wiederkunft Jesu Christi“ die Hure Babylon“, indem er sagt:

---

1 C.A. Auberlen, Der Prophet Daniel und die Offenbarung Johannes, Basel 1857, S. 314.

2 F. Mayer, Der Tag des Herrn, Stuttgart 1957, S. 419.

„Sie stellt nicht lediglich eine bestimmte Gruppe von Abgefallenen dar, sondern alle falsche Religion auf Erden. Es hat viele falsche Christen bei den Katholiken gegeben, aber ebenso bei den Protestanten, den Orthodoxen und anderswo. Geistlichen Ehebruch begehen alle, die ihr Herz zwischen GOTT und der Welt teilen, Jak. 4,4; die bei einem strengen Dogma die Bekehrung ablehnen; die vom Glauben an die Bibel abweichen, indem sie die Gottheit Jesu Christi und die Sühnekraft Seines Bluts leugnen; alle, welche Andersgläubige verfolgen.“[3] *„Die »große Hure« ist die abgefallene Kirche, die Jesu Christi Eigentum zu sein gelobte und nun mit der Welt Ehebruch treibt. Sie ist das Sinnbild der verweltlichten Religion ... das weltliche System geistlicher Verwirrung, heuchlerischer Wollust und kirchlicher Korruption in ihrer ganzen Scheußlichkeit“*[4]

Wenn man den konsequenten Weg mit dem HERRN gehen möchte, wird man sehr schnell ausgesondert. Es hat einmal ein führender Evangelikaler zu mir gesagt: *Uns unterscheidet wahrscheinlich eins: dass du dich absonderst und ich nicht.* Aber die Bibel gebietet die Absonderung da, wo eindeutig falsche Lehre und falscher Lebensstil vorhanden sind. *Gehet aus von ihnen und sondert euch ab* (vgl. Offenbarung 18,4).

Die abgefallene Endzeitkirche wird in ihrer ganzen Verderbtheit erst in der antichristlichen Trübsalszeit offenbar werden. Und doch wirft auch sie ihre Schatten längst voraus. Unter und neben den bereits genannten *Kennzeichen* erscheinen mir die folgenden besonders wichtig:

Die Babylon-Kirche der Endzeit

- stellt sich der Welt gleich und vertauscht Gottes Geist mit dem Zeitgeist (Offb. 17,2; 18,3);
- betreibt geistliche „Hurerei“, das heißt: sie setzt heidnische Götzen mit dem Gott der Bibel gleich

---

3 R. Pache, Die Wiederkunft Jesu Christi, Wuppertal, 11. Aufl. 1987, S. 176 f.

4 A.a.O., S. 168.

und vermischt die Religionen und Ideologien (Offb. 17,2.5.15; vergleiche Hos. 1,2; 3,1);

- ist auf Geld und Macht aus (Offb. 17,4.18; 18,7.9-19);
- ist äußerlich prachtvoll, doch innerlich tot (vergleiche Offb. 3,1);
- bringt die wahrhaft Gläubigen zunehmend in Bedrängnis (Offb. 17,6);
- lenkt durch falsche Zeichen und Wunder von den rettenden Wunden Jesu ab (vergleiche Matth. 24,24; 2.Thess. 2,9; Offb. 13,13);
- bereitet dem Antichristen den Weg, der sie zunächst für sein religiöses Gaukelwerk missbraucht, um sie anschließend fallen zu lassen (Offb. 17,3.16).

Die Brautgemeinde der Erlösten hingegen

- setzt sich zusammen aus Gläubigen in allen Denominationen, die nur Gott wirklich kennt (1. Sam. 16,7; Joh. 17,20-26);
- wartet auf Jesu Wiederkunft (Matth. 24 f.; 2. Petr. 3,11 ff.);
- passt sich dem Zeitgeist nicht an, sondern ist Salz und Licht der Welt (Matth. 5,13 ff.; Röm. 12,1; 1. Joh. 2,15-17);
- geht durch irdische Niedrigkeit, Verachtung und Verfolgung hindurch zur himmlischen Herrlichkeit (Matth. 10,9 f.; 24,9-13; 2. Tim. 3,12);
- hält Jesus als dem einzigen HERRN und Erlöser die Treue und lehnt jede Religionsvermischung ab (Joh. 14,6; Apg. 4,12);

- fällt nicht auf falsche Zeichen und Wunder herein, sondern orientiert sich allein am Wort der Heiligen Schrift (Jer. 23,28; 2. Tim. 3,14-17);
- bereitet Jesus Christus den Weg, indem sie viele in Seine Nachfolge ruft (Matth. 24,14).

Gesetzlosigkeit

Matthäus 24,12:
... und weil die Gesetzlosigkeit überhandnehmen wird, wird die Liebe in vielen erkalten.

Die Aufweichung des christlichen Glaubens wird insbesondere auf zwei Gebieten deutlich: an der *Preisgabe der göttlichen Ordnungen* und an dem *Erkalten der Liebe.* Im griechischen Urtext von Matthäus 24,12 finden sich die Begriffe „anomia" (= Gesetzlosigkeit, Ungerechtigkeit) und „agape" (= die göttlich gewirkte, geistliche Liebe, mit der wir Gott und den Nächsten wieder lieben können). Das Überhandnehmen der Gesetzlosigkeit und das Erkalten der Liebe stehen in einem unmittelbaren Zusammenhang miteinander.

Das überrascht, denn viele meinen, wo das Gesetz aufhöre, komme die Liebe erst zum Blühen. Man beruft sich dabei noch auf die Bibel und argumentiert ungefähr so: In 1. Johannes 4,16 steht: *„GOTT ist die Liebe."* Christus ist GOTTES Sohn und damit ebenfalls Liebe. Nun steht in Römer 10,4: *„Christus ist des Gesetzes Ende."* Also hebt die Liebe das Gesetz auf. GOTT sei Liebe und deshalb endet das Gesetz, wenn Christus kommt.

Hinter solchen Vorstellungen steht ein *falscher Gesetzes- und Liebesbegriff.* Gesetz und Liebe sind nämlich keine Gegensätze, wo sie in den Glauben eingebunden sind. Nur wo sich das Gesetz verselbständigt und unabhängig vom rettenden Glauben an Jesus zum Heilsweg werden möchte, wo man also das Heil von den eigenen guten Werken erwartet – da betrügt sich der Mensch selbst und gelangt nicht zur Erlösung (Röm. 3,27 f.).

Das ist auch der Fall bei den frommen Juden, die Jesus ablehnen. Sie verlassen sich auf ihre 613 Gebote, die sie zu halten versuchen, und müssen damit Schiffbruch erleiden. Deshalb klagt Jesus sie der Heuchelei an. Sie vermögen gar nicht alle Gebote zu halten. Es gibt keinen Heilsweg, der um Jesus herumführt. Joh. 14,6: ***Keiner kommt zum Vater außer durch mich.*** Gilt das etwa für Juden nicht? Haben sie einen eigenen Heilsweg? Es gibt Christen, die das behaupten. Aber ich kann das so nicht erkennen. Das würde völlig dem Neuen Testament widersprechen.

Hingegen haben die Gebote GOTTES und die guten Werke sehr wohl ihren Platz im Leben des glaubenden, erlösten Christen. Gute Werke sind nicht Mittel zur Selbsterlösung – von diesem Leistungsdruck ist der Christ befreit. Nein, sie sind Früchte der am Kreuz bereits vollbrachten und im Glauben angenommenen Erlösung, die – wie an einem Obstbaum – automatisch wachsen und aus Liebe (Agape) und Dankbarkeit zu GOTT getan werden. Im Jakobusbrief geht es um Werke, die aus dem Glauben heraus getan sind.

Im Römerbrief werden die Werke des Gesetzes als Heilsweg abgelehnt. Sie haben nur eine aufdeckende Funktion und halten uns einen Spiegel vor. Wir erkennen daran, dass wir Sünder sind im Hinblick auf das mosaische Gesetz. In Jesus aber, der das Gesetz erfüllt hat, haben wir Vergebung der Sünden, werden reingewaschen durch Sein Blut und bekommen Kraft, gute Werke zu tun, wenn wir Ihn als das stellvertretende Opferlamm für unsere Sünden annehmen. Wir erhalten Kraft, um GOTTES Gebote, die im Neuen Testament bestätigt werden, zu halten. Es geht um diese Gebote, die hier bestätigt und anschaulich sowie nachdrücklicher ausgeführt werden - wie etwa in der Bergpredigt und auch im Römerbrief, Kap. 13. Da steht nicht, dass die Gebote jetzt alle aufgehoben sind, sondern es heißt:

Römer 13,10:

„Die Liebe tut dem Nächsten nichts Böses. So ist nun die Liebe die Erfüllung des Gesetzes."

Die göttlich gewirkte Liebe erfüllt das Gesetz, indem es Frucht des Geistes, Werke des Glaubens hervorbringt. Es ist daher eine verhängnisvolle Verfälschung der biblischen Botschaft, wenn die ***göttliche Agape-Liebe*** zu einer sentimentalen Allerweltsliebe – oder gar einer religionsvermischenden Weltverbrüderungsliebe – umgedeutet und damit geradezu in ihr Gegenteil verkehrt wird. Nein, die göttlich gewirkte Liebe dankt GOTT für das Geschenk der Erlösung und hält Seine Gebote. Liebe und Gehorsam gegenüber GOTTES Ordnungen sind untrennbar. In den guten Werken wird die Liebe konkret:

1. Joh. 5,3:

„Das ist die Liebe zu GOTT, dass wir Seine Gebote halten; und Seine Gebote sind nicht schwer" (vergleiche auch Gal. 5,6; Hebr. 10,24; Jak. 2,17).

Man kann sozusagen von zwei Seiten vom Pferd fallen: Auf der einen Seite droht die ***Gesetzlichkeit,*** die das Heil von ihren guten Werken, von der Beachtung selbstauferlegter Normen und „Zusatzevangelien" abhängig macht und die Erlösungstat Jesu durch Menschensatzungen zudeckt (vergleiche Gal. 1,6; Kol. 2,16-23). Auf der anderen Seite verrennt sich die ***Gesetzlosigkeit,*** welche alle Ordnungen und Gebote GOTTES über Bord wirft, welche ihr nicht gefallen, und ausruft: „Alles ist erlaubt!" (1. Kor. 10,23). Beides kommt seit der neutestamentlichen Zeit bis heute in christlichen Gemeinden vor – und beides ist falsch. Es gilt demgegenüber, das Gleichgewicht zu bewahren und sich nicht von einer Seite vom Pferd ziehen zu lassen. Und das gelingt nur, wenn man das ***Zentrum*** des Glaubens vor Augen behält: Jesus Christus und Sein rettendes Sühneopfer am Kreuz, aus welchem Segen und Heil für den Glaubenden und - durch diesen hindurch – auch für die Welt fließen.

Nun kommt offensichtlich die massivere Gefahr in der ***Endzeit*** von der ***Gesetzlosigkeit,*** sonst würde Jesus nicht so betont vor ihr warnen. In die Gesetzlosigkeit nämlich möchte uns die ganze Welt mit ihren Verführungen hineinziehen. Auch die Welt gebraucht das Wort „Liebe" – aber nicht im biblischen Sinn, sondern in einer zutiefst verflachten und gefährlichen Bedeutung: Liebe als Toleranz, Duldung von allem und jedem, hemmungslose Freiheit, totaler Pluralismus. Wo solche „Liebe" herrscht, zieht sich die göttliche Liebe zurück; sie „erkaltet". Gerhard Maier schreibt in seinem Kommentar zum Matthäusevangelium (zur Stelle) zu Recht:

„Die Liebe erkaltet dann, wenn sie sich von der Bindung an GOTTES Gebote emanzipiert"... Gesetzlosigkeit bedeutet, dass das Evangelium „vom Gesetz GOTTES gelöst und damit zur flachen, billigen Gnade (wird), die unter dem schwammigen Begriff ´Freiheit` alles erlaubt ... Die Gesetzlosigkeit wird sich oft im Bereich der Sexualität und Ehe auswirken ... Sie führt weithin zu einer Lösung menschlicher und glaubensmässiger Bande in der Familie und in der Gemeinde. Sie zerstört Vertrauen, Zuverlässigkeit, Demut, Pflicht, Hingabe und Gehorsam ... Der Begriff ´erkalten` spiegelt den Sieg des eiskalten Egoismus und der hohlen Phrasen."

Anders ausgedrückt: Das *Lustprinzip* – auch in christlichen Gemeinden – verdrängt GOTTES Gebote sowie die Liebe zu GOTT und den Menschen. Alles dreht sich nur noch um das *Selbst.* Selbstbestimmung, Selbstverwirklichung und Selbstliebe werden zu Schlüsselbegriffen. Die Kehrseite der Selbstbezogenheit jedoch ist Isolation und Vereinsamung. *„Keiner kümmert sich um mich"* – dieser Hilferuf ertönt auch in christlichen Gemeinden immer lauter. Ich fürchte, dass die rapide Zunahme seelischer Krankheiten und auch von Trennungen und Scheidungen in den letzten Jahrzehnten bereits mit diesem „Erkalten der Liebe" zusammenhängt, von dem Jesus spricht.

Man braucht sich nur einmal auf „christlichen" Büchertischen umzusehen, wie viele Psychologiebücher da oft liegen in manchen Gemeinden. Wenn ich in eine Gemeinde komme, ist das immer mein erster Blick: Welche Bücher liegen dort aus? Manchmal bin ich entsetzt. Selbst Gemeinden, die mich einladen, haben manchmal die verwaschenen Bücher einer humanistisch aufgeweichten Psychologie und oft auch viele oberflächliche Romane und ähnliches ausliegen. Da müsste manchmal eine „Tempelreinigung" stattfinden. Aber das müssen die verantwortlichen Brüder vom Wort GOTTES her selbst erkennen. Wir können ihnen raten und für sie beten ...

Das Erkalten der Liebe

Die Liebe wird in vielen erkalten – das ist auch ein Zeichen der Endzeit. Wir erleben leider in vielen Gemeinden, dass jeder nur sich selbst der Nächste ist. *Ich habe mein Heil in der Tasche*, so denkt man dann, *und der andere, der schmort in der Hölle*. Solche Sätze habe ich schon von Brüdern gehört. Solche haben gar kein Empfinden mehr dafür, wenn jemand verloren gegangen ist, dass man darüber weint und denkt: *Hätte man ihn doch noch gewarnt!* Wir können aber nicht oberflächlich darüber weggehen. Es ist jedes Mal eine große Tragödie, wenn ein Ungläubiger stirbt. Aber wenn ein Gläubiger stirbt, ist es eine Siegesfeier. Das ist der große Unterschied. Der Trauer-Gottesdienst ist kein Gottesdienst in dem Sinne eines ‚Zuspät' für den Verstorbenen, höchstens noch für die Lebenden als Warnung – oder anderenfalls eben eine Siegesfeier. Ich hoffe, dass auch mein Heimgang einmal eine Siegesfeier sein darf.

Zum Glück ist das Bild nicht einheitlich düster. Die Liebe wird zwar in „vielen", aber nicht in *allen* erkalten (Matth. 24,12). Es wird immer wieder selbstlose Gottesboten – gewissermaßen „Engel in Menschengestalt" – geben, die uneigennützig dem Nächsten dienen. Sie werden Jesus die Treue halten. Und ihnen gilt die Verheißung: „Wer beharrt bis ans Ende, der wird selig" (Matth. 24,13).

Ich habe einmal eine "Todesanzeige" verfasst unter der Überschrift "Sodom und Gomorrha heute", gestaltet wie eine Traueranzeige mit einem Kreuz, habe sie aber nicht in Zeitungen veröffentlicht, jedoch in verschiedenen Traktaten. Hier geht es um die Zunahme der Gesetzlosigkeit. Man kann das kaum besser zusammenfassen als in einer Art Gedichtform. Da dies keine harmonische Sache ist, reimt es sich auch nicht:

Sodom und Gomorrha heute

Zuerst wurde die Gotteslästerung freigegeben.
Dann die Pornographie.

Dann die Abtreibung.
Jetzt folgen Homosexualität und Lesbianismus.
Und bald auch Polygamie und Euthanasie,
Inzest und Sodomie.

Diese Reihenfolge ist zwangsläufig.

Wenn die letzte Stufe erreicht ist, befindet sich die Menschheit im gleichen Zustand wie die Zeitgenossen Noahs vor der Sintflut und die Städte Sodom und Gomorrha vor ihrem Untergang.

Dann gibt es nur noch eine Steigerung nach unten: die weltweite offene Anbetung Satans und seines Sohnes, des Antichristen, vorbereitet durch eine weltweite Vernetzung, durch eine Religion der Beliebigkeit und durch den immer offensichtlicher werdenden Kampf gegen Jesus Christus als den einzigen Weg zu GOTT, dem Vater.

> *"Aber der feste Grund GOTTES besteht und hat dieses Siegel:*
> *Der HERR kennt die Seinen.*
> *Und: Es lasse ab von Ungerechtigkeit,*
> *wer den Namen des HERRN nennt"* (2. Timotheus 2,19).

Begriffserklärung:
Pornographie = Darstellung von unzüchtigen Handlungen
Homosexualität = erotische Neigung zum eigenen Geschlecht; gleichgeschlechtliche Liebe zwischen Männern
Lesbianismus = gleichgeschlechtliche Liebe zwischen Frauen
Polygamie = "Vielehe", Zusammenleben mit mehreren Partnern des anderen Geschlechts
Euthanasie = "Sterbehilfe"; aktive Euthanasie = Tötung aufgrund einer Krankheit oder Behinderung
Inzest = Geschlechtsverkehr mit nahen Blutsverwandten (Eltern, Kinder, Geschwister u.a.)
Sodomie = sexueller Verkehr mit Tieren

Weltmission

In Matthäus 24, Vers 13, spricht der HERR: *Wer aber beharrt bis ans Ende, der wird gerettet werden.* Und dann weist Er auf die Weltmission hin. Nach diesen furchtbar negativen Entwicklungen kommt jetzt das positive Endzeitzeichen. Wer beharrt bis ans Ende, wer festbleibt, wer am Glauben festhält, wer bekehrt wurde durch die Weltmission, der wird gerettet werden.

Und es wird gepredigt werden dies Evangelium vom Reich („basileia", wörtlich Königsherrschaft) *in der ganzen Welt zum Zeugnis für alle Völker und dann wird das Ende kommen.*

Für „Weltmission" werden heute zwei grundsätzlich unterschiedliche Definitionen gegeben:

A. Weltmission ist die Missio Dei (Sendung GOTTES) an die Welt. Ihr Hauptschwerpunkt besteht darin, ungerechte Strukturen (soziale Ausbeutung und Unterdrückung, Hunger, Armut, Umweltverschmutzung, Rassen-, Klassen- und Geschlechterdiskriminierung) durch aktiven Einsatz, mitunter Befreiungskämpfe, zu verändern und zu beseitigen. Mission ist identisch mit sozialem Engagement und politischer Aktion. Dieses Missionsverständnis begegnet uns seit den 60er Jahren des 20. Jahrhunderts sehr stark beim Weltkirchenrat, aber auch bei Teilen der römisch-katholischen Kirche, etwa im Rahmen einer „Theologie der Hoffnung", einer „Theologie der Befreiung", einer „Schwarzen Theologie" und einer „Feministischen Theologie". Ziel ist die häufig mit dem „Reich Gottes" identifizierte gerechte Gesellschaft, der allumfassende Friedenszustand, der innerweltliche Schalom.

B. Mission ist primär die Verkündigung des Evangeliums von der Rettung des Sünders allein aus Gnaden an Menschen aller Stämme, Sprachen und Nationen, namentlich an die heidnischen Völker oder Bevölkerungsgruppen. Ihr Inhalt ist die Einladung zur Umkehr aus dem Reich Satans in das Reich Gottes durch den Glauben an Jesus Christus und Seinen stellvertretenden

Opfertod am Kreuz zur Sühnung unserer Sünden. Diese Umkehr (Bekehrung) schließt soziale Verantwortung nicht aus, sondern ein, teilt ihr aber nicht die erste Stelle zu. Durch die Wiedergeburt (Einwohnung des Heiligen Geistes) des einzelnen Menschen nämlich verändern sich über die Umkehr des Einzelnen auch die Verhältnisse, ohne freilich in diesem der Sünde verhafteten „Kosmos" zu irdischer Vollkommenheit zu gelangen. Das Ziel dieses in der evangelikalen Theologie, etwa früher in der Lausanner Bewegung, vertretenen Missionsverständnisses ist das Reich GOTTES als in erster Linie zukünftige Größe. Es strahlt zwar in Gestalt der Gläubigen und der Gemeinde in die Gegenwart hinein, wird aber erst mit der Wiederkunft Jesu Christi sichtbar aufgerichtet.

Beurteilung: Die Position a) vermittelt den Eindruck, dass sie den zweiten Schritt ohne den ersten tut, d.h. dass sie gerechte Verhältnisse in dieser Welt erwartet und erkämpfen möchte, ohne vorher die radikale Umkehr des Einzelnen zu Jesus Christus als dem einzigen Weg zu GOTT, dem Vater (Joh. 14,6) zu verkündigen. Ein solches verkürztes, weil letztlich rein immanentes (innerweltliches) und äußerliches Verständnis der Missio Dei ohne die transzendent-geistliche (überweltliche) Grundlage hängt eng mit einer Verkürzung der biblischen Eschatologie (Endzeitlehre) zusammen. Man will also eine gerechtere Welt schaffen. Dies ist eine postmillennialistische Vorstellung, nach welcher sich alles höher entwickelt, bis das Reich GOTTES durch menschliche Kraft aufgebaut ist. (Nach Ansicht des Postmillennialismus kommt also Jesus nicht, um Sein tausendjähriges Reich zu errichten, sondern wir bringen GOTT die vollendete Welt, indem wir die gerechten Zustände schaffen.) Friede, Gerechtigkeit und Bewahrung der Schöpfung – so heißt das neue „Evangelium" in vielen Kirchen. Das ist ein kirchliches Ersatzevangelium. Es verknüpft sich mit allen Religionen und mündet schließlich in die große Ökumene und Welteinheitsreligion des Antichristen.

Das Problem ist, dass sich die Evangelikalen neuerdings dem Weltkirchenrat annähern, dass alles zur großen Hure Babylon zusammenwächst. Man will jetzt sogar in führenden Dachverbänden der Evangelikalen in Deutschland nachdenken, ob man die Begriffe „Mission" und „Missionar" noch verwenden soll, weil sie Anstoß erregen im Dialog mit den Religionen. Ich habe vor einiger Zeit einen Aufsatz von einem führenden Vertreter deutscher evangelikaler Missionswerke gelesen, in dem versucht wird zu erklären, dass „Mission" heute ein missverständlicher Begriff sei, weil er auch weltlich genutzt werde. Zum Beispiel würde man in der Weltraumfahrt von der „Mission Mars" reden. Mit allen möglichen fadenscheinigen Argumenten wird in diesem Aufsatz versucht, den Missionsbegriff auszuhebeln. Dieser Vorgang ist unglaublich. Solche Stellungnahmen werden heutzutage in evangelikalen Zeitschriften veröffentlicht. Hier war es der zu dieser Zeit führende Repräsentant in Deutschland für die gesamte Mission. Wenn aber biblische Mission gemäß b) aufgegeben wird, dann brauchen wir wirklich keine Missionare mehr. Dann kann man allerdings den Begriff abschaffen. Wenn wir so weit sind, dann ist sowieso schon der HERR gekommen. Denn der HERR wird dafür sorgen, dass die Mission weitergeht, und dass es weiterhin Missionare gibt und nicht irgendwelche Sozialarbeiter oder „interkulturelle Mitarbeiter", wie man das heute nennen will. Ich möchte diese Berufe auf keinen Fall abwerten, aber ein Missionar ist eben etwas anderes. Er hat die Aufgabe, Jesus Christus zu verkündigen durch Wort und Tat. Mission und Diakonie gehören untrennbar zusammen.

Die Evangelikalen nähern sich Schritt für Schritt dem abgefallenen ökumenischen Weltkirchenrat und dem Vatikan an. In Lausanne ist es auch immer mehr in diese Richtung gegangen. Ich habe nichts dagegen, wenn man den Armen hilft, da soll man mich bitte nicht falsch verstehen. Das Evangelium schließt das ein. Aber die Frage ist, wie weit dann auch noch die Bekehrung der Heiden praktiziert wird. Ob man sich da scheut, weil man keinen Anstoß erregen will?

Es ist auch bemerkenswert, wie wenig Bibelschulen es jetzt noch gibt. Frühere Bibelschulen nennen sich zunehmend „Theologische Hochschule“, „Internationale Hochschule“, „Theologisches Seminar“ „Forum“ usw. Hier scheut man sich, die Bibel ins Zentrum zu stellen. Das sind endzeitliche Entwicklungen, und nur wenige bemerken es.

Und doch erleben wir in unserer Zeit – trotz gleichzeitig zunehmender Christenverfolgung und Verführung – einen ***Siegeszug der Weltmission*** im Sinne von b). Alle Angriffe der „vor-antichristlichen“ Zeit können die Mission zwar bedrängen, aber nicht verhindern. Sie wird weitergehen, bis Jesus wiederkommt:

Matthäus 24,14:

„Und es wird gepredigt werden dies Evangelium vom Reich in der ganzen Welt zum Zeugnis für alle Völker, und dann wird das Ende kommen.“

Menschen aus allen Volksstämmen der Erde werden die Möglichkeit erhalten, die rettende Frohbotschaft vom Sieg Jesu Christi am Kreuz von Golgatha zu hören. Sie werden vor die Entscheidung gestellt werden, Jesus als Erlöser anzunehmen oder abzulehnen. Eine unzählbare Schar von Geretteten ***„aus allen Nationen und Stämmen und Völkern und Sprachen“*** wird einmal vor dem Thron GOTTES stehen und rufen:

„Das Heil ist bei dem, der auf dem Thron sitzt, unserem GOTT, und dem Lamme!“ (Offb. 7,9f.).

Im 20. Jahrhundert hat die Weltmission trotz wachsender Behinderungen in vielen Ländern so große Fortschritte gemacht wie nie zuvor. Wir haben auch technische Möglichkeiten, die es früher nicht gab. Hierzu möchte ich nachstehend einige Fakten und Zahlen nennen:

- Das Christentum stellt rund ein Drittel der Weltbevölkerung (darunter befinden sich allerdings viele „Namenschristen“, die nicht wiedergeboren sind) und wächst immer noch schneller als der Islam, obwohl es gegenteilige Behauptungen gibt. Nach Angaben des Religionsstatistikers David Barrett ist der Anteil der nicht-evangelisierten Bevölkerung weltweit z.B. in den

Jahren 1970 bis 1995 von 1,4 Milliarden (37,6 Prozent) auf 1,12 Milliarden (19,3 Prozent) zurückgegangen und fiel bis zur Jahrtausendwende weiter auf 16,6 Prozent. Trugen 1970 noch 240.000 Missionare das Evangelium in fremde Länder, so waren es 1995 bereits 398.000.

- Den 99 Milliarden Arbeitsstunden in der Evangelisation im Jahr 1970 standen 417 Milliarden Stunden im Jahr 1995 gegenüber – ein gewaltiger Einsatz und Fortschritt!

- Mitte der 90er-Jahre wurden jährlich 62 Millionen Bibeln verbreitet, im Jahr 2010 jährlich bereits rund 80 Millionen Bibeln, sehr viele durch die Gideons.

- Es gibt momentan rund 50.000 christliche Zeitschriften, und jedes Jahr erscheinen ca. 25.000 neue christliche Bücher, freilich von unterschiedlicher Qualität.

- Rund um den Erdball existieren über 4.000 christliche Hörfunk- und Fernsehstationen, die das Evangelium verkünden, auch mit unterschiedlicher Tendenz. Doch in den Verkündigungen kommt Jesus vor. Von 1970 bis 1995 ist die Zahl der Hörer und Zuschauer christlicher Sendungen von 750 Millionen auf 1,9 Milliarden gestiegen – und bis 2010 auf rund 2,7 Milliarden. Dies geschieht auch durch das Internet. Internet besitzt zwar viele Gefahren, aber es bietet auch Chancen dadurch, dass das Evangelium in Länder kommt, wo immer noch der Stacheldraht davor ist. Zum Beispiel können arabische Bibeln heimlich in solchen Ländern ausgedruckt werden, wo es praktisch unmöglich oder sehr schwer ist, sie hineinzuschmuggeln. Die am Projekt „World by 2000“ beteiligten Radiomissionen haben sich das Ziel gesetzt, christliche Radioprogramme in allen Sprachen auszustrahlen, die von mehr als einer Million Menschen gesprochen werden. Als viele Staatsgrenzen für Missionare zugingen, hat GOTT Seiner Gemeinde mit der Rundfunkmission eine neue

Möglichkeit geschenkt. Die Botschaft auf Radiowellen dringt durch eiserne Vorhänge und Stacheldraht zu den Herzen der Menschen. In vielen Ländern, welche Evangeliumsverbreitung und Mission verbieten, sind durch evangelistische Radiosendungen Hauskreise und Gemeinden entstanden.

- Weltweit existieren mindestens 6.500 Sprachen. Die Bibel oder Teile von ihr wurden bisher in rund 2.500 Sprachen übersetzt, darunter die vollständige Bibel in rund 500 Sprachen, darunter alle Hauptsprachen, die von ca. 98 Prozent der Weltbevölkerung verstanden werden. Der Weltbund der Bibelgesellschaften, dem rund 140 nationale Bibelgesellschaften angehören, arbeitet an Hunderten weiteren Übersetzungsprojekten. Die Bibel ist damit das meistübersetzte Buch der Welt, weit vor dem Koran. Die Zahl der Übersetzungen wächst laufend durch GOTTES Hilfe und den Fleiß vieler Mitarbeiter.

- Eine weitere, sehr effektive Möglichkeit der Evangeliumsverkündigung ist die Schallplatten- und Kassettenmission. Mitarbeiter des Missionswerkes „Gospel Recordings“ sprechen die Kernbotschaft, wie man gerettet werden kann, auf Band. Dabei wird das Evangelium nicht in gedruckter Form weitergegeben, sondern in gesprochener Form. So kann man es viel schneller verbreiten in Sprachen, in welchen noch keine Übersetzung vorliegt. Die Frohbotschaft wird auf Schallplatten, auf CDs, auf Kassetten gesprochen und auch dort verteilt, wo es keinen Strom gibt. Die einfachen Schallplatten zum Beispiel können von Hand gedreht und in jeder Eingeborenenhütte mit einem Metallstift ohne Strom abgehört werden. Bisher wurden Schallplatten, Kassetten und CDs bereits in den weitaus meisten Sprachen der Welt besprochen und verteilt, nämlich in sage und schreibe rund 6.000 Sprachen!

- Große Erweckungen gab es in der zweiten Hälfte des 20. Jahrhunderts vor allem in Afrika, Indonesien, Lateinamerika, China und Südkorea. Man schätzt, dass allein in China in den ersten Jahren nach dem Scheitern der maoistischen Kulturrevolution ca. 50 Millionen Menschen zum Glauben an Jesus Christus gekommen sind. In Lateinamerika gelten bereits 20 Prozent der Bevölkerung als „evangelikale" Christen. Südkorea und viele afrikanische Länder beginnen neuerdings, eigene Missionare zu uns – in das ehemalige „christliche Abendland" – zu schicken, wo es schon seit längerer Zeit keine bedeutenden Erweckungen mehr gibt.

Da dürfen wir uns freuen, wenn nicht nur das Negative geschieht in der Endzeit, nicht nur die Gerichte und Katastrophen, sondern auch die Weltmission. Niemand kann diese aufhalten. Der HERR Jesus wird kommen, wenn die Vollzahl aus den Völkern berufen ist. Dazu gehört auch, dass in vielen, vielen Sprachen das Evangelium verkündigt werden kann.

Trotz solcher erfreulicher Fortschritte ist doch noch vieles unerreicht. Patrick Johnstone, Herausgeber des Buches „Gebet für die Welt", drückt es so aus:

„Wenn nach Offenbarung 7,9-10 aus allen Sprachen, Völkern und Nationen Menschen vor dem Thron des Lammes stehen werden, muss es in jeder ethnolinguistischen (volkssprachlichen) Gruppe wenigstens eine aktive, zeugnisgebende Gemeinde geben."

Dieses Ziel ist noch nicht erreicht, aber doch näher gerückt. Und in jedem Jahr hören weitere bisher unerreichte Volksstämme das Evangelium zum ersten Mal. Wahrlich:

„Es wird gepredigt werden dies Evangelium vom Reich in der ganzen Welt zum Zeugnis für alle Völker, und dann wird das Ende kommen" (Matth. 24,14).

Darum sollen wir beten für die wirkliche Mission, dass sie noch weitergeht, bis der HERR kommt, dem Bösen ein Ende macht und Sein herrliches Reich errichtet. Amen.

Gebet:

Lieber HERR Jesus Christus. So bitten wir Dich, sende noch viele Missionare und Missionarinnen in die Stämme und Völker, wo noch niemand oder kaum jemand Dich kennt. Lass uns aber auch Boten sein hier, wo wir leben – für unsere Nachbarn, Freunde und Bekannten, die noch auf dem Weg der Verderbnis sind. Ja HERR, schenke auch in unserem Volk Erweckung. Rette noch viele heraus und gib, dass wir nicht abfallen und müde werden im Glauben, dass wir nicht versagen, sondern umkehren zu Dir und Vergebung erlangen durch Dein teures Blut. HERR, wir wollen Dich rühmen und preisen und Dich bitten: Komme bald, errichte Du Dein Reich und bewahre uns in dieser Endzeit vor dem Bösen. Amen.

4. Teil
Der Gräuel der Verwüstung und die große Trübsal

Matthäus 24,15-28

Wenn ihr nun sehen werdet das Gräuelbild der Verwüstung stehen an der heiligen Stätte, wovon gesagt ist durch den Propheten Daniel – wer das liest, der merke auf! – alsdann fliehe auf die Berge, wer in Judäa ist; und wer auf dem Dach ist, der steige nicht hinunter, etwas aus seinem Hause zu holen; und wer auf dem Feld ist, der kehre nicht zurück, seinen Mantel zu holen. Weh aber den Schwangeren und den Stillenden zu jener Zeit! Bittet aber, dass eure Flucht nicht geschehe im Winter oder am Sabbat.

Denn es wird dann eine große Bedrängnis sein, wie sie nicht gewesen ist vom Anfang der Welt bis jetzt und auch nicht wieder werden wird. Und wenn diese Tage nicht verkürzt würden, so würde kein Mensch selig werden; aber um der Auserwählten willen werden diese Tage verkürzt.

Wenn dann jemand zu euch sagen wird: Siehe, hier ist der Christus, oder: Da, so sollt ihr's nicht glauben. Denn es werden falsche Christusse und falsche Propheten aufstehen und große Zeichen und Wunder tun, so dass sie, wenn es möglich wäre, auch die Auserwählten verführten. Siehe, Ich habe es euch vorausgesagt.

Wenn sie also zu euch sagen werden: Siehe, Er ist in der Wüste, so geht nicht hinaus; siehe, Er ist drinnen im Haus, so glaubt es nicht. Denn wie der Blitz ausgeht vom Osten und leuchtet bis zum Westen, so wird auch das Kommen des Menschensohns sein. Wo das Aas ist, da sammeln sich die Geier.

Gebet:

Lieber HERR Jesus, danke, dass Du uns das nicht verborgen hast. Es sind geheimnisvolle Worte, die nicht so leicht zu verstehen sind. Wir bitten Dich besonders um Deine Weisheit, dass Du uns vor Irrtum bewahren mögest und dass wir bereit sind, wenn diese Dinge sich erfüllen oder auch nochmals erfüllen werden. Amen.

Sicher wundern sich einige über die Worte im Gebet: „oder auch nochmals erfüllen werden". Nun, ich denke, dass gerade dieses, „der Gräuel der Verwüstung", sich bereits mehrfach erfüllt hat und noch erfüllen wird. Es gibt in der Prophetie, das habe ich schon zu Anfang der Auslegung von Matthäus 24 erwähnt, verschiedene Stufen der Erfüllung. In etwa wie bei einem Gebirge, wo man erst den ersten Berg sieht, dann kommt ein Tal, dann sieht man den zweiten Berg und so weiter. So kann man es auch bei dieser Stelle als eine Art wiederkehrende Wehen deuten: „das Gräuelbild der Verwüstung".

Was heißt eigentlich „Gräuelbild" – und was ist „Verwüstung"?

Ein Gräuel ist etwas Gräuliches, etwas Abscheuliches, wovor GOTT sich ekelt, was Ihm zuwider ist. Es ist eine Schändung Seines Namens, eine Schändung Seiner Heiligkeit, eine Schändung Seiner Ehre. Es ist Gotteslästerung und Frevel. Verwüstung entstand und entsteht durch das Handeln des Antichristen und seiner Vorläufer, weil sie versuchen, alles was heilig ist und zum wahren GOTT gehört, aus dem Boden zu reißen, wegzutun, abzuschaffen, durcheinanderzubringen und kaputt zu machen, eben zu verwüsten.

Beim Lesen dieser Bibelstelle ist deutlich erkennbar, dass sie ganz eng mit Israel zusammenhängt. Dies kann man gewiss nicht bestreiten. Natürlich gibt es verschiedene Auslegungen. Die einen deuten den Gräuel geistlich auf die Gemeinde. Sie erklären, dass sich in der Gemeinde oder im eigenen Tempel des Herzens Sünde(n) wie Unzucht, Götzendienst, Vermischung, falsche Lehre, Verweltlichung u.a. ausgebreitet haben. Das ist sicherlich ebenfalls richtig. Wir können die geistliche Deutung als zweite Stufe nach der wörtlichen durchaus stehen lassen, wenn sie von der gesamtbiblischen Aussage gedeckt ist. Aber zuallererst, so sagt uns die wichtige Auslegungsregel der Heiligen Schrift, ist es immer notwendig, den Wortsinn und Kontext zu betrachten, also die Bibel so auszulegen, wie es wörtlich geschrieben ist. Und hier steht zunächst einmal, dass der Gräuel der Verwüstung sich auf Israel und erst in einer weiteren Erfüllungsstufe dann auch auf die Endzeit bezieht. Aber auch die zukünftige Erfüllung hat mit Israel zu tun.

Es bestehen also hier verschiedene Deutungsebenen und das macht die Auslegung ein wenig schwieriger. Denken wir nur an die drei Fragen, welche die Jünger am Anfang stellen, nämlich: Wann wird der Tempel zerstört? – Was ist das Zeichen Deines Kommens? – Und wann tritt das Ende des Zeitalters ein? Der HERR antwortet so, dass sich alle diese Erfüllungen ineinander verflechten. Aber genau auf diese Weise wirkt Prophetie im Allgemeinen. Sie erfolgt nicht unter den Umständen, dass man vorhersagen kann: Im Jahr soundsoviel wird dies und jenes geschehen. Nein, Prophetie ereignet sich immer so, dass der Geist GOTTES etwas aufzeigt und wir selbst prüfen müssen: Wann erfüllt sich dies, wann erfüllt sich jenes, welche Stufe ist jetzt erreicht? Wird sich etwas auch zwei- oder dreimal erfüllen? Prüfen wir das doch einmal, ohne willkürlich zu spekulieren!

Mehrfache Erfüllung in der biblischen Prophetie

Zu dem Gräuelbild der Verwüstung: Dies hat sich historisch und ganz konkret bestimmt schon zwei- oder dreimal erfüllt. Und es wird sich wahrscheinlich noch einmal erfüllen. Warum kann ich das so feststellen? Nun, die erste Erfüllung geschah bereits im Jahre 167 v. Chr. Denn der HERR Jesus bezieht sich hier auf den Propheten Daniel. Der Prophet Daniel hat etwa 550 v. Chr. gelebt und vorausgeschaut, was einige Jahrhunderte später geschehen würde: dass der schreckliche König Antiochus IV. Epiphanes aus Syrien, nordöstlich von Israel, nach Jerusalem ziehen, es erobern und den Tempel entweihen würde. Dieser hat dann tatsächlich auf dem Altar des Jerusalemer Tempels ein Schwein geschlachtet, um ihn zu entweihen. Dann hat er eine Zeusstatue, ein Götzenbild aufgestellt, um den Tempel seinem falschen Gott zu übereignen. Dies war eine so schreckliche Sünde, dass es unter den Juden einen Volksaufstand gab, und zwar unter der Führung der Makkabäersöhne. Judas Makkabäus und seine Brüder haben diese Schändung wieder beseitigt und den Tempel neu dem einen wahren Gott geweiht. Sie haben den Sieg gegen die heidnischen Mächte gewonnen.

Dieser Antiochus IV. Epiphanes, der im 2. Jahrhundert v. Chr. in Jerusalem einzog, gilt praktisch als der Typus und als das Vorbild des Antichristen schlechthin. In der weiteren Geschichte gab es weitere solcher Gestalten: Kaiser Nero im 1. Jahrhundert nach Christus oder dessen Nachfolger Vespasian, der die Kriegszüge gegen Jerusalem durchführte. Es kam unter dem Feldherrn Cestus Gallus 66 n. Chr. schon zu einem Zug der Römer gegen Jerusalem, der noch einmal abgewiesen wurde. Aber damals – und das ist bemerkenswert – haben sich die Jünger und Jüngerinnen Jesu an diese Aussage ihres HERRN erinnert und sind 67 / 68 n. Chr. ins Ostjordanland geflohen, weil sie gemerkt haben: Ja, die Bedrängnis kommt jetzt – die Heere stehen vor Jerusalem.

Da können wir nur staunen über die Bibelkritiker, welche diese historischen Tatsachen ignorieren und ungeniert behaupten, die Evangelien seien alle nach 70 n. Chr. geschrieben, weil es ja angeblich keine Prophetie gebe. Jesus hätte das nach ihrer Meinung gar nicht wissen können. Also müsste die Tempelzerstörung, die hier in Matthäus 24 und anderen Stellen ja prophezeit ist, schon geschehen sein, als die Evangelien niedergeschrieben wurden.

Aber dem ist nicht so. Der HERR hat es gewusst. Als GOTTES Sohn besaß Er göttliche Weisheit, über die Er auch bis heute und ewiglich verfügt. Damals hat Er es Seinen Jüngern geoffenbart, *bevor* der Tempel zerstört wurde.

Was ist später geschehen? 132 bis 135 n. Chr. ereignete sich der jüdische Aufstand gegen die Römer unter Bar-Kochba, dem Sternensohn, einem als Messias verehrten Juden, der aber keineswegs der Messias war. Dieser Aufstand wurde abgewehrt und niedergeschlagen. Die Römer haben Jerusalem wiederum erobert und dann unerbittlich verwüstet. Anschließend hat man einen Jupitertempel auf dem Tempelplatz errichtet. Das ist auch ein Götzentempel, so ähnlich wie ein Zeusaltar. Jupiter ist denn auch der römische Name für den griechischen Götzen Zeus, dessen Altar heute übrigens im Pergamon-Museum in Berlin steht. Pergamon ist gemäß Offenbarung 3,13 der Sitz, wo Satan seinen Thron hat.

136 n. Chr. entstand also der Jupitertempel, ebenfalls als ein Gräuel der Verwüstung. Hier können wir uns nicht nur auf einen Begriff beschränken. Prophetie entfaltet sich immer wieder weiter. Dann was heute auf dem Tempelplatz steht - ist das nicht auch ein Gräuel der Verwüstung? Heute steht dort der Felsendom! Zwischendurch hatte der Kaiser Konstantin, den man nur unter Vorbehalt „christlich" nennen kann, diesen Jupitertempel wieder abgerissen und eine Kirche auf den Tempelplatz errichtet. Danach hat der heidnische Kaiser Julian Apostata diese wieder abreißen lassen. Es folgten die Moslems, die 691 n. Chr. den Felsendom dort, wo Mohammed auf seinem Pferd zum Himmel geritten sein soll, vollendeten. Man würde dort heute noch den Fußabdruck seines Pferdes sehen. 705 bis 715 n. Chr. kam dann die al-Aqsa-Moschee dazu.

Der Felsendom und die Moschee stehen bis heute dort. Der ‚Gott', der im Islam herrscht, ist der Mondgott. Es ist ein falscher Gott, also ebenfalls ein Gräuel der Verwüstung. Dieser Götze ist der „Gott der Nacht". Man kann aus dem Namen ableiten, welcher Art ‚Gott' das ist: ein Fürst der Finsternis. Daher rührt auch diese furchtbare Blutrünstigkeit und Grausamkeit aus dem

Islam kommend gegen die Gemeinde Jesu. Ich schrieb bereits über die schrecklichen Verfolgungen: Alle fünf Minuten wird ein Christ ermordet, rund um die Uhr, jedes Jahr, vor allem in islamischen Ländern.

Wird noch einmal ein Gräuel der Verwüstung in der Zukunft entstehen?

Ich denke: Ja. Es existieren mehrere Hinweise, dass auch der Antichrist den dann entstandenen Tempel beanspruchen wird. In 2. Thess. 2 lesen wir: Der Mensch der Sünde setzt sich in den Tempel Gottes und gibt vor, er sei Gott. Dies deuten viele geistlich auf die Gemeinde, weil ja die Antichristen von uns gekommen sind, aber nicht von uns waren (1. Joh. 2). Aber der Antichrist könnte sich auch tatsächlich in einen reellen Tempel setzen. Die Juden werden ihn zunächst annehmen, weil er vielleicht – so wird vermutet – einer von ihnen ist. Aber dann wird er die Maske fallen lassen und sich als schrecklicher Gewaltherrscher offenbaren. Der Antichrist wird auch gemäß Daniel 9 dafür sorgen, dass ein Bündnis, ein Friedensvertrag mit Israel geschlossen wird. Wir werden die Stelle anschließend lesen. Alles dies deutet darauf hin, dass in Jerusalem wirklich wieder ein Tempel stehen wird. Aber wenn der Antichrist sich da hineinplatziert, wird er ohne Zweifel seine eigene Vergötterung dort installieren; die satanische Verehrung seiner Person. Dann ist der allergrößte und der personifizierte Gräuel der Verwüstung auf Erden in Jerusalem präsent. Diese Zeit steht uns wohl bevor - wie nahe, wissen wir nicht genau.

Der Gräuel der Verwüstung in historischer Zeit und derjenige, welcher sich auch heute noch dort zeigt, wird seine Fortsetzung in der Endzeit finden. Die Voraussetzung ist, dass der Felsendom dann durch ein Erdbeben oder andere Umstände vernichtet wird. Daraufhin wird der jüdische Tempel gebaut werden, der aber vom Antichristen endgültig entweiht wird. Das ist die Vermutung vieler Ausleger, die ich für durchaus einleuchtend halte.

Nun möchte ich aus Daniel 9 und 11 einige Verse erläutern. Jesus Christus nimmt auch auf den Propheten Daniel (Kapitel 11) Bezug. Er bezeichnet im Übrigen Daniel hier als Propheten, was bestätigt, dass das Buch Daniel wirklich von Daniel ist. Das ist ein Hinweis gegen die bibelkritischen Behauptungen, die dem Buch Daniel die Echtheit absprechen. Jene meinen, dass diese Zeilen irgendjemand während der Makkabäerzeit verfasst hätte, als sich bereits ein Teil erfüllt hatte. Aber das ist völlig unzutreffend. Jesus selbst bezeichnet Daniel als Propheten - und als Gottessohn besitzt Er unumstößlich die höchste Autorität. Wir lesen über den Verwüster, den Fürsten der Finsternis, der sinnbildlich für den Antichristen steht, welcher sich zunächst einmal auf Antiochus Epiphanes IV. in der Erfüllung beziehen wird:

Daniel 11,31:

Und seine Heere werden kommen und Heiligtum und Burg entweihen (also Tempel und Burg Antonia, die zur Zeit Daniels noch nicht stand, aber später kam) ***und das tägliche Opfer abschaffen und das Gräuelbild der Verwüstung aufstellen.***

Siebzig Jahrwochen

Kommen wir nun zu einer überaus wichtigen und auch schwierigen Stelle, wo es um die 70 Jahrwochen geht. Die 70 Jahrwochen hängen dann auch wieder mit der Entrückung zusammen. So geht eins aus dem anderen hervor.

Daniel 9,24-27:

Über dein Volk und über deine heilige Stadt sind siebzig Wochen bestimmt, um der Übertretung ein Ende zu machen ...

Das sagt der Engel dem Propheten Daniel auf sein Gebet hin. Er enthüllt ihm die Zukunft bis zum Ende der Weltgeschichte. 70 Wochen, das sind 70 Jahrwochen, immer zu 7 Jahren, also insgesamt 490 Jahre. Denn in 70 normalen Wochen hätte das nie hineinpassen können, was hier vorausgesagt wird. Prophetisch sind es Jahrwochen, da sind sich nach meiner Kenntnis fast alle Ausleger einig.

... und die Sünden abzutun und die Missetat zu sühnen und eine ewige Gerechtigkeit herbeizuführen, um Gesicht und Weissagung zu versiegeln und ein Allerheiligstes zu salben.

Das Allerheiligste ist die Vorbereitung des Tausendjährigen Reiches, wo der Messias in Jerusalem herrschen wird. Bis dorthin sind es dann 70 Jahrwochen, 490 Jahre, aber – so denken auch die meisten Ausleger – mit einer langen Unterbrechung, einer langen Lücke, die auch hier in Daniel 9 schon angedeutet wird. Und dann wird es genau angegeben:

So wisse und verstehe, vom Erlass des Befehls zur Wiederherstellung und zum Aufbau Jerusalems bis zu dem Gesalbten, dem Fürsten, vergehen sieben Wochen und zweiundsechzig Wochen ...

... also 69 Wochen, das sind 483 Jahre. Dies beginnt beim Erlass des Königs Artaxerxes, 445 v. Chr., wo nicht nur der Tempel wieder aufgebaut werden sollte, sondern auch die Stadt Jerusalem. Der Tempel wurde ja mehrfach auch von Kyros erlaubt wieder aufzubauen, aber die Stadt, das kommt vom Erlass des Artaxerxes 445 v. Chr. Wenn man dann rechnet (und zwar prophetische Jahre zu 360 Tagen), dann kommen wir genau auf die Zeit 30 n. Chr., als ‚der Gesalbte ausgerottet' wird, als der Messias ans Kreuz geschlagen wird.

--- und Ihm wird nichts zuteil werden.

Seine Auferstehung wird hier angedeutet.

Und die Stadt aber samt dem Heiligtum wird das Volk des zukünftigen Fürsten zerstören und sie geht unter in der überströmenden Flut.

Die Zerstörung Jerusalems – dann wieder einige Jahrzehnte später – wird auch schon bei Daniel vorausgesagt. Wir merken, wie GOTTES Wort alles wunderbar voraus offenbart.

Dann heißt es – und das ist jetzt die Lücke nach der Kreuzigung Jesu, wo diese Jahrwoche abläuft:

... und bis ans Ende wird es Krieg geben, fest beschlossene Verwüstungen.

Das ist die Parallele dazu, was der HERR Jesus gemäß Matthäus 24 weiter ausführt. Es werden Kriege und Kriegsgeschrei kommen, Katastrophen, Hungersnöte, Erdbeben, Seuchen, das ist aber erst der Anfang der Wehen. Dies ist die Unterbrechung, bis die letzte Jahrwoche wieder zu laufen beginnt. Deshalb heißt es hier: bis ans Ende. Die Jahrwochen zwischen der 69. und 70. Jahrwoche sind unterbrochen. Währenddessen werden viele Entwicklungen auftreten, Kriege und Verwüstungen, und dann wird das Ende kommen, sagt der HERR Jesus. Die letzte Jahrwoche beginnt, wenn der Antichrist, der böse Fürst gemäß dem Buch Daniel, seinen Bund mit Israel schließt. Es wird ein Scheinfriedensvertrag sein, den er dann nach 3 ½ Jahren brechen wird. Das lesen wir in dem entscheidenden Vers 27 in Daniel 9. Damit beginnt diese 70. letzte Jahrwoche, die letzten 7 Jahre – und das bezeichnet die große Trübsal.

Und er wird mit den vielen einen festen Bund schließen eine Woche lang.

Nachdem es im Laufe der ganzen Geschichte viele Kriege und Verwüstungen gegeben hat, wird der Antichrist in der letzten Woche, also in den letzten 7 Jahren, am Anfang einen festen Bund schließen „eine Woche lang". In der Mitte der Woche, also nach 3 ½ Jahren bzw. 1260 Tagen oder 42 Monaten, geschieht folgendes:

In der Mitte der Woche wird er Schlacht- und Speisopfer aufhören lassen und neben den Flügel der Cherubinen wird ein Gräuel der Verwüstung aufgestellt und zwar bis die fest beschlossene Vernichtung sich über den Verwüster ergießt.

Da klingt schon das Wiederkommen Jesu an, die Schlacht von Harmagedon, der Sieg über den Antichristen und seine Heere, welches in Offenbarung 19 ausgeführt wird. Damit ist auch die Erklärung für den schwer verständlichen Vers in Matthäus 24,28 gegeben: *Wo das Aas ist, da sammeln sich die Geier.* Dieser ist nämlich ein Hinweis auf die Schlacht von Harmagedon, die Wiederkunft Jesu und das Kommen des Menschensohns. Wenn wir Offenbarung 19 betrachten, sehen wir folgende interessante Stelle. Dort heißt es über die Schlacht von Harmagedon:

Offb. 19,17:

... und ich sah einen Engel in der Sonne stehen und der rief mit lauter Stimme und sprach zu allen Vögeln: Kommt und versammelt

euch zu dem Mahl des großen GOTTES, um das Fleisch der Könige zu verzehren und das Fleisch der Heerführer und das Fleisch der Starken und das Fleisch der Pferde und derer, die darauf sitzen und das Fleisch aller der Freien und der Knechte sowohl der Kleinen als auch der Großen.

Mit dieser Formulierung klingen die Malzeichenträger an. Es sind diejenigen, die das Malzeichen des Antichristen angenommen haben. All ihr Fleisch wird verzehrt werden von den Geiern, von den aasfressenden Vögeln. Wenn der HERR wiederkommt, werden die Geier viel zu tun haben, um all die Toten aus der Schlacht von Harmagedon zu fressen, auch die Tiere und alles, was dort im Kampf sterben wird. Merken wir, wie sich Mosaiksteinchen für Mosaiksteinchen aufhellt in der Prophetie, wenn wir die Textabschnitte vom biblischen Gesamtzusammenhang her erkennen?! Auch ich habe viel gebetet und gerätselt über manche dieser Verse. Und es ist natürlich keinem Menschen alles offenbar. Aber wenn wir uns wirklich unter Gebet in die Schrift vertiefen, können wir doch manches verstehen.

Zusammenfassend und vertiefend möchte ich noch einmal ausführen:

In Daniel 9,24-27 ist von siebzig Jahrwochen die Rede. Diese Formulierung hat immer wieder Anlass zu Spekulationen geboten. Worum geht es?

Hier ist die Rede von siebzig Siebenheiten. Das wird immer wieder für „Jahrwoche" verwendet, also nicht nur einfache Wochen. Man kann diese ganzen Voraussagen nämlich nicht in 70 einfachen Wochen unterbringen, es müssen also Jahre sein. Eine Jahrwoche bedeutet: Sieben Jahre entsprechen einer Woche, d. h. 70 x 7 Jahre zusammen ergeben 490 Jahre. Es bleibt nur die Frage, ob diese sich direkt hintereinander erfüllen oder ob da auch Lücken sind und wo sich diese Unterbrechungen jeweils befinden. Hier existieren unterschiedliche Versionen in der biblischen Forschung. Der Beginn liegt jedenfalls in jenem Jahr, in dem „das Wort erging, Jerusalem werde wieder aufgebaut werden".

Dieser Zeitpunkt kann nicht zu weit entfernt sein von der Zeit Daniels (6. Jh. v. Chr.). Die Frage ist nur, wann Jerusalem wieder erbaut wurde – und wann das Edikt dafür erlassen worden ist. Hierzu existieren verschiedene Ansichten:

a) Eine Deutung sagt, es sei der Erlass des Kyros im Jahre 538 v. Chr. Aber dieser bezieht sich ausdrücklich nur auf den Tempelbau (Esra 1,1-3; 2. Chronik 36,22 u. 23)

b) Ebenfalls nur auf den Wiederaufbau des Tempels beziehen sich die in Esra 6,1 ff. und 7,21 erwähnten Verordnungen des Darius und Artaxerxes (Arthasasta).

c) Das einzige Edikt, in dem auch der Wiederaufbau der Stadt Jerusalem in diesem Zeitraum zur Sprache kommt, ist die in Nehemia 2,1-8 vom persischen König Artaxerxes an Nehemia erteilte Genehmigung, die dann auch tatsächlich zum Wiederaufbau der Stadt führt. Diese hat sich also auch auf die Stadt bezogen, nicht nur auf den Tempel. Und dieses Edikt wurde im 20. Regierungsjahr des Artaxerxes (445 v. Chr.) von diesem herausgegeben. Hier liegt also aller Wahrscheinlichkeit nach der Beginn der siebzig Jahrwochen. Das ist eine Deutung, die etwa J. Dwight Pentecost (Bibel und Zukunft, 1993, 264f.) im Anschluss an Robert Anderson (The Coming Prince, 1909) vertritt. Das Gleiche denkt John F. Walvoord (Brennpunkte biblischer Prophetie, 1991, 154 ff.). Ich schließe mich dieser Sichtweise an.

Die ersten 69 Wochen enden, wenn ***„ein Gesalbter ausgerottet werden wird“***. Das wird auf die Ausrottung, also die Kreuzigung des Messias Jesus gedeutet. Sie wollten Ihn ausrotten, aber Er ist auferstanden. Sieg wurde Ihm zuteil, das wird im Passionspsalm 22 deutlich: Du hast mich aus der Grube gezogen, sagt Er zum Vater. Walvoord schreibt: ***„Wenn die 490 Jahre 445 v. Chr. beginnen, würden die 483 Jahre (also ohne die letzten sieben Jahre; L. G.) 33 n. Chr. erfüllt sein“*** (S. 155). Dies ist eine erstaunliche Rechnung, die sich nicht ohne weiteres von der Hand weisen lässt. Eine Voraussetzung ist jedoch, dass die Jahre als prophetische Jahre gerechnet werden müssen, zu je 360 Tagen, damit es genau aufgeht. Das mag eine Schwäche sein, aber es wird auch begründet: Diese 360 Tage werden historisch und prophetisch gedeutet.

Die historische Deutung hängt zusammen mit der Sintflut. Im Sintflutbericht ist davon die Rede, dass sie am 17. Tag des zweiten Monats begann und 17. Tag des siebten Monats zu Ende ging – ein Zeitraum von fünf Monaten (Gen. 7,11; 8,4). Dann wird als parallele Zahl „150 Tage" (Gen. 7,28; 8,3) genannt. Fünf Monate mit insgesamt 150 Tagen ergeben einen Querschnitt von 30 Tagen pro Monat. So argumentiert etwa Pentecost (S. 263 f.) im Anschluss an Alva J. McClain (Daniel`s Prophecy of the Seventy Weeks, 1940).

Das zweite Argument ist prophetisch: Wir finden in der Offenbarung (Offb. 12 u. 13) und in Daniel (Dan. 7) verschiedene Zeitangaben, die einmal in Jahren, einmal in Monaten und einmal in Tagen ausgedrückt werden: dreieinhalb Jahre = 42 Monate = 1.260 Tage. Auch das ergibt Monate zu je 30 Tagen. Prophetische Jahre haben offensichtlich 360 Tage gehabt, die dann durch Schaltjahre ausgeglichen wurden.

Weitere Argumente lauten, dass die in Daniel 9,26 beschriebenen Ereignisse eine Zwischenzeit erfordern zwischen der „Ausrottung des Gesalbten" und dem „Ende". Wenn man die 69 ersten Jahrwochen (= 483 prophetische Jahre mit Monaten von je 30 Tagen) vom Edikt des Artaxerxes (445 v. Chr.) bis zur Kreuzigung Jesu (33 n. Chr.) laufen lässt, kann die letzte Jahrwoche von sieben Jahren sich nicht unmittelbar an die Kreuzigung Jesu anschließen. Würden sich die sieben Jahre unmittelbar an Jesu Kreuzigung anschließen, dann hätte Jesus ja sieben Jahre nach Seiner Kreuzigung wiederkommen müssen. Hinzu kommt, dass das Volk Israel seit 70 n. Chr. (Zerstörung Jerusalems und des Tempels) heilsgeschichtlich beiseite gesetzt ist, bis das Handeln Gottes mit ihm wieder aufgenommen wird (vgl. Röm. 9-11).

Es sind zwei Fürsten, ein Gesalbter und ein anderer Fürst, deren Kommen in Dan. 9,25 ff. vorausgesagt wird. Israel muss in der letzten, der siebzigsten Jahrwoche wieder existieren, denn der andere Fürst (nach der klassischen Deutung: der Antichrist) schließt einen Bund mit Israel. Die Erwähnung von „Schlacht- und Speisopfern" in Dan. 9,27 sowie eines Gräuelbildes im „Heiligtum" deutet darauf hin, dass es sich um Israel und seinen wiedererrichteten Tempel handeln dürfte. Die Gemeinde verkörpert eben nicht das endzeitliche, wiederhergestellte Israel. Man könnte die Gemeinde allenfalls geistlich auf Israel deuten – und auch das nur in der Zwischenzeit, solange das Israel dem „Fleische" nach noch nicht besteht. Dass aber Israel wieder besteht, wenn auch (noch) ohne wiedererrichteten Tempel, ist spätestens seit 1948 unbestreitbar.

Entrückung

Wie ist es mit der Entrückung? Die Entrückung ist im Neuen Bund die plötzliche und gleichzeitige Hinwegnahme der Gläubigen von dieser Erde zu GOTT. Über Art und Zeitpunkt der Entrückung jedoch sind sich die Ausleger nicht einig. Bei der Thematik der großen Trübsalszeit (die letzte Jahrwoche = 7 Jahre) tritt immer die Frage auf: Wird die Gemeinde vorher entrückt, während oder danach – oder gibt es eine Teilentrückung der besonders Erwählten? Das sind schon im Wesentlichen die verschiedenen Theorien, die darüber bestehen. Bevor ich meine eigene Erkenntnis weitergebe, möchte ich zunächst kurz über die verschiedenen Ansichten ausführen.

1. Der ***Prätribulationismus*** (Vorentrückungslehre) besagt, dass die Entrückung spätestens sieben Jahre vor dem zweiten Kommen Jesu stattfindet, also auf jeden Fall vor der Trübsalszeit, unmittelbar vorher oder auch länger vorher. Der Zeitpunkt der Entrückung ist nicht genau definiert, aber auf jeden Fall kommt nach dieser Vorstellung die Gemeinde der Erlösten nicht in die siebenjährige Trübsal hinein. Das ist eine sehr verbreitete Ansicht, vor allem in Brüderkreisen, die vom Darbysmus her geprägt ist. Diese Ansicht ist allerdings relativ neu. Sie wurde im 19. Jahrhundert von John Nelson Darby und Scofield

ausgeprägt. Es gab wohl auch bereits Andeutungen in früherer Zeit (etwa bei Ephraim dem Syrer), aber sie ist vor allem sehr einflussreich geworden seit dem 19. und 20. Jahrhundert.

2. Der *Posttribulationismus* (Nachentrückungslehre) lehrt die Entrückung nach der Trübsalszeit. Die Gemeinde werde in dem Moment entrückt, in dem Jesus in die Lufthülle der Erde eintrete, um dann sofort, nachdem sie entrückt sei, mit ihm wieder zur Erde zurückzukehren (vgl. 1. Thess. 4,17). Es geschieht also alles in einem Moment – und zwar nach der großen Trübsal. Man muss also die ganze Zeit, auch die Zornschalengerichte, durchmachen, die ganze Zeit des Antichristen. Die Wiederkunft Jesu zum Gericht und die Entrückung fallen praktisch zusammen zu einem Ereignis. Die verstorbenen Heiligen werden auferweckt, die lebenden Glaubenden verwandelt - und nach der Trübsal wird das Gericht gehalten.

3. Die Lehre von der *„Entrückung in der Mitte der Trübsalszeit"* (engl. „mid-tribulationism") stellt eine Kompromisslösung dar. Sie geht davon aus, dass die Gemeinde in das Gericht in Form der Trübsal hinein muss und dass sie vor dem Offenbarwerden des Antichristen in seiner schrecklichsten Art dann doch hinweggerückt wird. Sie muss also die erste Hälfte der großen Trübsal erleben und wird entrückt, bevor sich in der zweiten Hälfte der Trübsalszeit die Schreckensherrschaft des Antichristen in ihrer Fülle entfaltet und die Gerichte Gottes in ihrer ganzen Heftigkeit hereinbrechen.

4. Die Lehre der *„Teil-Entrückung."* (engl. „partial rapture") besagt, dass nur besonders qualifizierte Gläubige vor oder während der Trübsalszeit entrückt werden, vielleicht auch in Stufen. Es sollen die, die besonders wachsam sind, die besonders intensiv auf Jesus warten, die besonders zubereitet sind, entrückt werden. Je nachdem, wie heilig einer lebt,

werde immer mal wieder einer herausgenommen. Aber das ist sehr umstritten.

5. Eine andere, neuartige Ansicht findet man in dem Buch von Marvin Rosenthal „Was glauben Sie über die Wiederkunft Christi? Ein neues Verständnis der Entrückung, der Trübsal und des zweiten Kommens Jesu" (1994). Er vertritt die ***„Entrückung der Gemeinde vor dem Zorn Gottes"*** („The Pre-Wrath-Rapture of the Church" - so der englische Original-Titel). Rosenthal weist darauf hin, dass dann, wenn die Bedrängnis so groß wird, dass kein Gläubiger durchkommen könnte, die Tage für die Auserwählten verkürzt werden (vgl. Matth. 24,22). Die Entrückung erfolgt etwa vier bis fünf Jahre nach Beginn der siebenjährigen Trübsalszeit. Bevor Gottes Zorn in Fülle eintritt, wird die Gemeinde hinweggenommen. Die Trübsal beginnt, dann kommt der Antichrist – und wenn der Antichrist auf seinem Höhepunkt ist, den Bund mit Israel bricht und seine Maske fallen lässt, die zwei Zeugen töten lässt durch den falschen Propheten (Offb. 11) und Gottes Zorn mit den Gerichtskatastrophen sich zunehmend erfüllt, wird die Gemeinde entrückt. Dann, wenn die Not am größten ist, werden für sie „die Tage verkürzt". Diese Ansicht berührt sich mit der „Entrückung in der Mitte der Trübsal", doch liegt der Zeitpunkt etwas später.

6. Der ***Amillennialismus,*** sofern er überhaupt von einer Entrückung reden kann, vertritt die Vorstellung, dass die Entrückung mit der Wiederkunft Jesu zusammenfällt. Es gibt keine spezielle Entrückung vorher, weil es ja nach seiner Ansicht auch kein Tausendjähriges Reich gibt. Die Entrückung ist identisch mit dem Endgericht und der Wiederkunft Christi.

Beurteilung

Einige Bibelstellen weisen darauf hin, dass es vor der für alle Menschen sichtbaren Wiederkunft Jesu Christi und vor dem Endgericht noch eine Entrückung geben könnte. Folgende Stellen aus dem Alten Testament werden in diesem Zusammenhang häufig zitiert:

1. Mose 5,21-24:

Henoch war 65 Jahre alt und zeugte Methuschelach. Und Henoch wandelte mit GOTT. Und nachdem er Methuschelach gezeugt hatte, lebte er 300 Jahre und zeugte Söhne und Töchter, dass sein ganzes Alter ward 365 Jahre. Und weil er mit GOTT wandelte, nahm ihn GOTT hinweg, und er ward nicht mehr gesehen.

2. Kön. 2,11 ff.:

Und als sie miteinander gingen und redeten, siehe, da kam ein feuriger Wagen mit feurigen Rossen, die schieden die beiden voneinander. Und Elia fuhr im Wetter gen Himmel. Elisa aber sah es und schrie: Mein Vater, mein Vater, du Wagen Israels und sein Gespann! und sah ihn nicht mehr.

So findet sich also bereits in alttestamentlicher Zeit das besondere Ereignis der plötzlichen Hinwegnahme zweier Menschen (Henoch und Elia) vor ihrem leiblichen Tod. Man kann hier von „Entrückung" sprechen. Es wird erwartet, dass die Brautgemeinde der Erlösten als Gesamtheit dies einmal erleben wird. Bibelstellen aus dem Neuen Testament, die darauf hinweisen oder darauf hinzuweisen scheinen, sind v.a. die folgenden: Joh. 14,1-3; 1. Thess. 3,11-13; 4,13-18.

Insbesondere in der letzten Stelle wird deutlich, dass es eine Reihenfolge gibt. Zuerst werden die Toten auferstehen. Dann werden die noch auf Erden lebenden Gläubigen eine Hinwegnahme, eine Hinwegrückung erleben, dem HERRN entgegen. Sie werden allezeit bei dem HERRN sein. Allerdings ist hier von einem bestimmten Zeitpunkt – wie auch an den anderen neutestamentlichen Stellen – nicht die Rede. Diese Stelle (der locus classicus der Entrückungslehre) kann deshalb sowohl prä- als auch posttribulationistisch gedeutet werden und auch anderweitig, weil der Zeitpunkt nicht ausdrücklich genannt wird. Posttribulationisten deuten diese Stelle so, dass die Entrückung gleichzeitig mit der endgültigen Wiederkunft geschieht. Die Toten werden auferweckt, die anderen werden zum HERRN hingerückt und die Welt wird gerichtet. Es kann also auch alles zeitlich zusammenfallen. Vertreter des Dispensationalismus sagen dagegen, dass die Entrückung vor den sieben Jahren der Trübsalszeit eintritt.

Zusammenfassend halte ich fest: Es ist deutlich, dass es eine besondere Hinwegnahme der Gläubigen geben wird, die beim HERRN sein werden. Wann diese eintritt, ist unsicher, aber dass sie stattfindet, geht m.E. klar aus den zitierten Stellen hervor. Sie geschieht zu einem Zeitpunkt, den GOTT vorherbestimmt hat. Und sie erfolgt in einem Augenblick, im Nu, gewissermaßen mit einem Augenzwinkern, also ganz plötzlich und überraschend. Entscheidend ist es nach dem eindeutigen neutestamentlichen Zeugnis (Matth. 24-26), dass wir „allezeit" wachsam und bereit sind, dem HERRN zu begegnen.

Nun komme ich zu meiner persönlichen Erkenntnis. Ich tendiere zur 3. Auslegung (Entrückung etwa in der Mitte der Trübsalszeit). Lange Zeit habe ich mich mit der Offenbarung beschäftigt und mehrere Bücher darüber geschrieben. Dabei ist mir das Folgende deutlich geworden. Ich möchte selbstverständlich niemandem, der den Zeitpunkt der Entrückung anders platziert, den Glauben absprechen. Natürlich würde ich mich auch freuen, wenn die Entrückung vor der Trübsal stattfände, aber wir dürfen nicht Wunschträume zu einer biblischen Lehre machen. Hier ist Vorsicht geboten. Bezüglich des Zeitpunkts der Entrückung gibt es aber einen klaren Hinweis. Dieser befindet sich nicht in der Offenbarung, wo man es vermutet, sondern in 1. Korinther 15, in dem bekannten Auferstehungskapitel, Vers 51-52. Man muss immer von den offensichtlichen Stellen ausgehen und nicht von den unklaren. Dabei sollte man diese Stellen kindlich verstehen und nicht durch viele Umbiegungen verdrehen. Das ist eine hermeneutische Grundregel, um die Bibel zu verstehen.

1. Kor. 15,51-52

Siehe, ich sage euch ein Geheimnis (Das steht oft für Entrückung, wenn von Geheimnis die Rede ist): ***Wir werden zwar nicht alle entschlafen, wir werden aber alle verwandelt*** (das ist die Entrückung) ***werden*** (Dies lesen wir auch in 1. Thess. 4) ***plötzlich, in einem Augenblick zur Zeit der letzten Posaune*** (Wenn man dies wörtlich versteht, kann das nur die siebte Posaune sein, denn diese ist ja bekanntlich die letzte Posaune), ***denn die Posaune wird erschallen, und die Toten werden auferweckt werden unverweslich, und wir werden verwandelt werden.***

Wieso steht hier die Betonung „zur Zeit der letzten Posaune"? Es gibt natürlich Anhänger der Vorentrückung, die sagen, es existieren im Alten Testament auch Posaunen, Posaunen GOTTES, die aber nichts zu tun hätten mit den Engelposaunen in der Offenbarung. Aber wenn hier steht „die letzte Posaune", so wurde es mir deutlich, dann muss es eine Reihenfolge von Posaunen sein. Wenn es eine letzte gibt, gibt es auch eine erste und weitere. Die einfachste Deutung ist nach meiner jetzigen, auch begrenzten Erkenntnis, dass es die letzte der sieben Posaunen sein müsste.

Ein anderes Gegenargument lautet, dass Paulus noch nichts wissen konnte von der Offenbarung, da diese später entstanden sei als der erste Korintherbrief. Da sage ich nur: Lieber Bruder, bist du jetzt auch schon ein Bibelkritiker geworden, wenn du darauf pochst, das sei früher oder später? Hat denn GOTT Paulus noch nicht geoffenbart, was er später Johannes offenbaren wird? Es ist der gleiche Geist GOTTES – und die Bibel ist eine Harmonie, eine Übereinstimmung.

In 1. Kor. 15 wird von der *letzten* Posaune geschrieben. In der Offenbarung wird dann ausführlicher, detailliert entfaltet, wie die einzelnen Posaunen nacheinander verlaufen. Die letzte Posaune ist die, aus der die Zornschalen hervorgehen. Die Zornschalengerichte sind dann so schlimm, dass der HERR Seine Gemeinde vorher hinwegnimmt. Denn bei den Zornschalen wird eine schrecklich große Vernichtung über die Erde ergehen. Ich deute das so, dass der HERR in der Mitte oder ungefähr in der Mitte der Drangsalszeit Seine Gläubigen hinweg nimmt, weil sonst kein Mensch gerettet werden könnte. Denn die Bedrängnis und die Gerichte, die Zornschalengerichte werden dann so schlimm und massiv, dass GOTTES bewahrende Hand wirkt, wenn Er sagt: „Jetzt ist es genug. Meine Knechte nehme ich zu Mir. Sie werden ihren verdienten Lohn empfangen."

Ein weiterer Hinweis für die Entrückung während der Trübsal findet sich in Matthäus 24,21-22. Dort lesen wir, dass die Tage um der Auserwählten wegen verkürzt werden. Das Wort „verkürzen" passt nicht zu einer Vorentrückung. Bei der Vorentrückung müsste stehen: Diese Tage werden für die Auserwählten weggetan. Aber warum steht hier: verkürzt? Damit ist ein Zeitraum gemeint. Und dieser Zeitraum heißt: Die Drangsalszeit wird für die Gläubigen verkürzt, weil sie daraus hinweggenommen werden. So ist meine jetzige Erkenntnis in aller Schwachheit. Das passt also genau zur letzten Posaune, die dann etwa in der Mitte der Trübsalszeit geblasen wird.

Auch in Offenbarung 11 bestätigt sich dieser Gedankengang. In Offenbarung 11 lesen wir von den zwei Zeugen. Die zwei Zeugen erscheinen. Sie treten dem falschen Propheten und dem Antichristen entgegen, diesen beiden Tieren gemäß Offb. 13. Dann werden sie getötet. Aber sie werden auferweckt und fahren zum Himmel. Gleich danach wird die 7. Posaune geblasen. Wenn meine Sicht diesbezüglich stimmt, könnte das bedeuten, dass zu dem Zeitpunkt, wenn die zwei Zeugen zum Himmel fahren, auch die Gemeinde entrückt wird.

Das heißt, wir werden unter Umständen die zwei Zeugen noch miterleben, wenn wir so lange leben. Auch die in Offb. 11, 15 ff. stehenden Hinweise über die siebte Posaune deuten darauf hin. Da finden wir zum Teil die gleichen Signalbegriffe wie in 1. Korinther 15. Dort heißt es nämlich:

Offb. 11,15 ff.:

Der siebte Engel stieß in die Posaune. Da ertönten laute Stimmen im Himmel, die sprachen, die Königreiche der Welt sind unserem HERRN und Seinem Gesalbten zuteil geworden. (Jesus tritt Seine Herrschaft an, bis schließlich Harmagedon kommt und der Sieg Jesu.) ***Die 24 Ältesten, die vor GOTT auf ihren Thronen saßen,***

fielen auf ihr Angesicht und beteten GOTT an und sprachen: Wir danken dir, o HERR, GOTT, Du Allmächtiger, der Du bist und der Du warst, dass Du Deine große Macht an Dich genommen und die Königsherrschaft angetreten hast. Und die Völker sind zornig geworden und Dein Zorn ist gekommen und die Zeit, dass die Toten gerichtet werden und dass Du Deinen Knechten, den Propheten, den Lohn gibst und den Heiligen und denen, die Deinen Namen fürchten, den Kleinen und den Großen, und dass Du die verdirbst, welche die Erde verderben.

Hier erklingt das Preisgericht (1. Kor. 3), wozu die Gemeinde hinweg entrückt werden muss. Jetzt ist die Zeit gekommen, bei der letzten Posaune. Gleichzeitig werden die Zornschalen über die Erde ausgegossen. Da geschieht dann die Scheidung: Die einen gehen „nach oben" – und die anderen (nach den mehrmaligen Warnungen und Weherufen) bleiben unten auf der Erde.

Wichtig ist aber, dass wir allezeit bereit sind. Wenn ich die Entrückung in der Mitte oder während der Trübsal vertrete, heißt das nicht, dass ich nicht jeden Tag bereit wäre, dem HERRN zu begegnen. Er kann mich natürlich jederzeit durch den natürlichen Tod abrufen. Aber Er kann auch die Entrückung schenken, denn es gibt so viele Bundesschlüsse mit Israel, dass wir gar nicht genau wissen, wann die Trübsalszeit zu laufen beginnt. Es gab bereits Bundesschlüsse und es werden noch weitere kommen. Der genaue Zeitpunkt der Entrückung bleibt uns also ein Geheimnis.

Das entbindet uns nicht der Wachsamkeit im geistlichen Leben, ganz im Gegenteil. Der Antichrist wird sich so gut tarnen, dass er in der ersten Hälfte der Trübsalszeit gar nicht so eindeutig zu durchschauen ist. Allenfalls am Zahlenwert seines Namens ist er erkennbar und an gewissen Eigenschaften. Heute haben wir schon längst die Religionsökumene. Ich verweise erneut auf Assisi, wohin der Papst alle Religionen einlädt, um für den Frieden zu beten. Was ist das anderes als die Hure Babylon, die mit dem Antichristen kooperiert? Ein weiteres aktuelles Thema ist die Anerkennung des Staates Palästina durch die UNO. Wir sind schon sehr fortgeschritten in der Endzeit. Die Entrückung kann jederzeit geschehen. Vielleicht lebt der Antichrist auch schon auf Erden. Aber ich spekuliere nicht über Zeitpunkte. Der HERR warnt uns davor, Zeitpunkte berechnen zu wollen. Wir sollen jedoch allezeit wachsam sein.

Wunder

Ganz besonders warnt der HERR vor den falschen Christussen und den falschen Propheten. Ich habe in diesem Buch bereits ausführlich über die Kennzeichen der falschen Christusse und der falschen Propheten berichtet. Das möchte ich nicht nochmals wiederholen. Aber auf einen Punkt, der hier zusätzlich betont wird, möchte ich eingehen. Es werden ja insbesondere am Ende der Weltzeit zunehmend falsche Christusse und falsche Propheten auftreten. Diese können vor allem große Zeichen und Wunder tun, jedoch aus satanischer Kraft und nicht aus der Kraft GOTTES. Die Nachäffung von Zeichen und Wundern ist die große Gefahr unserer Zeit. Das ist die Verführung und Imitation, vor welcher Jesus Christus warnt. Denn es sind falsche Zeichen, Kräfte und Wunder. Auch in 2. Thess. 2 ist von den gefälschten Wunderwirkungen die Rede. Sie sind so beeindruckend, dass es sogar heißt: Wenn es möglich wäre, würden auch die Auserwählten dadurch verführt. Aber der HERR wird sie bewahren. Das wird gerade durch die Worte ***„wenn es möglich wäre"*** angedeutet.

Keinesfalls sollten wir leichtsinnig sein und auf diese Dinge hereinfallen. Wir sollen nicht zu bestimmten Heilungs-Shows gehen und denken: „Da ist mehr Power!" sondern nüchtern und wachsam bleiben. Jesus betont ausdrücklich: ***„Siehe, Ich habe es euch vorausgesagt."*** So kann keiner nachher behaupten, er habe es nicht gewusst. In Matth. 7, in der Bergpredigt, warnt Er vor den Wölfen im Schafspelz und Er nennt auch solche, die sagen: ***„HERR, HERR, haben wir nicht in Deinem Namen große Machttaten getan, Dämonen ausgetrieben, Zeichen und Wunder vollbracht?"*** Er wird ihnen antworten: ***„Geht weg von mir, ihr Verfluchten, Ich habe euch nie gekannt."*** Nicht jedes Zeichen und Wunder ist göttlichen Ursprungs. Es gibt auch dämonische Mächte, die das zu bewirken vermögen – zwar nicht in dieser Autorität und

Vollmacht wie der HERR Jesus, aber der Teufel ist der Affe GOTTES. Ein Stück weit kann er diese Dinge nachahmen.

Wir sehen es auch bereits bei Mose und den ägyptischen Zauberern. Sie können bis zu einem gewissen Grad die Dinge nachahmen, dann aber ist ihre Macht zu Ende. Damals haben sie es bis zum dritten Wunder nachgeahmt, danach war es vorbei. Sie haben im Gegenteil noch die Plagen verschlimmert und konnten sie nicht rückgängig machen. Wenn GOTT etwas bestimmt hat, können die Zauberer das nicht ändern. Sie dürfen es nur ein Stück weit imitieren.

Hier möchte ich Kriterien nennen, um die Geister zu prüfen, um durchschauen zu können, wenn die falschen Christusse und falschen Propheten Zeichen und Wunder tun. Was sind Wunder?

Wunder sind Tätigkeiten Gottes, die den gewöhnlichen Verlauf der Dinge unterbrechen. Dabei werden Naturgesetze aufgehoben (z. B. beim Wunder der Brotvermehrung, beim Gehen Jesu auf dem Wasser usw.). GOTT ist HERR über die Natur und ihre Gesetze. Er kann Dinge tun, die wir mit unseren physikalischen Messmethoden niemals uns vorstellen könnten. So konnte Jesus auf dem Wasser wandeln. Er hat die physikalischen Gegebenheiten in diesem Moment einfach überwunden. Er hat auch Brot vermehrt aus Materie, die nicht vorhanden war. Er hat dieses durch Sein Schöpferwort geschaffen, so wie GOTT bereits bei der Schöpfung sprach: Es werde - und es ward. So war es auch bei der Brotvermehrung. Dadurch hat sich gezeigt. Jesus ist GOTTES Sohn. GOTTES Sohn ist auch GOTT, göttlichen Wesens wie der Vater. Er ist nicht GOTT, der Vater, aber GOTT, der Sohn und damit auch GOTT. Heute wird dies in manchen Kreisen in Frage gestellt, was auch ein Endzeitzeichen ist.

Es existiert in der Bibel eine reiche historische Überlieferung von Wundern, die nicht zu bestreiten ist. Zahllose Menschen haben diese Wunder bezeugt, vor allem das Wunder der Auferstehung. In 1. Kor. 15,1 ff. werden viele hunderte Zeugen genannt. Wir sollen allerdings keine Zeichen- und Wundersucht entwickeln, sondern nüchtern und wachsam sein. Satan geht umher wie ein brüllender Löwe und sucht, wen er verschlinge

(1. Petr. 5) Bei allen Zeichen und Wundern müssen wir prüfen, ob sie von GOTT oder von Satan stammen oder psychologisch erklärt werden können. Manche Heilungen lassen sich auch psychosomatisch erklären – durch Suggestion, Hypnose und was alles auch bei dieserart Shows veranstaltet wird. Jesus wollte niemals Show-Wunder tun. Er hat die Zeichen getan, um Seine Messianität zu belegen. Aber das Entscheidende sind Seine Worte gewesen – sowie Sein Heilswerk am Kreuz. Das andere sollte unterstreichen, dass die Heilszeit angebrochen ist.

Zur Unterscheidung von echten, göttlich gewirkten Wundern und falschen dämonisch inspirierten Wundern, Show-Wundern und Mirakeln gibt es klare Kriterien. Vorgebliche Wunder können auch Betrug sein. Nicht jedes Wunder ist göttlicher Herkunft. Dämonisch gewirkte Wunder sind Schauwunder (Mirakel), die das Theatralische, die Sensation, das Massenspektakel suchen. Da wird zu großen Shows auf der Bühne eingeladen. Sie beruhen auf Ritualen, Zeremonien und Zauberei. Sehr gern – und das ist das Heimtückische – tarnen sie sich als göttliche Wunder und führen den Namen GOTTES im Mund. Aber sie bewirken nur eine äußerliche Heilung ohne innere Umwandlung, ohne Sündenvergebung und Bekehrung zu Jesus, zum biblischen Jesus Christus. Oft sind sie mit Geldmacherei verbunden. Da dauert dann die Kollektenpredigt länger als die eigentliche Botschaft. Man staunt, wie naiv viele Menschen sind, die das nicht durchschauen. Und sie geben in Wirklichkeit dem Wundertäter anstatt GOTT die Ehre. Diese Wundertäter führen weg von einem gesunden, aktiven Leben hin zu Weltflüchtigkeit und Schwärmerei. Ein klassisches Beispiel in der Heiligen Schrift ist der Zauberer Simon Magus (Apg 8), der ja für Geld die Wunderkraft erkaufen wollte. Davon kommt die Simonie, der Ämterkauf im Mittelalter, und die Magie, die Zauberei.

Dagegen suchen göttlich gewirkte Wunder allein die Ehre GOTTES, des HERRN, nicht die Ehre von Menschen. Sie geschehen immer unentgeltlich und meist in der Stille (man denke an das Verbot des Weitersagens durch Jesus selbst, das Verbot des Prahlens). Echte Wunder geschehen in Buße und Gebet. Die

Hilfe für Menschen ist mit Sündenvergebung verbunden, welche die einzige Grundlage für umfassende Heilung und Rettung ist. Dazu nachfolgend die Lehre aus Jakobus 5: Wer krank ist, der rufe die Ältesten zu sich. Man bekenne einander die Sünden. Man kann ihn mit Öl salben. Der HERR wird ihn aufrichten. Aufrichten heißt mitnichten immer und grundsätzlich körperlich heilen, aber doch stärken und Sünden vergeben. Dadurch wird man seelisch gestärkt und geistlich geheilt. Doch auch körperlich kann man geheilt werden. GOTT kann auch heute noch heilen, aber Er tut es nicht in jedem Fall. Krankheit kann auch zur Läuterung verordnet sein, zur Zubereitung zum geistlichen Wachstum.

Göttlich gewirkte Wunder verhelfen zu einem gesunden, natürlichen Leben, nicht zu abgehobener Schwärmerei. Sie helfen zu Vernunft und Arbeit für den Mitmenschen (vgl. v.a. die Heilung des Gichtbrüchigen Mk. 2,1 ff.par.; ferner Matth. 8,4; 12,38ff.; 16,1f. u.ö.). Das größte Wunder in der Heilsgeschichte ist die Auferstehung Jesu Christi von den Toten, die aufgrund der Wunden Jesu folgt. Kreuz und Auferstehung sind untrennbar.

Der falsche Prophet der Endzeit, das Tier von der Erde, vollbringt große Feuerwunder vom Himmel

Offb. 13,11:

Und es tut große Zeichen, so dass es sogar Feuer vom Himmel auf die Erde herabfallen lässt vor den Menschen. Und es verführt die, welche auf der Erde wohnen durch die Zeichen, die vor dem Tier zu tun ihm geben sind. Und es sagt denen, die auf der Erde wohnen, dass sie dem Tier, das die Wunde von dem Schwert hat und am Leben geblieben ist, ein Bild machen sollen.

Feuerwunder! Wie oft wird heute zu Feuerkonferenzen eingeladen? Ich war nur besuchsweise zur Besichtigung in Toronto mit einer Reisegruppe, wo der berühmt-berüchtigte Torontosegen herkommt, wo die Leute in Zuckungen zappeln und wie Tiere

Laute ausstoßen, wenn angeblich der Heilige Geist über sie gefallen ist. Jeder, der ein bisschen Unterscheidungsvermögen bewahrt hat, merkt, dass das niemals vom Geist GOTTES her entstanden sein kann, da GOTT nicht ein GOTT der Unordnung ist, sondern ein GOTT des Friedens (1. Kor. 14).

Die abstoßenden, ekstatischen Phänomene erinnern stark an heidnisch Besessene am Lagerfeuer in Afrika, Indien usw.. Als wir in Toronto in der Gemeinde des „Toronto-Segens" waren, kam plötzlich der Pastor. Wir hatten uns überhaupt nicht verabredet. Er wollte uns sofort die Hände auflegen. Das haben wir jedoch gleich abgelehnt. Dann wollte er mit uns beten und an den Händen fassen, was wir ebenfalls ablehnten. Im Spiritismus fasst man sich an den Händen. Es ist immer der Körperkontakt wichtig, damit der falsche Geist durch die Menschenkette läuft. Im Hinduismus nennt man das Shakti Pat, das ist der Stromstoß, wo die Dämonen die Leute zu Boden werfen. Darum haben Hindus oft einen Punkt auf der Stirn. Achtet mal, wo auch solche Pseudoheiler die Hand drauf drücken: meist auf diesen Punkt.

Dieser falsche Gottesdienst, diese falsche Religion wird raffiniert getarnt, indem Vollmacht vorgetäuscht wird! „Power", „Feuerkonferenz", „Feuerevangelisation" – kommt uns das nicht bekannt vor? Diese Worte begegnen uns in der „charismatischen Bewegung" auf Schritt und Tritt. Zwar ist der Heilige Geist in Gestalt von Feuerzungen an Pfingsten herabgekommen (Apg. 2), aber dies war ein einmaliges Ereignis in der Heilsgeschichte. Wir müssen heute sehr genau prüfen, ob solche heutigen „Feuererfahrungen" nicht von unten, vom Teufel inspiriert sind!

So finden wir z. B. in Jes. 28,13 den Beleg, dass das Fallen auf den Rücken ein Zeichen von GOTTES Gericht und keine Segnung ist! Wenn Menschen in Trancezuständen auf den Rücken fallen, in Passivität versinken, dann sind das keine göttlichen, sondern dämonische Wirkungen bzw. Verführungen! Die Bibel ermahnt uns, nüchtern und wachsam zu sein (1. Petr. 5,8). Wir dürfen den Verstand nicht ausschalten! Nach 1. Kor. 14 25 sollen wir das Angesicht nach vorne (zur Erde) neigen, wenn wir GOTT anbeten. Jeder normale Christ wird vom Heiligen Geist zu dieser Gebetshaltung geführt – und nicht zu einem passiven Umkippen ohne Eigenkontrolle!

So müssen wir die Geister genau prüfen, denn dies ist die Verführung der Endzeit, wenn der falsche Prophet und seine Vorgänger große Zeichen und Wunder tun. So kann der falsche Prophet Schauwunder (sogenannte Mirakel) veranstalten, indem er sogar vor den Menschen Feuer vom Himmel auf die Erde herabfallen lässt, um so die Menschen, die auf der Erde wohnen, durch Zeichen und Wunder zu verführen. Zeichen- und Wundersucht wird heute geradezu gezüchtet!

Genügen uns nicht mehr die Wunden Jesu für unser Heil? Benötigen wir große Sensationen? Daran wird der Teufel anknüpfen. Doch wir sollen keine große „Heilungsshow" veranstalten. Wir sollen keine magischen Praktiken mit Suggestionen ausprobieren mit dem dauernden Wiederholen von Worten und ekstatischen Lauten. Jesus sagt ganz klar gegen das falsch verstandene Zungenreden: ***Ihr sollt nicht plappern wie die Heiden, die meinen, sie werden erhört, wenn sie viele Worte machen*** (Matthäus 6,7). Zungenreden ist in der Bibel in Wirklichkeit Sprachenreden. Man spricht plötzlich eine Fremdsprache, die man nie gelernt hat, aber es tritt kein ekstatisches Gestammel auf – das praktizieren nur die Heiden. Diese Phänomene sind insbesondere zu unserer Zeit wichtige Kriterien, um die Geister zu unterscheiden.

Wunder und Heilungen können selbstverständlich auch heute noch von GOTT gewirkt sein. Ich denke nicht, dass GOTT heute keine Wunder mehr tut oder nicht mehr heilt. Aber speziell die in pseudo-charismatischen Kreisen um sich greifende Zeichen- und Wundersucht ist sehr gefährlich und impft die Menschheit geradezu auf die gewaltigen Feuerzeichen des falschen Propheten ein. Sie lenken von Jesu Wunden ab, die doch allein Vergebung der Sünden wirken und somit allein das ewige Heil bringen!

Der falsche Prophet versucht, das Feuerwunder aus 1. Kön. 18 nachzuahmen, als GOTT auf das Gebet von Elia hin Feuer vom Himmel fallen ließ, was GOTTES souveräne Handlung war. Am Ende der Zeiten versucht der Seelenfeind dies nachzuäffen durch den Antichristen und den falschen Propheten. Der Teufel hat eine begrenzte Macht, Wunder zu tun. Auch wird der falsche Prophet versuchen, die zwei Zeugen aus Offb. 11 zu überbieten. Dort steht im Vers 5 zu lesen, dass Feuer aus dem Mund der beiden Zeugen kam und ihre Feinde verschlang. Dies kann ein buchstäbliches Feuer sein; aber vor allem ist das Feuer in der Bibel das Wort GOTTES!

Jer. 23,29:

Ist Mein Wort nicht wie ein Feuer, spricht der HERR, und wie ein Hammer, der Felsen zerschmeißt?

So werden die zwei Zeugen vor allem vollmächtig reden. Ich bin der Ansicht, dass es sich bei ihnen um Propheten im Geist und in der Kraft eines Mose und Elia handeln wird. Auf jeden Fall entsprechen die Wunder der beiden Zeugen den Wundern Elias (Feuer) und Moses (Verwandeln von Wasser in Blut). Der falsche Prophet wird versuchen, die beiden Zeugen durch Schauwunder zu übertreffen und viele werden darauf hereinfallen – alle, die nicht im Lebensbuch des Lammes geschrieben stehen. So warnt uns die Heilige Schrift:

1. Joh. 4,1:

... prüfet die Geister, ob sie von GOTT sind, denn es sind viele falsche Propheten ausgegangen in die Welt.

Lassen wir uns von falschen Zeichen und Wundern blenden – oder vertrauen wir allein auf Jesu Wunden? Möge der HERR uns dazu Gnade und Weisheit schenken. Amen.

Gebet:

Lieber HERR Jesus Christus. Wir danken Dir, dass Du uns Dein Wort gegeben hast. Du warnst uns vor Verführung durch falsche Christusse, falsche Propheten, falsche Zeichen und Wunder. Wie viele Menschen sind heute in solchen Strömungen drin, wo sie immer etwas erleben müssen, wo sie nicht zufrieden sind mit Deinem stellvertretenden Kreuzestod und Deiner Auferstehung. HERR, wir danken Dir, dass Du auch heute noch Wunder tust und heilst, aber wir wollen Dich bitten, dass Du jedem einzelnen von uns hilfst, die Geister zu unterscheiden, ob solches von Dir kommt oder von bösen Mächten stammt. Wenn jemand hier sein sollte, der betroffen ist von solchen Dingen, dann mache diese Seele frei und ein freudiges

Kind GOTTES aus ihr. Wir bitten Dich auch für Israel, wenn es mehr und mehr in Bedrängnis kommt, wenn es verführt wird, dass Du dort noch viele rettest. HERR Jesus, es ist wunderbar, wenn sie auf Dich schauen, den sie durchstochen haben, wenn Du wiederkommst am Ölberg. Aber rette auch vorher schon viele. HERR, sei Du gnädig. Amen.

5. Teil

Das Kommen des Menschensohnes in Macht und Herrlichkeit

Die Wiederkunft Jesu Christi

Wer ist der Menschensohn? Er ist zugleich der Gottessohn: Mensch durch Maria - und GOTTES Sohn, indem GOTT Ihn durch den Heiligen Geist im Leib der Maria auf die Erde gesandt hat durch die Jungfrauengeburt. Die Bezeichnung „Menschensohn" hat der HERR Jesus für sich immer wieder auch in der Öffentlichkeit verwendet. Damit konnte man Ihn nicht sogleich angreifen, dass Er sich zu GOTT ‚macht', obwohl Er natürlich GOTTES Sohn ist. Wer die Heiligen Schriften kannte, wusste aber zugleich, dass Er sich damit auch als der bezeichnet, welcher in Daniel 7 als der Weltenrichter kommen wird am Ende der Zeit. Das ist auch hier unser Thema: das Kommen des Menschensohnes Jesus Christus in Macht und Herrlichkeit.

Warum feiern wir vier Advente in unserer Zeit vor dem Christfest? Weil es eine vierfache Ankunft unseres HERRN Jesus Christus gibt. Das wundert vielleicht manche.

Seine erste Ankunft ist gewiss fast jedem Menschen bekannt (abgesehen von Seiner Vorschattung schon im Alten Bund, im geistlichen Felsen in der Wüste usw.). Aber das erste Kommen auf Erden als der HERR Jesus Christus, das heißt der Retter, Messias – auf Deutsch: der Heilskönig – geschah in der Krippe in Bethlehem. Damals kam Er auf die Erde in Fleischesgestalt, als Mensch empfangen im Leib der Maria, gezeugt ohne Zutun eines Mannes. Er kam damals auf die Erde in der Zeitenwende, um die Schuldfrage zu lösen – die Schuldfrage jedes Menschen, der die Erlösung annimmt.

Das zweite Kommen Jesu ist die Ankunft des HERRN Jesus im Herzen des Menschen, der die Versöhnung, die der HERR Jesus am Kreuz von Golgatha vollbracht hat, für sich persönlich annimmt. Das ist für uns ganz entscheidend. Angelus Silesius sagt: ***„Wäre Christus tausendmal in Bethlehem geboren und nicht in dir, so bliebst du ewiglich verloren."*** Das bloße historische Faktum des Gekommenseins des Messias reicht nicht aus, wenn nicht auch die Tatsache des Gekommenseins in unserem Herzen hinzutritt. Jesus will in uns Gestalt gewinnen durch Seinen Heiligen Geist. Er will auf dem Thron unseres Herzens sitzen durch die Wiedergeburt aus Wasser und Geist nach Joh. 3: neugeboren von oben, von GOTT dem Vater. Wohnt Jesus schon in deinem Herzen? Nur dann hast du auch Zugang zum Himmel und wirst nicht dem ewigen Gericht verfallen.

Das dritte Kommen des HERRN Jesus wird die Entrückung der Gemeinde sein – die Entrückung während der Trübsalszeit, von der wir bereits gehört haben. Wenn die Not am größten, ist die Hilf' am nächsten. Wenn die Drangsal zum Höhepunkt kommt, bevor die Zornschalen ausgegossen werden zur Zeit der letzten, der siebten Posaune (1. Kor. 15 und Offb. 11), dann kommt Jesus für Seine Erlösten. Die Gemeinde GOTTES wird hinweggenommen. Das ist das sogenannte unsichtbare Kommen Jesu für Seine Gemeinde. Der HERR ruft sie zu sich, damit sie mit Ihm wieder erscheint bei der Aufrichtung des Tausendjährigen Reiches und mit Ihm während dieser Zeit und dann auch in Ewigkeit regieren und bei Ihm sein wird. Seine Gemeinde wird Ihn schauen als das Lamm von Golgatha, das zugleich der Löwe von Juda ist und der Herrscher in alle Ewigkeit. Er wird auf dem Thron sitzen neben GOTT, Seinem Vater, denn es heißt immer in der Offenbarung: ***Auf dem Thron sitzt GOTT, der Vater und das Lamm, und die sieben Geister sind um den Thron.*** Hierbei kommt die Dreieinigkeit Gottes klar zum Ausdruck: Vater, Sohn und Heiliger Geist.

Die vierte Ankunft ist die sichtbare Wiederkunft auf der Erde. Als der HERR Jesus zum Himmel fuhr, war Er auf dem Ölberg in Jerusalem gegenüber vom Tempel, von dem Er hinweggegangen war, weil der überwiegende Teil der Führungsschicht Ihn abgelehnt hatte. Jesus fuhr sichtbar vor den Augen Seiner Jünger zum Himmel. Ein Engel erschien und sprach zu ihnen: Der HERR wird sichtbar so wiederkommen, wie ihr Ihn habt zum Himmel fahren sehen (Apg. 1).

Davon lesen wir auch in Matth. 24,27 ff. Zuvor findet sich die Warnung vor falschen Christussen und falschen Propheten, solchen Gestalten, die sich als der wiedergekommene Christus ausgeben. Auf sie sollen wir nicht hereinfallen. Sie erscheinen in menschlicher Gestalt, werden geboren, wachsen heran und geben sich als Christus aus. Aber so wird Jesus Christus nicht kommen. Bei Seinem Erscheinen für die gesamte Menschheit wird Er so auftreten, wie es jetzt hier heißt:

Matthäus 24,27 ff.:

Denn wie der Blitz ausgeht vom Osten und leuchtet bis zum Westen, so wird auch das Kommen des Menschensohnes sein. Wo das Aas ist, da sammeln sich die Geier.

Sogleich aber nach der Bedrängnis jener Zeit wird die Sonne sich verfinstern und der Mond seinen Schein verlieren, und die Sterne werden vom Himmel fallen, und die Kräfte der Himmel werden ins Wanken kommen. Und dann wird erscheinen das Zeichen des Menschensohns am Himmel, und dann werden wehklagen alle Geschlechter auf Erden und werden sehen den Menschensohn kommen auf den Wolken des Himmels mit großer Kraft und Herrlichkeit.

Und Er wird Seine Engel senden mit hellen Posaunen und sie werden Seine Auserwählten sammeln von den vier Winden, vom einen Ende des Himmels bis zum anderen.

An dem Feigenbaum lernt ein Gleichnis. Wenn seine Zweige jetzt saftig werden und Blätter treiben, so wisst ihr, dass der Sommer nahe ist. Ebenso auch, wenn ihr das alles seht. So wisst, dass Er nahe vor der Tür ist.

Wahrlich, ich sage euch, dieses Geschlecht wird nicht vergehen, bis dies alles geschieht. Himmel und Erde werden vergehen, aber Meine Worte werden nicht vergehen.

Gebet:

HERR Jesus Christus, wir danken Dir, dass Du uns dies verheißen hast: dass Du kommen wirst für Deine Gemeinde und dass Du auch kommen wirst für die Welt. HERR schenke uns, dass wir bei Deinem Kommen für die Gemeinde dabei sind, dass wir nicht in die Drangsal bis zum Ende hinein müssen und auch nicht in die ewige Verdammnis, sondern dass wir zu Deinen bluterkauften, geretteten Kindern gehören dürfen. Schenke uns, dass wir in Dir festbleiben und dass wir gestärkt werden im Glauben. Amen.

Ich möchte noch einmal einige Hinweise geben zu den Kennzeichen der sichtbaren Wiederkunft Jesu Christi für die gesamte Menschheit. Jesus Christus kommt wieder als der Menschensohn.

Dan. 7,13:

Und siehe, es kam einer mit den Wolken des Himmels wie eines Menschen Sohn.

Matth. 24,30:

Und dann wird erscheinen das Zeichen des Menschensohns am Himmel.

Der „Menschensohn" ist der Sohn GOTTES, der als der Richter auf den Wolken des Himmels wiederkommt.

Über Sein Zeichen gibt es verschiedene Deutungen. Es ist entweder einfach Er selbst in Seiner sichtbaren Wiederkunft - oder das Kreuz – oder Seine Herrlichkeit in dieser Lichterscheinung. Denn GOTT ist Licht (1. Joh. 1). Über dieses Zeichen wollen wir nicht spekulieren. Entscheidend ist, dass Ihn dann alle sehen werden, auch die, welche Ihn abgelehnt haben. Bei ihnen wird dann Heulen und Wehklagen sein, weil es dann zu spät ist, wenn sie Ihn nicht angenommen haben.

Im Gegensatz zu der Lehre verschiedener Sekten und Schulen wird er sichtbar wiederkommen, für die Gemeinde unsichtbar, aber für die Menschheit sichtbar, auch für die, die dann auf der Erde leben aus der Gemeinde. Auch nach der Entrückung werden sich noch Menschen bekehren. Deshalb heißt es hinsichtlich dieser sichtbaren Wiederkunft:

Sach. 12,10:

Und sie werden Mich ansehen, den sie durchbohrt haben.

Als ich in Israel war, habe ich das zu Juden gesagt, die noch nicht an Jesus gläubig waren. Ich sagte: ***Schaut mal bei den Propheten im alten Bund. In der hebräischen Bibel steht bereits: „Sie werden Mich ansehen, den sie durchbohrt haben.“*** Die Juden deuten das dann zwar auf ganz Israel. Aber es ist eindeutig eine Person, die sie ansehen werden, ganz physisch, leiblich bei der Wiederkunft Jesu.

Noch deutlicher steht es im Neuen Testament:

Matth. 26,64:

Von nun an werdet ihr sehen den Menschensohn sitzen zur Rechten der Kraft und kommen auf den Wolken des Himmels.

Offb. 1,7:

Es werden Ihn sehen alle Augen und alle, die Ihn durchbohrt haben, und es werden wehklagen um Seinetwillen alle Geschlechter der Erde.

Es wird ausdrücklich das Sehen, das optische Wahrnehmen betont, genauso wie bei der Auferstehung. Keiner wird es mehr bestreiten können. Man wird einsehen: Es hat doch gestimmt – und wir waren so töricht, haben es nicht geglaubt und waren verblendet.

Ferner wird deutlich: Jesus wird ***„auf den Wolken des Himmels“*** kommen (Matth. 24,30), und zwar in großer Kraft und Herrlichkeit, nicht mehr in Schwachheit und Unscheinbarkeit, wie im Stall von Bethlehem, sondern jetzt in Seiner wahren Gestalt mit großer Kraft und Herrlichkeit. Denn Er ist GOTT von Ewigkeit her im Schoße des Vaters. Und jetzt zeigt Er Seine Macht. Die

Jünger haben sie an einer Stelle auch schon erkennen dürfen, als Er damals in Israel gewandelt ist. Das war auf dem Berg der Verklärung. Da durften sie einen Blick tun in die Lichtherrlichkeit GOTTES in Jesus Christus, als Sein Angesicht leuchtete und die Kleider weiß wurden und leuchteten wie die Sonne (Matthäus 17,1 ff.). Die Verklärung ist eine Vorauserleuchtung der himmlischen Lichtherrlichkeit.

Dass Jesus *„auf den Wolken des Himmels"* kommen wird, bedeutet auch, dass Er nicht mehr hier auf der Erde heranwachsen wird. Das ist ganz wichtig, um die falschen Christusse vom richtigen, wahren Christus zu unterscheiden. Es wird geschehen inmitten dieser sichtbaren Schöpfung. Der Ausdruck „die Wolken" steht sicherlich für den Bereich, die Dimension, in der GOTT sich befindet und durch die Er Seine Sichtbarkeit bis jetzt noch verhüllt. Aber das wird dann durchbrochen werden. Die Transzendenz dringt in die Immanenz, die Überweltlichkeit in die Innerweltlichkeit hinein. Der Fleischgewordene kommt nun als der Erhöhte und als der Weltenrichter zur Menschheit, die Ihn leider überwiegend abgelehnt hat.

Dann heißt es weiter in Vers 27: ***Wie der Blitz ausgeht vom Osten und leuchtet bis zum Westen, so wird auch das Kommen des Menschensohns sein.*** Die Richtung ist von Ost nach West. Dieses Licht, der Blitz geht von Jerusalem aus und dann nach Westen um die Erde herum. Und das wird auch plötzlich sein, in einem Augenblick, in einem Nu. Manche sprechen ja vom Urknall. Aber wenn Jesus erscheint, dann wird es wirklich in einem Augenblick geschehen. Für die Schöpfung hat sich GOTT sechs Tage Zeit gelassen à 24 Stunden. Es wurde Abend und Morgen, der erste Tag usw. Wenn Jesus wiederkommt, wird Er in einem Nu für alle auf der ganzen Erde sichtbar sein. Das ist für GOTT kein Ding der Unmöglichkeit. Der Mensch hat ja heute selbst schon die Möglichkeit in der Kommunikation, alles rund um die Erde mit Botschaften zu erreichen. Um wie viel mehr GOTT, der alles geschaffen hat, alle Planeten, nicht nur unsere kleine Erde! ***Plötzlich*** wird Er wiederkommen.

Matth. 24,26 ff.:

Wenn sie also zu euch sagen werden: Siehe, Er ist in der Wüste, so geht nicht hinaus; siehe Er ist drinnen im Haus, so glaubt es nicht. Denn wie der Blitz ausgeht vom Osten und leuchtet bis zum Westen, so wird auch das Kommen des Menschensohnes sein.

Jesus wird plötzlich wiederkommen, wie „ein Dieb in der Nacht".

Matth. 24,43 ff.:

Das sollt ihr aber wissen: Wenn ein Hausvater wüsste, zu welcher Stunde in der Nacht der Dieb kommt, so würde er ja wachen und nicht in sein Haus einbrechen lassen. Darum seid auch ihr bereit! Denn der Menschensohn kommt zu einer Stunde, da ihr's nicht meint.

Das steht z. B. auch in 1. Thess. 5. Da schreibt der Apostel Paulus:

1. Thess. 5,2-3:

Ihr wisst selbst genau, dass der Tag des HERRN kommen wird wie ein Dieb in der Nacht. Wenn sie sagen werden, es ist Friede, es hat keine Gefahr, dann wird sie das Verderben schnell überfallen, wie die Wehen eine schwangere Frau. Und sie werden nicht entfliehen.

Gerade weil dieses Sprichwort „kommen wie ein Dieb" so negativ besetzt ist, verwendet Jesus dieses Bild für sich selbst, um Sein überraschendes Erscheinen noch drastischer darzustellen.

Hier steht auch eine deutliche Warnung an eine Menschheit, die gerade zur Zeit ganz massiv meint, sie könne ihr Weltfriedensreich selbst aufbauen ohne Jesus als den einzigen Friedefürsten, als den einzigen Weg zum Vater. In Assisi wurde gesagt, die Aufgabe, den Weltfrieden zu sichern, übersteige die religiösen Differenzen. So hat Johannes Paul II. 1986 verkündet und seine Nachfolger fahren auf diesem Irrweg fort. Dabei übertritt man das erste Gebot. Die solches tun, werden keinen Frieden haben, auch keinen irdischen Frieden. Lediglich das kurzlebige Scheinfriedensreich des Antichristen wird kommen, aber kein dauerhafter Friede. Die Gottlosen, so spricht der HERR, haben keinen Frieden. So steht es im Propheten Jesaja, Kapitel 48, Vers 22.

Ein weiteres Kennzeichen: Jesus kommt in Macht und Herrlichkeit wieder. Es gibt ja, wie ich vorher ausführte, vier Ankünfte. Hier meine ich die große Wiederkunft für die Welt. Zu jenem

Zeitpunkt kommt Er dann, um die Machtfrage zu klären. Beim ersten Kommen ging es um die Schuldfrage – und dann, am Ende der Tage, geht es um die Machtfrage.

Der HERR Jesus kommt nicht allein wieder, sondern mit Seinen Engeln:

Matth. 24,31:

Und Er wird Seine Engel senden mit hellen Posaunen, und sie werden Seine Auserwählten sammeln von den vier Winden, von einem Ende des Himmels bis zum anderen.

... von einem Ende des Himmels bis zum anderen – des *Himmels* wohlbemerkt! Das ist kein Widerspruch zur Entrückung während der Trübsal. Denn Er sammelt sie ja von dem einen Ende des Himmels bis zum anderen. Sie sind schon beim HERRN, die Auserwählten. Und die, die sich dann noch bekehren, werden auch gesammelt, und alle zusammen werden dann wiederkommen, um im tausendjährigen Reich mit Ihm zu herrschen. So lesen wir es in Offb. 20: *mit Seinen Heiligen.*

Das Wiederkommen auf den Wolken des Himmels wird von manchen Auslegern auch symbolisch gedeutet, aber es wird deutlich, wenn wir einmal die Himmelfahrt betrachten: Jesus wurde zusehends aufgehoben und dann von einer Wolke hinweggenommen (Apg 1,9). Ich denke, dass die Hinwegnahme in eine andere Dimension erfolgt ist. Aber sicherlich wird Jesus, wenn Er sichtbar wiederkommt, auch inmitten dieser sichtbaren Schöpfung erscheinen – und dann natürlich von nirgendwo anders als vom Himmel her, von oben.

Jesus Christus kommt also *in Macht und Herrlichkeit* wieder. Er wird herrschen über alle Seine Feinde. Sie werden sich alle zu Seinen Füßen legen müssen. Dann werden Ihn auch alle Menschen sehen dürfen oder müssen, je nach dem auf welcher Seite sie gestanden haben. Und Jesus kommt nicht allein wieder, sondern mit all Seinen Engeln, die Ihm die Treue gehalten habe und nicht zu Dämonen geworden sind.

Die Sterne werden vom Himmel fallen ...

Nun wird hier noch der Vers 29 genannt. Da heißt es: *Sogleich aber nach der Bedrängnis jener Zeit* (d.h. etwa am Ende der Trübsalszeit wird sich das zuspitzen) *wird die Sonne sich verfinstern und der Mond seinen Schein verlieren und die Sterne werden vom Himmel fallen und die Kräfte der Himmel werden ins Wanken kommen.*

Kommt das auch in der Offenbarung an Johannes vor? Ja, in mehrfacher Steigerung. Wir wissen ja: Es gibt vier Gerichtsreihen, nicht nur drei: Siegelgerichte, Posaunengerichte, Donnergerichte, die versiegelt bleiben, und dann die Zornschalengerichte. Drei Gerichtsreihen sind enthüllt, eine ist verschlossen geblieben. Aber diese drei sind uns bekannt. Wir erkennen auch, dass die Abfolge in Matth. 24 sehr genau der Abfolge der Siegelvisionen in Offb. 6 entspricht. Und hier sind wir jetzt angelangt. Da hören wir vom Blut der Märtyrer nach Öffnung des fünften Siegels. Und jetzt kommen wir zur Öffnung des sechsten Siegels in Offb. 6,12-14. Dies entspricht zunächst einmal dem, was hier in Matth. 24,29 steht.

Offb 6,12-14:

Und ich sah, als Es das sechste Siegel öffnete, und siehe, ein großes Erdbeben entstand. Und die Sonne wurde schwarz wie ein härener Sack (wie ein Trauersack) *und der Mond wurde wie Blut. Und die Sterne des Himmels fielen auf die Erde, wie ein Feigenbaum seine unreifen Früchte abwirft, wenn er von einem starken Wind geschüttelt wird. Und der Himmel entwich wie eine Buchrolle, die zusammengerollt wird, und alle Berge und Inseln wurden von ihrem Ort weggerückt.*

Mit diesen Gerichtsreihen beginnt eine völlige kosmische Umwälzung. Wir wissen, dass sich in Jerusalem topographische Veränderungen ergeben werden. Wenn Jesus wiederkommt, wird sich der Ölberg spalten und der Strom aus dem Tempel durch den gespaltenen Ölberg hindurch zum Toten Meer fließen, so dass es wieder gesund wird und Fische darin leben. Die Fischer von En Gedi stehen am Rand und angeln. Das steht alles ganz wörtlich mit geographischen Angaben, so dass man es nicht symbolisch umdeuten kann, im Propheten Hesekiel 47,1-12 geschrieben. Man muss schon sehr große Kunststücke vollbringen, wenn man das alles symbolisch umdeuten möchte. Denn wenn die Bibel geographische und historische Angaben nennt, dann ist es auch geographisch und historisch ernst zu nehmen. Man kann es dann höchstens noch zusätzlich symbolisch zur Erbauung deuten, aber erst einmal sind solche Stellen immer vom Literalsinn (Wortsinn) und Kontext (Zusammenhang) her auszulegen. Leider machen viele den Fehler und drehen alles um und gelangen dann zu falschen Ergebnissen.

Das sechste Siegel zeigt uns wirkliche kosmische Veränderungen. Ich möchte vorausschicken, dass GOTT, der HERR dieses tut. Wenn ich einige Vergleiche bringe, was schon jetzt auf der Erde geschieht, dann will ich damit nicht widerlegen, dass GOTT selbst diese Dinge tun kann, dass z. B. die Sterne vom Himmel fallen, dass die Sonne schwarz wird usw. Ich denke, dass es sich hier im sechsten Siegel um kosmische bzw. terrestrische (die Erde, lat. terra, betreffende) Umwälzungen (griech.: Katastrophen) und Zerstörungen handelt. Man spricht auch von „der Schöpfung rückwärts". GOTT nimmt Seine Schöpfung wieder zurück. Der Schlüssel dazu ist das Wort Jesu in

Matthäus 24,35:

Himmel und Erde werden vergehen; aber Meine Worte werden nicht vergehen.

Himmel und Erde werden vergehen. Dies ist eine Realität. Auch in 2. Petr. 3 wird gesagt, dass die Elemente vor Hitze schmelzen werden.

Um welche Katastrophen könnte es sich aber nun bei der Öffnung des sechsten Siegels handeln? Zunächst wird hier ein Erdbeben genannt. In Offb. 16,17-21 bei der Ausgießung der Zornschalen wird noch einmal ein Erdbeben geschildert, welches so gewaltig ist, wie es die Erde noch nie erlebt hat. Der HERR Jesus nennt in Matthäus 24,6 Erdbeben als endzeitliche Phänomene (Erscheinungen). Auch in der Endzeit vor der endgültigen Trübsals-Epoche, in welcher wir jetzt leben, erfahren wir eine gesteigerte Erdbebentätigkeit, wozu auch die Seebeben gehören, welche dann die furchtbaren Riesenwellen (sogenannte „Tsunamis“) hervorbringen. Fast jede Woche werden in der Zeitung neue Erdbeben vermeldet. Auch ist es statistisch anhand seismographischer Messungen nachgewiesen, dass die Häufigkeit und Stärke von Erdbeben zugenommen hat. Man erklärt dies durch die Erdplatten-Verschiebungen. Aber GOTT gebraucht diese natürlichen Auflösungs-Erscheinungen unseres Erdballs, um die Katastrophen zu vermehren.

So drohen der Erde Erdbeben, Seebeben und Vulkanausbrüche. Die Erdkruste, auf der wir wohnen, ist ja nur eine dünne Schicht über einer glühenden Lavakugel! Auch heiße Quellen zeugen davon, dass es überall unter der Erde Hitze gibt. Machen wir uns bewusst, dass wir auf einem Glutball leben. Erd- und Seebeben hängen oft mit Vulkanausbrüchen zusammen, wenn die Lava im Erdinneren nach oben drängt. Im Mittelmeer soll - Presseberichten zufolge - ein Vulkan schlummern, der bei seinem Ausbruch bis zu 100 Meter hohe Flutwellen auslösen würde. Dies wäre für die anliegenden Küstenländer eine furchtbare Katastrophe. Auch Erdverschiebung und Erdverfinsterung hängen miteinander zusammen. Heftige Vulkanausbrüche können sehr wohl dafür sorgen, dass sich die Sonne und der Mond verfinstern. Die Verfinsterung der Sonne, ein Hinweis auf die neunte ägyptische Plage gemäß 2. Mose 10, könnte auch eine Strahlungsveränderung sowie Temperaturveränderungen bewirken.

Das Fallen der Sterne vom Himmel interpretieren manche Ausleger als einen Meteoritenhagel. Bei Meteoriten handelt es sich nicht um ganze Sterne, wie die Sonne, sondern um kleinere und größere Gesteinsbrocken aus dem Weltall. Die Erde ist ja von einem Meteoritengürtel umgeben. Durch die Wucht des Einschlags reißen schon kleinere Brocken riesige Krater. Der GOTT, der Himmel und Erde geschaffen hat, kann solche kosmischen Veränderungen durch ein Wort einleiten. Mit unserem Intellekt sind diese Vorgänge oft schwer zu begreifen, aber GOTTES Wirken übersteigt unseren begrenzten Verstand. Denken wir nur an das Wunder der Meeresteilung beim Auszug der Kinder

Israels aus Ägypten (2. Mose 14 ff.) sowie an viele andere kosmischen Wunder GOTTES, wie z. B. das Öffnen von Erdspalten als Gerichtshandlung (4. Mose 16,31 ff.)!

Vulkane schleudern große Mengen an Staub und Asche in die Atmosphäre. Als der Vulkan Krakatau 1883 ausbrach, war der Himmel wochenlang verfinstert und die Menschen klagten über Ascheregen und Dunkelheit, nur durch den Ausbruch eines einzigen riesigen Vulkans. Ähnliche, aber schlimmere Katastrophen werden auch das Ende der Welt prägen. Denn wir haben auf der Erde Hunderte Vulkane. Die Erde ist in Bewegung. Allein durch ein Erdbeben in Argentinien vor einigen Jahren hat sich die Erdachse, wenn auch minimal, verschoben. Aber so stark war die Erschütterung. Und das hat Folgen, auch schon bei minimalen Umwälzungen. Aber am Ende der Trübsalszeit, wenn der HERR wiederkommt, wird es große Katastrophen – das heißt ja auf Griechisch: *kata stréphein – große Umwälzung* – geben. Dies steigert sich dann bis zur siebten Zornschale des Gerichts. Das klingt hier an und steht alles in Verbindung mit der Wiederkunft des HERRN:

Offb. 16,15 ff:

Siehe, Ich komme wie ein Dieb. Glückselig ist, wer wacht und seine Kleider bewahrt, damit er nicht entblößt einhergeht und man seine Schande sieht. Und er versammelte sie an den Ort, der auf Hebräisch Harmagedon heißt (das ist die Endschlacht gegen den Antichristen vor der Aufrichtung des tausendjährigen Friedensreiches Jesu Christi. Die Drangsalszeit endet ja mit der Schlacht von Harmagedon und dann richtet der HERR Sein Millennium, das tausendjährige Friedensreich auf.)

Und der siebte Engel goss seine Schale aus in die Luft und es ging eine laute Stimme aus vom Tempel des Himmels, vom Thron her, die sprach: Es ist geschehen. (jetzt gibt es kein Zurück mehr)

Und es geschahen Stimmen und Donner und Blitze und ein großes Erdbeben, wie es dergleichen noch nie gegeben hat, seit es Menschen gab auf Erden, ein solch gewaltiges und großes Erdbeben. Und die große Stadt wurde in drei Teile zerrissen und die Städte der Heidenvölker fielen und Babylon, der Großen, wurde vor GOTT gedacht, damit Er ihr den Becher des Glutweins Seines Zornes gebe. Und jede Insel entfloh und es waren keine Berge mehr zu finden. Und ein großer Hagel mit zentnerschweren Steinen kam aus dem Himmel auf die Menschen herab. Und die Menschen lästerten GOTT wegen der Plage des Hagels, weil seine Plage sehr groß war.

Es gibt keine Umkehr mehr, wenn es soweit ist, nur noch Lästerung der unbußfertigen Menschen. Deshalb gilt: Jetzt ist noch Gnadenzeit, um zu Gott umzukehren. Aber irgendwann heißt es: Zu spät!

Offb. 6,14:

Und der Himmel entwich wie eine Buchrolle, die zusammengerollt wird, und alle Berge und Inseln wurden von ihrem Ort weggerückt.

Dass der Himmel entwich, könnte bedeuten, dass man ihn aufgrund der beschriebenen Vulkantätigkeit nicht mehr gesehen hat. Es könnte aber tatsächlich auch auf eine Auflösung des Kosmos hinweisen, indem so etwas wie ein Schwarzes Loch entsteht. Man weiß heute, dass es Materie und Antimaterie gibt und die Antimaterie die Eigenschaft hat, gewissermaßen die Materie in sich „aufzusaugen". Nach dem Ausgeführten halte ich es für möglich, dass GOTT die bestehende Materie zurücknimmt und etwas ganz Neues schafft. Die Katastrophen, welche diese Neuschaffung einleiten, werden so schlimm sein, dass die letzten Verse von Offb. 6 die Folge davon sind:

Offb. 6,15:

Und die Könige der Erde und die Großen und die Reichen und die Heerführer und die Mächtigen und alle Knechte und alle Freien (also ausnahmslos jeder, ob groß oder klein, ob arm oder reich) *verbargen sich in den Klüften und in den Felsen der Berge.*

Wer wird denn bestehen? Wir wissen: Nur der, welcher im Lebensbuch des Lammes, Jesus Christus, geschrieben steht! Diese Überwinder erhalten weiße Kleider. Wenn wir wissen, dass sich dieser Tag – der große Tag des Zornes GOTTES – naht, so gilt für uns Christen, was der HERR Jesus Seinen Jüngern sagt:

Lukas 21,28:

Wenn aber dieses anfängt zu geschehen, dann seht auf und erhebt eure Häupter, weil sich eure Erlösung naht.

Israel, der grünende Feigenbaum

Nun kommen wir zum deutlichsten aller Endzeitzeichen.

Matth. 24, ab Vers 32:

An dem Feigenbaum lernt ein Gleichnis. Wenn seine Zweige jetzt saftig werden und Blätter treiben, so wisst ihr, dass der Sommer nahe ist.

Im Sommer blüht alles und dann kommt die Ernte - die Ernte der Welt, das Weltgericht.

Ebenso auch, wenn ihr das alles seht, so wisst, dass Er nahe vor der Tür ist.

Er – das ist der Sommer und auch der HERR.

In der Bibel wird mehrmals der Feigenbaum als Symbol für Israel verwendet. Weil er keine Frucht bringt, muss er verdorren, doch am Ende der Zeiten wird er wieder grünen (Matth. 21,18-20; 24,32 f.). Israel ist für eine bestimmte Zeitlang beiseite gesetzt worden in der Heilsgeschichte. Nach der 69. Jahrwoche ist eine Lücke entstanden bis zur 70. Jahrwoche, die dann anfängt, wenn der Antichrist ein Bündnis mit Israel zu Wege bringt, gemäß Daniel 9,27. Dann beginnt die 70. Jahrwoche zu laufen. In der Mitte wird er Schlacht- und Speisopfer abschaffen, seine Maske fallen lassen und sich als das Tier aus dem Meer offenbaren, als die grausame Bestie von Daniel 7 und Offb. 13. Der Apostel Paulus erklärt dieses Geheimnis:

Röm. 11,25 ff.:

Verstockung ist einem Teil Israels widerfahren solange, bis die Fülle der Heiden zum Heil gelangt ist; und alsdann wird das ganze Israel gerettet werden.

Ich verstehe darunter den berufenen Rest aus Israel. Dies ist nicht unbedingt jeder Israelit, sondern es ist die Vollkommenheit derer, die den Messias annehmen. Darüber gibt es jedoch verschiedene Ansichten. Vor allem die Mehrheit der jüdischen

Oberschicht hat Jesus verworfen. Dadurch ist das Heil zu den Nationen gegangen, insbesondere durch den Apostel Paulus selbst und andere Heidenapostel und Heidenboten. So wurden auch wir Germanen und andere Völker erreicht. Aber am Ende wird Israel wieder eine Funktion in der Heilsgeschichte erlangen und gerettet werden – aber nur die Juden, welche Jesus annehmen.

Das jüdische Volk hat also wegen seiner Ablehnung Jesu als Messias ein doppeltes Gericht erleiden müssen: die geistliche Verstockung und die Zerstreuung unter alle Völker. Letztere hat – von Jesus ebenfalls angekündigt (Lk. 21,20-24) – im Jahre 70 n. Chr. mit der Eroberung Jerusalems durch die Römerheere und der Zerstörung des Tempels als religiösem Zentrum ihren Anfang genommen.

Doch am Ende der Zeiten – so ist vorausgesagt – wird sich das Schicksal des jüdischen Volkes wenden. Leider können es manche Christen nicht erkennen, aber in der Bibel steht es ganz eindeutig beschrieben. In unübertrefflicher Symbolik hat der Prophet Hesekiel die Wiederherstellung Israels bereits vor rund zweieinhalbtausend Jahren zum Ausdruck gebracht. In Hesekiel 37 lesen wir, wie zuerst die verdorrten Totengebeine zusammenrücken (übrigens ein Bild für den Holocaust, wo man die Totengebeine, die aus den Massenvernichtungslagern gefunden wurden, buchstäblich auch heute noch auf Fotos sehen kann). GOTT schafft Neues – das verstreute Volk wird gesammelt. Dann bläst GOTT Atem in sie – das Volk wird geistlich erneuert:

Hes. 37,12.14:

So spricht GOTT der HERR: Siehe, Ich will eure Gräber auftun und hole euch, Mein Volk, aus euren Gräbern heraus und bringe euch ins Land Israel ... (drei Jahre nach dem 2. Weltkrieg wurde der Staat Israel ausgerufen). ***Und Ich will Meinen Atem in euch geben, dass ihr wieder leben sollt, und will euch in euer Land setzen, und ihr sollt erfahren, dass Ich der HERR bin.***

Vergleiche auch Jes 11,11 ff.; 43,5f f.; 60,8 ff.; Sach 8,7 ff. und andere Verheißungen.

An dieser Stelle sind einige Anmerkungen notwendig. Die Kapitel Hesekiel 36-39, die für die endzeitliche Israel-Prophetie von großer Bedeutung sind, enthalten immer wieder den ausdrücklichen Hinweis, dass viele dieser Voraussagen *„in den letzten Tagen“* eintreffen werden (vergl. Hes 37,24-28; 38,8.16). Hier möchte ich nur zwei Stellen nennen für die, welche es nicht glauben. Denn manche Bibelleser denken, das sei in der babylonischen Gefangenschaft gewesen. Es hätte sich damals bereits erfüllt, als sie wieder heimkehren durften. Sicherlich ist auch manches darauf bezogen. Aber es gibt viele Aussagen, eigens ab Kapitel 36 in Hesekiel, die sich auf die Endgeschichte beziehen, und zwar eindeutig. So heißt es in Hesekiel 38,8 – da geht es um Gog und Magog.

Hesekiel 38,8:

Nach langer Zeit sollst du aufgeboten werden, am Ende der Zeiten sollst du in ein Land kommen, das dem Schwert entrissen ist, und zu dem Volk, das aus vielen Völkern gesammelt ist, nämlich auf die Berge Israels, die lange Zeit verwüstet gewesen sind, und nun ist es herausgeführt aus den Völkern, und sie alle wohnen sicher.

Hier steht ganz klar „am Ende der Zeiten“. Genauso in Hesekiel 38,16:

Und Du wirst gegen Mein Volk Israel heraufziehen wie eine finstere Wolke, die das Land bedecken will. Zur letzten Zeit wird es geschehen (also in unserer Zeit), ***dass Ich dich gegen Mein Land heraufkommen lasse, damit Mich die Heidenvölker erkennen sollen, wenn Ich Mich an dir, Gog, vor ihren Augen heilig erweisen werde.***

Ja, Jesus wird sichtbar wiederkommen vom Ölberg her und eingreifen. Er wird den antichristlichen Heeren ein Ende machen. Gog und Magog kommen meines Erachtens zweimal, nämlich am Ende der Trübsalszeit (die antichristlichen Heere hängen damit zusammen) – und dann noch einmal nach dem Ende des tausendjährigen Reiches, wenn Satan losgelassen wird. In Offb. 20,8 ist noch einmal von Gog und Magog die Rede. Beim ersten Mal, wenn Gog und Magog auftreten und am Ende der Trübsalszeit besiegt werden, heißt es in der Prophetie, dass dann sieben Jahre lang die Waffen verbrannt werden (Hesekiel 39,10). Und das wird dann im neuen Himmel und in der neuen Erde nicht sein. Es gibt auch von Gog und Magog zwei Erfüllungsebenen in diesen Schlachten. Ich habe bereits angedeutet, dass Prophetie sich oft in mehreren Ebenen und Schichten vollzieht.

Eine rein zeitgeschichtliche Deutung – etwa (nur) auf das babylonische Exil – wird den Texten demzufolge nicht gerecht (zumal in den prophetischen Texten immer wieder von einer ***weltweiten*** Zerstreuung die Rede ist, was damals nicht der Fall war). Dies gilt auch für viele andere Stellen in der biblischen Prophetie.

Daneben gibt es auch die Möglichkeit einer „Mehrfach-Erfüllung". So kann sich zum Beispiel Matth. 24,15-20:

a) sowohl auf die Zerstörung Jerusalems durch die Römer im Jahre 70 n. Chr. als auch

b) auf das Kommen des Antichristen in der Zukunft beziehen und wird von bibeltreuen Auslegern so gedeutet.

Meines Erachtens haben ferner die Ausleger ***nicht*** Recht, die alle endzeitlichen Verheißungen für Israel einfach auf die christliche Gemeinde beziehen. Es wird gesagt, Israel sei die Gemeinde. Das irdische Israel habe für uns keine Bedeutung mehr. Diese Ausleger müssen Texte wie die oben genannten außer Acht lassen oder gewaltsam umdeuten. Man spricht hier von der „Substitutions-Theorie". Das ist die Ersatztheologie, die besagt, dass die Gemeinde von Israel voll und ganz ersetzt wird. Israel sei völlig und endgültig beiseite gesetzt worden. Diese Lehre findet man in vielen, vielen Kirchen: in der katholischen Kirche, bei vielen Calvinisten, bei vielen Lutheranern, in vielen Freikirchen – diese Lehre ist sehr verbreitet. Erst im Zuge des Pietismus und auch in verschiedenen Brüdergemeinden wurde wieder entdeckt, dass dies eben nicht stimmt. Hier wurde wieder die rechtmäßige Rolle Israels entdeckt, indem man die Bibel erneut wörtlich genommen hat, wie es dasteht. Es ist sehr wohl so, dass das irdische Israel am Ende der Tage wieder von großer Bedeutung sein wird.

Das Ergebnis einer biblischen Lehrauffassung ist immer eine Frage der Auslegung, der Hermeneutik. Versteht man die Aussagen wörtlich, wenn sie vom Kontext her wörtlich begriffen werden müssen – oder praktiziert man eine symbolische

Umdeutung, welches immer ein großes Wagnis ist. Es ist nicht nur ein riskantes Unterfangen hinsichtlich der eigenen biblisch gesunden Lehre, sondern es besteht auch eine erhebliche Verantwortung für andere, wenn man die Dinge umbiegt, wie es einem selbst in sein Weltbild passt. Natürlich hat jeder seine persönliche Betrachtungsweise und Lehranschauung. Aber wir sollen unser Weltbild immer wieder korrigieren lassen von dem, was die Bibel uns vom klaren Wortsinn und Zusammenhang her deutlich macht. Man spricht vom hermeneutischen Zirkel, aber der wird durchbrochen durch die unverkennbaren Aussagen der Heiligen Schrift. Von der Bibel her beziehen wir Klarheit. Natürlich bleibt unsere Erkenntnis Stückwerk. Aber das Wichtige, das Heilsentscheidende, das ist glasklar.

Treffend bemerkt der Missionar und Islam-Experte Marius Baar zu dieser *„Substitutions-Theorie"*:

„Für mich persönlich war es ein Schock und eine Offenbarung, als ich erkennen musste, dass falsche Prophetieauslegung bis in manche evangelikalen Kreise hinein gelehrt und vertreten wird ... Die Übertragung der Verheißungen an Israel auf die Kirche respektiv auf die Gemeinde macht ihre Anhänger immun gegen die Prophetie der Endzeit. Aus ihr sind der Antisemitismus und der heutige Antizionismus entsprungen ... Dadurch, dass auch viele Christen prophetieblind sind und sich somit auf die antisemitische Welle manipulieren lassen, werden sie plötzlich, ohne es zu merken, an der Seite des Antichristen stehen." (M. Baar, Zeitbomben der Weltgeschichte. Nahost – die Folgen eines jahrhundertealten Missverständnisses, Bad Liebenzell 1991, S. 21).

Immun sein gegen die Prophetie der Endzeit bedeutet: Sie hat für diese Leute nichts mehr zu sagen. Für extreme Calvinisten beispielsweise gibt es nur die Wiederkunft Jesu und sonst nichts. Und damit ist alles „glatt gebügelt", was die Bibel über Endzeit sagt. Viele Stellen müssen somit gewaltsam umgebogen werden, was dann aber, vom Sinn her, wenig überzeugend ist. Ohne es zu merken, werden solche, die die Endzeit-Prophetie leugnen oder relativieren, an der Seite des Antichristen stehen, der nämlich dann gegen Israel marschieren wird. Wenn man gar keine Beziehung hat zu diesem Volk, wird man schnell auf der Seite des Antichristen stehen. Ich wundere mich manchmal, wie hasserfüllt selbst manche Christen über die Juden herziehen können. Das ist sehr schockierend. Natürlich sind es auch keine perfekten Menschen. Wir wollen sie weder verherrlichen noch verteufeln. Aber wir müssen immer noch sehen, dass wir als Heidennationen eingepfropft sind in den Ölbaum Israel (Röm. 9-11) – und nicht umgekehrt.

Unbestreitbar und die deutlichste Bestätigung der biblischen Israel-Prophetie ist die Beobachtung, dass die ***Rückkehr der Juden nach Palästina*** seit Ende des 19. Jahrhunderts tatsächlich eingetreten ist und sich bis heute fortsetzt – ein in der Weltgeschichte einzigartiger Vorgang! Noch nie zuvor hatte man von einem Volk gehört, das nach einer fast zweitausendjährigen Zerstreuung seine Identität erhalten hat und wieder in sein Land zurückkehrt. Israel ist wie kein anderes Land in den Massenmedien, in den Zeitungen usw. vertreten. Auch das müsste doch zu denken geben. Ebenso außergewöhnlich war die ***Entstehung des Staates Israel im Jahre 1948.***

Fritz Hubmer schreibt:

„Kaum hatte die überraschte Welt am Morgen des 15. Mai durch das Radio gehört, dass der Staat Israel geboren sei, da war auch schon der erste jüdisch-arabische Krieg im Gange. Die Welt erfuhr, dass das militärisch noch schlecht gerüstete Israel einer fünfzigfachen Übermacht von mit modernsten Waffen versehenen Arabern gegenüberstehe. Man rechnete allgemein mit der Niederlage Israels und mit der Ausrottung aller jüdischen Ansätze in Palästina. Schon glaubten Kriegsberichterstatter, das nahe bevorstehende Ende des israelischen Widerstandes melden zu können. Da kam die Wende, die auch von Außenstehenden als Wunder bezeichnet wurde."

„Die Soldaten Israels erlebten an verschiedenen Frontabschnitten zugleich, dass in der höchsten Bedrängnis GOTT selbst eingriff. (so wie im alten Bund) ***Weil fast keine Waffen mehr zur Verfügung standen, verwendeten sie Schreckattrappen und Geräuschkulissen. Die Beobachter wussten auch vom Einsatz einer neuen feuerspei-***

enden Waffe zu berichten, der man den Namen ´David – König von Israel` gab. Wie Soldaten der arabischen Streitmächte nach ihrer Niederlage erklärten, sei ein lähmender Schrecken auf ihre Front gefallen. Die arabische Übermacht ergab sich oder floh. Der Krieg des Jahres 1948 war plötzlich zugunsten Israels entschieden."

Auch zu den weiteren Kriegen 1956, 1967 (6-Tage-Krieg) und 1973 (hier fand der Jom-Kippur-Krieg statt, in dem die Israelis gerade am großen Versöhnungstag unfair angegriffen wurden, an welchem sie nichts machen dürfen wegen der Einhaltung der Ruhe, aber sie haben trotzdem gesiegt) merkt Hubmer weiter an –

„Es vollzogen sich Dinge, die selbst ungläubige Beobachter an die in der Heiligen Schrift berichteten Wundertaten erinnerten, wie sie aus den Tagen der ersten Landnahme unter Josua aus der Väterzeit überliefert sind".

(F. Hubmer, Der Heilsplan GOTTES: Schöpfung – Erlösung – Vollendung, Bad Liebenzell, 8. Aufl. 1987, S. 146 f.)

Die bewahrende Hand GOTTES war auch beim Golfkrieg 1991 zu spüren, als Saddam Hussein mindestens 39 irakische Raketen nach offiziellen Angaben auf Israel abschoss, doch nur ein (!) Israeli starb durch unmittelbare Raketeneinwirkung.

Beim *Sechstagekrieg 1967* erfüllte sich darüber hinaus eine weitere biblische Prophezeiung: Wiederum gegen eine vielfache Übermacht kämpfend, errang Israel in einem Blitzangriff einen ans Wunderbare grenzenden Sieg und eroberte am 7. Juni die *Jerusalemer Altstadt* zurück. Vor der Klagemauer stehend, rief General Moshe Dayan aus: *„Wir sind zur allerheiligsten unserer heiligen Stätten zurückgekehrt und werden nie mehr von hier weichen!" Jesus hatte es vorausgesagt: „Jerusalem wird zertreten werden von den Heiden, bis die Zeit der Heiden erfüllt ist"* (Lk. 21,24). Es war zuvor in heidnischem Besitz. 1967 haben die Juden es zurückerobert.

Und gegenwärtig wollen die islamischen Nationen es Israel wieder streitig machen und wegnehmen. Aber GOTT sagt, Er wird selbst eingreifen. Es zeichnet sich ab, dass Jerusalem tatsächlich, wie es im Propheten Sach. 12 und 14 vorausgesagt ist, der Taumelkelch für sämtliche Nationen sein wird. Aber sie werden sich alle daran wundreiben. Es wird keine Ruhe geben hinsichtlich Jerusalem als Hauptstadt, weil der Islam hier sein drittwichtigstes Heiligtum sieht: den Felsendom. Aber GOTT wird Seine Hand über Israel halten.

Der Staat Israel wurde somit in ***politischer*** Hinsicht wieder ins Leben gerufen – die Totengebeine aus Hesekiel 37 sind zusammengerückt. Aber der Atem GOTTES ist noch nicht in ihnen – die ***geistliche*** Erneuerung Israels und die Annahme Jesu als Messias stehen noch aus (trotz einer kleinen, aber wachsenden Schar jesusgläubiger, messianischer Juden).

Wir sollten uns deshalb vor einer unnüchternen Israel-Begeisterung genauso hüten wie vor einer Verteufelung dieses Landes, wie sie uns leider oft in den Massenmedien begegnet. Der neu entstandene Staat Israel ist nicht das Reich GOTTES. Seine Politiker sind fehlbar wie alle Menschen. Und doch bildet die Existenz dieses Staates die ***Grundlage*** dafür, dass wichtige ***biblische Prophezeiungen für die Endzeit i***n Erfüllung gehen können. Es seien nur die folgenden genannt:

- Der Antichrist wird mit Israel ein Siebenjahresbündnis schließen, das er nach dreieinhalb Jahren brechen wird (Dan. 9,27; Joh. 5,43).
- Alle Völker auf Erden werden gegen Israel in den Krieg ziehen (Sach. 12,14).
- In der antichristlichen Trübsalszeit wird Israel Jesus Christus als seinen Messias erkennen und zum Missionsvolk für alle Völker werden (Sach. 12,10; Röm. 11,15).
- Der wiederkommende Christus wird Seinen Fuß auf den Jerusalemer Ölberg setzen (Sach. 14,3 f.).
- Jerusalem wird das Zentrum des messianischen Friedensreiches Jesu Christi sein (Jes. 2,2-4; Jer. 3,17 ff.; Mi. 4,1-8; Offb. 20,1-10).
- Der jüdische Tempel wird in Jerusalem wahrscheinlich wieder errichtet, doch wird sich der Antichrist in ihn hinein setzen (Dan. 9,27; Matth. 24,15; 2. Thess. 2,4).

Zur Tempelfrage, die viel diskutiert wird, möchte ich folgendes anmerken:

- Gegen eine bloß ***symbolische*** Deutung dieses Tempels etwa als ***„christliche Gemeinde"***, spricht zum Beispiel der Hinweis auf die Wiedereinführung und Abschaffung des jüdischen Opfers im Heiligtum (Dan. 9,27).
- Gegen die Ansicht mancher Ausleger, es handele sich um einen ***heidnischen „Göttertempel"***, etwa den jetzigen islamischen Felsendom, spricht ebenfalls die Tatsache, dass das jüdische Opfer wieder eingeführt und abgeschafft und der Tempel ausdrücklich als Tempel ***„GOTTES"*** (Einzahl!) bezeichnet wird.

Eine letzte Sicherheit gibt es in dieser Frage freilich nicht. Auch steht der Tempelplatz – vorläufig noch – unter moslemischer Verwaltungshoheit, was sich allerdings einmal ändern könnte. Der Versuch einzelner jüdisch-orthodoxer Kreise, den Grundstein zu einem neuen Tempel zu legen, hat bereits mehrfach zu tätlichen Konflikten geführt. Am Ende, so bin ich überzeugt – und die Vorbereitungen laufen schon bei orthodoxen Juden – wird wieder ein Tempel entstehen. Aber er wird erst einmal vom Antichristen entweiht werden in der Mitte der Drangsalszeit. Doch im tausendjährigen Reich wird wohl auch der Tempel von Hes. Kap. 40-48 in den dort beschriebenen Maßen, den es in dieser Form noch nie gab, bestehen. Und er wird gereinigt werden von der antichristlichen Entweihungshandlung.

Israel hat nur wenige Freunde in der Welt. Die UNO hätte der Gründung des Staates im Jahre 1948 wohl kaum zugestimmt, wenn die Juden nicht vorher einen unsäglichen Blutpreis im nationalsozialistischen Holocaust hätten bezahlen müssen. Damals schlug das moralische Gewissen der Welt noch für Israel, wenn auch nicht ungeteilt. In den darauf folgenden Jahrzehnten jedoch wurde Israel in der UNO fast immer mit überwältigender Mehrheit niedergestimmt und verurteilt, vor allem in Fragen des – gewiss schwierigen – Palästinenserproblems.

Niemand wird jedoch erwarten können, dass sich die Juden aus dem Land ihrer Väter wieder vertreiben lassen, wie es vor allem viele arabische Länder fordern. Die alte Feindschaft zwischen *Isaak und Ismael,* zwischen Juden und Arabern, flammt immer wieder auf (vergl. 1. Mose 16). Hinzu kommt der Konflikt um *Jerusalem als „Heilige Stadt“* sowohl der Juden und Christen als auch der Moslems. Die Feindschaft zwischen Juden und Moslems (heute Ahmadinedschad, früher Saddam Hussein und es kommen immer wieder neue Widersacher) wird – so ist zu befürchten – auch dann nicht enden, wenn eine allseitig zufriedenstellende Lösung des Palästinenserproblems gefunden wird. Zu tief sitzt der Hass auf das „auserwählte Volk“.

Dieser Hass ist es, der Hitler erfüllte. Dieser Hass prägte den Antisemitismus aller Jahrhunderte. Dieser Hass veranlasste im Jahr 1981 die „Islamische Konferenz“, den *„Heiligen Krieg“* gegen Israel auszurufen. Und dieser Hass klang auch auf in den Worten und Taten des irakischen Diktators Saddam Hussein, der im Golfkrieg 1991 Israel mit Raketen beschoss und die Juden ins Meer treiben wollte. Im Grunde wollen die Feinde gar keine Juden dort haben. Ich habe ja schon den Ausrottungsplan zitiert, den panislamischen Geheimkonferenzbeschluss von 1980. Alle, die nicht Moslems geworden sind, sollen in den Ländern des Nahen Ostens ausgerottet werden, also alle Christen und alle Juden. Saddam Hussein fühlte sich als wiedergekommener Nebukadnezar und ließ die antike Stadt Babylon – wenn auch nach Meinung von Beobachtern als „Touristen-Attraktion“ – in ihren Grundzügen wieder errichten. Derselbe Hass prägt leider auch die Regierung im Iran und anderen islamisch beherrschten Ländern.

Dass das Irak-Iran-Gebiet im Endgeschehen noch eine verhängnisvolle Rolle spielen wird, geht aus Offenbarung 9,13 ff. und 16,12 hervor. Dort ist von den Gerichtsengeln die Rede, die am Euphrat gebunden sind und dem antichristlichen Heer den Weg bereiten! In dem Gebiet, wo nach der Paradieserzählung (1. Mose 1 ff.) die Wiege der Menschheit stand, könnte auch ihr Untergang eingeleitet werden. Saddam Hussein war sicher ein Vorläufer und Wegbereiter dieser antichristlichen Aktionen. Sein Versuch, eine ***antiisraelische Allianz*** zusammenzubringen, ist jedoch gescheitert - vorerst gescheitert! Denn dass eine solche antiisraelische Allianz am Ende der Tage noch zustande kommen wird, macht die Bibel an zahlreichen Stellen deutlich. Die letzte Schlacht vor Jesu Wiederkunft wird die sogenannte Schlacht von Harmagedon sein. Sie erfolgt zur Zeit der sechsten Zornschale des Gerichts.

Offb. 16,12.16:

Der sechste Engel goss aus seine Schale auf den großen Strom Euphrat; und sein Wasser trocknete aus, damit der Weg bereitet würde den Königen vom Aufgang der Sonne ... Und er versammelte sie an einen Ort, der heißt auf hebräisch Harmagedon.

Diese Weltkoalition gegen Israel zeichnet sich immer deutlicher ab. Die Angriffskriege in den Jahren 1948, 1956, 1967, 1973 und 1991 lassen erahnen, was noch kommt. Schon längst wirft Harmagedon seine Schatten voraus. Doch bei all den Kriegen hält GOTT Seine Hand über Israel: ***„Wer euch antastet, tastet Meinen Augapfel an"***, spricht der HERR Zebaoth (Sach. 2,12).

Von der Rolle, die Israel im Rahmen der endzeitlichen Völkerschlacht, eines kommenden Weltkrieges, spielen wird, lesen wir auch in

Sach. 12,1-3:

Von Israel spricht der HERR, der den Himmel ausbreitet und die Erde gründet und den Atem des Menschen in ihm macht: Siehe, Ich will Jerusalem zum Taumelbecher zurichten für alle Völker ringsumher und auch Juda wird's gelten, wenn Jerusalem belagert wird. Zur selben Zeit will Ich Jerusalem machen zum Laststein für alle Völker. Alle, die ihn wegheben wollen, sollen sich daran wundreißen; denn es werden sich alle Völker auf Erden gegen Jerusalem versammeln.

Zu der Zeit wird Israel Jesus als seinen Messias erkennen:

Sach. 12,10:

Aber über das Haus Davids und über die Bürger Jerusalems will Ich ausgießen den Geist der Gnade und des Gebets. Und sie werden Mich ansehen, den sie durchbohrt haben.

Dies schreibt der Prophet Sacharja ca. 550 Jahre vor Jesu Kreuzestod (vergleiche Joh. 19,34) und Jahrtausende vor dem Eintreffen der endzeitlichen Ereignisse!

Dieses Geschlecht wird nicht vergehen ...

Matth. 24,34:

Jesus spricht: Wahrlich, Ich sage euch, dieses Geschlecht wird nicht vergehen, bis dieses alles geschieht.

Dieser Vers ist nicht einfach zu deuten und wirft viele Fragen auf. Was ist hier mit dem Geschlecht gemeint? Im Griechischen steht: *genea.* Das Theologische Wörterbuch zum Neuen Testament nennt folgende Bedeutungsmöglichkeiten von genea im allgemeingriechischen Sprachgebrauch:

1. Geburt, Abkunft
2. Nachkommenschaft
3. Geschlecht, als die durch gemeinsame Abkunft Verbundenen
4. Geschlecht als Zeitbestimmung, Menschenalter
5. auch Zeitalter

Im Neuen Testament kommt genea im Sinne von „Zeitalter, Periode ... Art“ vor, bedeutet aber meist „Zeitgenossenschaft“. Die Wendung „dieses Geschlecht“ (he genea auté) ist zunächst zeitlich zu verstehen. Sie enthält aber oft eine verurteilende Nebenbedeutung, etwa

- „das böse Geschlecht“,
- „das ehebrecherische Geschlecht“ oder
- „das ungläubige Geschlecht“

(ThWNT I/1933, S. 660 f.)

In diesem Sinne wird es von Jesus oft auf seine jüdischen Zeitgenossen bezogen, zu denen Er zuerst gesandt ist (Matth. 15,24), die Zeichen von Ihm fordern (vgl. 1. Kor. 1,22) und Ihn als den Retter ablehnen (vgl. Matth. 12,38 ff. parallel.; 16,4; 17,17; Mk. 9,19 u.a.). Es wird diesem ungläubigen Geschlecht kein anderes Zeichen gegeben werden als das Zeichen des Jona.

Da merken wir übrigens auch, dass es etwas mit den Juden zu tun hat, die damals verstockt waren und zum Großteil bis heute leider verstockt sind gegen Jesus als den bereits gekommenen und wiederkommenden Messias Israels und der gesamten Menschheit, als Retter aller derer, die Ihn annehmen.

Diese Vielfalt von Bedeutungsmöglichkeiten zeigt auf, wie schwierig es ist, den Begriff genea in Matth. 24,34 genau zu bestimmen. Ist es das Menschengeschlecht (die menschliche Art) allgemein? Aber das wäre banal. Das Menschengeschlecht wird nicht vergehen, bis alles geschieht. Das braucht man nicht extra betonen. Es ist klar, dass es die Menschen immer geben wird, sogar noch in der Ewigkeit. Die müssen nicht erst vergehen, bis alles geschieht. Ist es das Geschlecht der Juden allgemein? Sind es speziell die jüdischen Zeitgenossen Jesu? Ist es die letzte Generation vor Jesu Wiederkunft? Hier findet sich eine Teilwahrheit. Die jüdischen Zeitgenossen Jesu haben noch einen Teil der Prophezeiungen aus Matth. 24 erlebt, nämlich den Ansturm der Römerheere, die Zerstörung des Tempels, das Aufstellen des Gräuels der Verwüstung im Sinne dessen, dass der Tempel zerstört und später dann, 136 n.Chr., auch entweiht wurde. Das haben zumindest ihre Nachkommen erleben müssen. Viele, die 70 n. Chr. das erlebt haben, haben auch 30 Jahre vorher Jesus erlebt.

Aber ich denke doch, dass es zeitlich weiter zu fassen ist, nämlich weil es nachher heißt, dieses Geschlecht wird nicht vergehen, bis dies alles geschieht. Also nicht nur das, was an Prophetie bereits 70 n. Chr. eingetroffen und hier vorher gesagt ist: die Tempelzerstörung, der Gräuel der Verwüstung. Das war eine Teilerfüllung. Dies wird sich am Ende übrigens noch einmal erfüllen. Davon bin ich überzeugt. Aber es heißt ja, bis dies *alles* geschieht. Das heißt, bis ***alle Zeichen der Zeit und der Endzeit*** sich erfüllen, wird dieses Geschlecht nicht vergehen. Was könnte gemeint sein?

Nach dem obigen Befund neige ich der Deutung zu, dass sich „dieses Geschlecht" in Matth. 24,34 auf das Volk der Juden bezieht. Das Geschlecht der Juden wird keiner ausrotten können, bis der Messias kommt und bis sie Ihn als den erkennen, den sie durchbohrt haben. Wie oft hat man schon durch Pogrome, durch Vernichtungen versucht, die Juden auszurotten? Am grausamsten in Deutschland! Aber es ist keinem wirklich gelungen. Niemand konnte verhindern, dass der Staat Israel wieder entsteht, wie es in der Bibel vorausgesagt war – ein wichtiger Gottesbeweis! Friedrich der Große (der alte Fritz) war selbst nicht gläubig, hatte aber einen General namens von Ziethen. Diesen hatte er gefragt, ob er ihm einen Beweis geben kann, dass GOTT existiert. Die Antwort lautete: *„Die Juden, mein HERR."* Dies wird auch dadurch unterstrichen, dass Jesus unmittelbar vorher vom Feigenbaum redet, der in der Heiligen Schrift immer wieder Israel symbolisiert (Matth. 24,32 ff.; vgl. 1. Kön. 5,5; Matth. 21,19 ff.; Lk. 13,6 ff.; Joh. 1,48 ff.).

Mit Gerhard Maier und anderen Auslegern bin ich der Meinung, dass Matth. 24 parallel eine Fern- und eine Nahprophetie nebeneinander enthält. Beide Stränge oder Perspektiven durchdringen einander.

„Die eine Perspektive verläuft vom noch bestehenden Tempel bis zur Tempelzerstörung und umfasst die Schändung des Tempels und die Not Judäas, die mit der Zerstörung des Tempels verbunden sind. Die zweite Perspektive setzt nach der Tempelzerstörung ein und verläuft bis zur Wiederkunft Jesu. Dabei werden weltweite Nöte, Verfolgung, Falschprophetie, Völkermission, letzte Trübsal, kosmische Veränderungen und die Vereinigung der Gemeinde mit dem wiederkehrenden Jesus angekündigt. Man könnte die erste als die Israel-Perspektive bezeichnen, die zweite als die Völker-Perspektive" (Maier, Matthäus-Evangelium II/1980, S. 267).

Jesus antwortet nämlich auf zwei (oder drei) unterschiedliche Fragen der Jünger. Seine erste Antwort bezieht sich auf die Zerstörung des Jerusalemer Tempels, der sich bei der Ölbergrede direkt vor den Augen Jesu und seiner Jünger befand:

Matth. 24,1-3:

Und Jesus ging aus dem Tempel fort, und Seine Jünger traten zu Ihm und zeigten Ihm die Gebäude des Tempels. Er aber sprach zu ihnen: Seht ihr nicht das alles? Wahrlich, Ich sage euch: Es wird hier nicht ein Stein auf dem anderen bleiben, der nicht zerbrochen werde.

Und als Er auf dem Ölberg saß, traten Seine Jünger zu Ihm und sprachen, als sie allein waren: Sage uns, wann wird das geschehen? (Frage 1) *Und was wird das Zeichen sein für Dein Kommen und für das Ende der Welt?* (Frage 2 und 3)

Die erste Frage hat Jesus klar beantwortet: *„Dieses Geschlecht wird nicht vergehen, bis dies alles geschieht."* Die Naherfüllung ereignete sich in der Zerstörung Jerusalems und des Tempels im Jahr 70 n.Chr. durch die Römerheere – und diese Erfüllung hat „dieses Geschlecht" miterlebt, das seinen Retter Jesus Christus ans Kreuz geschlagen hatte.

Eine Unsicherheit in dieser Deutung enthält allerdings die Wendung *„bis das alles geschieht"*. Bezieht sich *„das alles"* auf alle in Matth. 24 geschilderten Ereignisse (was keineswegs sicher ist), so würde *„dieses Geschlecht"* doch noch die endzeitlichen Entwicklungen bis zur Wiederkunft Jesu und dem Ende der Welt miterleben. Dann bezöge sich *„dieses Geschlecht"* vom sonstigen Sprachgebrauch her mit großer Wahrscheinlichkeit zwar auch auf die Juden, aber nun auf die Juden allgemein, nicht nur auf die Zeitgenossen Jesu. Dieser Interpretation neigt Gerhard Maier – genauso wie ich – zu:

„... ´dieses Geschlecht` ist das Geschlecht der Juden überhaupt. Keine Macht der Erde kann sie auslöschen. Weder die Judenverfolgungen des Mittelalters noch die Pogrome im Russland des 19. Jahrhunderts., noch die Vernichtungsmaschinerie der nazistischen KZs haben das vermocht. Der ´Feigenbaum` existiert bis zur Wiederkunft Jesu" (Maier II/1980, S. 297).

Wir haben hier viel über Israel gehört. Aber es ist auch sicherlich das zentralste und deutlichste Zeichen der Endzeit und der baldigen Wiederkunft Jesu. Das sollten wir so annehmen, denn GOTTES Wort ist die Wahrheit. GOTT existiert. Er hat in Seinem Wort die Zukunft geoffenbart. Gerade die erfüllte Prophetie ist eine große Glaubensstärkung. Es gibt über 6.000 Verse in der Bibel mit Zukunftsvoraussagen. Über die Hälfte hat sich schon erfüllt. Das ist ein großartiger Gottesbeweis und zugleich ein Beweis, dass die Bibel wahr ist und dass sich auch die restlichen Voraussagen erfüllen werden.

Ja, das wird noch geschehen und wir freuen uns darauf, wenn der HERR wiederkommt. Bist Du bereit, wenn Jesus erscheint? Das ist die entscheidende Frage, die über uns steht. Bist Du bereit, wenn die Entrückung vor der Tür steht? Bist Du wiedergeboren durch Wasser und Geist? Bist Du reingewaschen durch das Blut des Lammes? Hast Du Deine Sünde auf Jesus geladen? Am Kreuz von Golgatha wurde sie weggenommen. Und jeder, der bekennen kann: *Jesus ist mein HERR und Heiland,* der wird Zugang zur himmlischen Herrlichkeit haben. Die anderen werden in der ewigen Verdammnis qualvoll leiden müssen von Ewigkeit zu Ewigkeit, ohne Ende, wo der Wurm nicht stirbt und die Flamme nicht erlischt. Aber wer zu Jesus gehört, der wird ewige Seligkeit haben. Da wird keine Träne mehr geweint, kein Leid, kein Schmerz und kein Geschrei mehr sein. Was ist Deine Wahl, deine Entscheidung? Entscheide Dich für Jesus! Noch ist es nicht zu spät. Möge Er jedem gnädig sein. Amen.

Gebet:

Lieber HERR Jesus Christus. Danke, dass Du bald wiederkommen wirst. Wir sehen es an den Zeichen der Zeit. HERR, lass mich, lass uns bereit sein, Dir zu begegnen. Reinige mein Herz, reinige unsere Herzen durch Dein Blut, dass nichts zwischen Dir und uns steht. Und schenke auch solchen Menschen, die noch nicht glauben können, den rettenden Glauben, dass sie auf der Seite des Siegers stehen dürfen. Dir sei Lob und Ehre gebracht, dem Lamm von Golgatha. Amen.

6. Teil

Es wird wie in den Tagen Noas sein ...

Wie in den Tagen Noahs ...

In den letzten Kapiteln haben wir von den Zeichen der Endzeit gehört, insbesondere von Israel und davon, dass im letzten Zeitabschnitt Himmel und Erde vergehen werden. Auf den unmittelbar anschließenden Vers Matth. 24,36 werde ich im nächsten Kapitel näher eingehen, weil dieser sehr eng zusammenhängt mit dem, was wir ab Vers 42 lesen, wo es heißt: ***Darum wachet, denn ihr wisst nicht, an welchem Tag euer HERR kommt.*** Danach folgen zwei Gleichnisse, welche die fortwährende Wartebereitschaft von den Nachfolgern Jesu verdeutlichen.

Zunächst die Verse ab 37-41, wo unser HERR Jesus Christus spricht:

Matth. 24,37-41:

Denn wie es in den Tagen Noahs war, so wird auch das Kommen des Menschensohns sein. Denn wie sie waren in den Tagen vor der Sintflut, sie aßen, sie tranken, sie heirateten und ließen sich heiraten, bis an den Tag, an dem Noah in die Arche hineinging und sie beachteten es nicht, bis die Sintflut kam und raffte sie alle dahin, so wird es auch sein beim Kommen des Menschensohnes. Dann werden zwei auf dem Felde sein, der eine wird angenommen, der andere wird preisgegeben. Zwei Frauen werden mahlen mit der Mühle, die eine wird angenommen, die andere wird preisgegeben.

Gebet:

Ja, lieber HERR, wenn wir in unsere Welt schauen, dann sehen wir, dass es vielleicht noch schlimmer ist als damals in den Tagen Noahs. Und wir sehen, dass es nicht mehr lange dauern kann, bis Du kommst. HERR, lass uns bereit sein. Lass uns gereinigt und geheiligt sein durch Dein Blut. Lass uns Deine Kinder sein und auf der Seite von Dir, dem Sieger stehen. Lass auch diese Worte dazu dienen und in der Ewigkeit wiedergefunden werden. Amen.

Es wird wie in den Tagen Noahs sein. Wer war Noah? Er war der einzige gerechte Mensch seiner Zeit, der GOTT wirklich noch lieb hatte – zusammen mit seiner Familie, die durch die Arche hindurch gerettet wurde. Heute gibt es unter uns gewiss viele Noahs, auch als Bußprediger und Wächter unserer Zeit. Aber wir sind eine Minderheit in unserer Gesellschaft, die immer gottloser geworden ist in den letzten Jahrzehnten und auch schon Jahrhunderten. Ich möchte den Schwerpunkt auf die Parallelen zwischen den Tagen Noahs und heute legen und aufzeigen, warum ich erwähnte, dass es heute wahrscheinlich noch schlimmer ist.

Aber zunächst die Frage: Wie war es denn in den Tagen Noahs? Nun, unser HERR Jesus sagt hier: *Sie aßen, sie tranken, sie heirateten und ließen sich heiraten (oder allgemeiner gesagt: sie freiten und ließen sich freien, heute heiraten sie oft gar nicht mehr) bis an den Tag, an dem Noah in die Arche hineinging und sie beachteten es nicht, bis die Sintflut kam und raffte sie alle dahin.* Die Menschen waren damals beschäftigt mit dem ganz alltäglichen Leben.

Womit sind die Menschen heute beschäftigt? Mit dem ganz alltäglichen Leben. Einkaufen im Supermarkt, essen, schlafen, arbeiten, zumindest solche, die Arbeit haben und auch noch arbeiten können und wollen. Aber ansonsten wie damals: essen, trinken, freien. Das Thema Liebe, Sexualität, steht ganz hoch oben, dabei aber nicht die Liebe zu GOTT, sondern nur die innerweltliche fleischliche Liebe. Vor allem essen und trinken – und nicht zu vergessen die Beschäftigung mit den modernen Massenmedien.

Ich denke, die größte Zahl von Zeitschriften, die heute nicht nur, aber überwiegend von Frauen gelesen werden, sind sicherlich Kochzeitschriften. Natürlich brauchen wir alle irdische Nahrung. Es ist wunderbar, wenn eine Frau oder ein Mann gut kocht – dagegen ist gar nichts einzuwenden. Meine Frau kocht auch sehr gut. Das Problem ist aber: Wenn das der einzige Inhalt des Lebens ist, wenn nur das Materielle und Irdische an erster Stelle steht, dann sind wir arm dran. Denn das Essen geht zwar durch den Mund hinein und wir brauchen es, um hier auf Erden dem HERRN zu dienen, aber es geht in Energie über und das Überschüssige geht auch wieder hinaus. Für die Ewigkeit gesehen reicht das nicht aus.

Natürlich wollen wir unseren Leib und unsere Gesundheit erhalten, solange uns der HERR es schenkt. Wir wollen keine Kostverächter sein. Aber die Menschen heutzutage sind oft nur noch damit beschäftigt. In der Bergpredigt (Matthäus 6) sagte der HERR Jesus einmal: ***Trachtet zuerst nach dem Reich GOTTES und Seiner Gerechtigkeit. So wird euch solches alles zufallen.*** Er meint damit Nahrung, Kleidung, Wohnung und all diese Dinge. Der HERR wird uns nicht im Stich lassen. Aber an erster Stelle soll GOTT, soll Jesus stehen, und dann erst alles andere.

Heute herrscht genau wie damals zur Zeit Noahs eine beispiellose Gleichgültigkeit gegenüber GOTT. Eine Beschäftigung könnte man noch ergänzen, welche auch ganz wichtig ist heutzutage: das Geld und die Entwicklung im Wirtschaftsleben. Damit sind die Menschen sehr ausgelastet – auch in den Nachrichtensendungen wird das deutlich. Das Geld besitzt in unseren Tagen oberste Priorität. Hat sich aber schon einmal jemand gefragt, warum es wirtschaftlich so bergab geht? Muss man sich darüber wundern, wenn der Name GOTTES keinen Platz mehr findet in der europäischen Verfassung, die ja jetzt Reformvertrag heißt? Es war klar vorauszusehen, dass darauf kein Segen liegt. Aber darüber berichtet kaum jemand in den säkularen Medien.

Ein böses Erwachen ist es dann jedes Mal, wenn wie vor einiger Zeit ein Erdbeben geschieht, wenn die Leute plötzlich hinweggerissen werden aus dem Leben und tot oder verletzt oder obdachlos sind. Aber was tut man dann? Kehrt man dann um zu GOTT? Manche vielleicht, dem HERRN sei Dank. Aber viele geben dann obendrein GOTT die Schuld. Diese Reaktion findet sich auch in der Johannesoffenbarung. Wenn die Gerichte beginnen, die doch jeweils Zuchtruten GOTTES sind, um Menschen zum Nachdenken zu bringen und zur Umkehr zu bewegen, dann tun die allermeisten doch nicht Buße (Offenbarung 16,9 ff.). Im Gegenteil lästern sie noch lauter und klagen GOTT an, anstatt vor Ihm niederzufallen und zu bitten: HERR, erbarme Dich über mich, über uns, über unsere Gesellschaft und Menschheit.

Wenn wir in das 1. Buch Mose schauen, dann sehen wir, wie es in den Tagen Noahs war. Da herrschte abscheulichste Sünde. Das Böse war so schlimm ausgereift, dass GOTT es nicht mehr ertragen konnte. Er hatte keine andere Wahl, als diese so böse gewordene Menschheit auszulöschen. Wird Er das wieder tun? Nicht mehr durch eine Wasserflut, aber durch eine Feuerflut. Die Menschen, die Jesus abgelehnt haben, werden dann im ewigen Feuer sein, wo der Wurm nicht stirbt und die Flamme nicht erlischt. Ein Weltenbrand wird kommen, so lesen wir in 2. Petr. 3, über die unbußfertige Welt. Aber der HERR wird Seine Gemeinde herausretten vor den Zornschalengerichten zur Zeit der letzten, der siebten Posaune, Offb. 11.

Im 1. Buch Mose finden wir einige Gründe, warum es zur Sintflut kam. Wir lesen nämlich von Kain und Abel. Infolge des Sündenfalls der Ureltern kam die Sünde, das Böse in das Herz und Kain erschlug seinen Bruder Abel. Nun hat sich dies weiter gesteigert – die Spirale der Gewalt und des Bösen.

1. Mose 4,23:

Und Lamech sprach zu seinen Frauen: Ada und Zilla, hört meine Stimme, ihr Frauen Lamechs vernehmt meinen Spruch. Einen Mann erschlug ich, weil er mich verwundet, einen jungen Mann, weil er mich geschlagen hat. Denn Kain wird siebenfach gerächt, Lamech aber 77igfach.

Dies sagt die Bibel über Rache aus dem bösen menschlichen Herzen heraus. Aber was sagt der HERR Jesus, wie oft man vergeben soll? Sieben mal siebzig Mal! Merken wir, wie die Bibel eine wunderbare Einheit ist? Aber diese nach unten führende Spirale der Gewalt und der Rache ist schrecklich. Die Gewalttaten hatten sich vor der Sintflut angehäuft bis zum Himmel. GOTT hat das gesehen und konnte diese Zerstörung durch den Menschen auf der Erde nicht mehr länger gewähren lassen.

Wie stellt sich die Situation denn heute dar? Gibt es heute nicht ebenfalls Gewalttaten? Es existiert ein riesiges Waffenpotential. Wir können die Erde zigfach zerstören durch Atomwaffen und andere Waffen. Aber es findet sich auch Gewalt im kleinen Bereich: die „Ellbogengesellschaft", die Brutalität im zwischenmenschlichen Umgang. Es wird in vielen Betrieben immer brutaler. Wer in einem richtig weltlichen Betrieb arbeitet, erlebt, wie schlimm es dort zugeht. Aber mittlerweile geht es so zum Teil auch schon in „christlichen" Werken zu. Es besteht in vielen Bereichen „Mobbing". Dadurch werden Mitarbeiter von anderen ausgegrenzt und hinausmanipuliert.

In 1. Mose 6 findet sich weiterhin eine geheimnisvolle Stelle zu der Zeit Noahs.

1. Mose 6:

Es geschah, als sich die Menschen zu mehren begannen auf der Erde und ihnen Töchter geboren wurden, da sahen die Gottessöhne, dass die Töchter der Menschen schön waren und sie nahmen sich von allen jene zu Frauen, die ihnen gefielen. Da sprach der HERR: Mein Geist soll nicht für immer mit den Menschen rechten. Denn er ist ja Fleisch. So sollen seine Tage 120 Jahre betragen.

In jenen Tagen waren die Riesen auf der Erde. Und auch später noch, solange die Gottessöhne zu den Töchtern der Menschen kamen und diese ihnen Kinder gebaren. Das sind die Helden, die von jeher berühmt gewesen sind.

Als aber der HERR sah, dass die Bosheit des Menschen sehr groß war auf der Erde und alles Trachten der Gedanken seines Herzens allezeit nur böse, da reute es den HERRN, dass Er den Menschen gemacht hatte auf der Erde, und es betrübte Ihn in Seinem Herzen.

Und der HERR sprach: Ich will den Menschen, den Ich erschaffen habe, vom Erdboden vertilgen, vom Menschen an bis zum Vieh und bis zum Gewürm und bis zu den Vögeln des Himmels. Denn es reut Mich, dass Ich sie gemacht habe. Noah aber fand Gnade in den Augen des HERRN.

Ja, hier ist eine geheimnisvolle Stelle: *Die Gottessöhne sahen, dass die Menschentöchter schön waren und nahmen sich von all jenen zu Frauen, die ihnen gefielen.* Und sie haben dann die Riesen mit ihnen gezeugt. Was ist da geschehen? Ich denke, die zutreffendste Erklärung ist – und es gibt viele Deutungen – dass hier Dämonen sich in Menschenleiber hineinbegeben haben, in Männerleiber, und dann durch diese besessenen Männer mit den Frauen Kinder gezeugt haben, welche zu Riesen wurden. Das heißt, sie wollten sein wie GOTT. Darum haben sie die Sünde des Hochmuts nach dieser sexuellen Vermischung praktiziert, so dass in dieser weiteren Steigerung die Sünde bis zum Himmel emporgestiegen ist. Es gibt im Neuen Testament Hinweise, die diese Auslegung bestätigen und zwar:

2. Petr. 2,4-5:

Denn wenn GOTT die Engel nicht verschonte, die gesündigt hatten, sondern sie in Fesseln der Finsternis in den Abgrund warf, um sie zum Gericht aufzubewahren und wenn Er die alte Welt nicht verschonte, sondern nur Noah, den Verkündiger der Gerechtigkeit als achten bewahrte, als Er die Sintflut über die Welt der Gottlosen brachte und auch die Städte Sodom und Gomorrha einäscherte ...

Daraus wird deutlich; die Engel hatten gesündigt. Womit hatten sie aber gesündigt? Diese gefallenen Engelwesen haben sich mit Menschen vermischt. Es ist etwas Grenzüberschreitendes geschehen, was niemals hätte geschehen dürfen. Aber auch heute versucht man, verschiedene Arten zu vermischen. Zum Beispiel

Menschen mit Tieren zu kreuzen – das sind ganz schreckliche Dinge, solche Chimären zu erzeugen. Jeder unvorstellbare Frevel wird mit menschlichem Erbgut heute verantwortungslos durchgeführt. Wir leben auch hierin in einer gerichtsreifen Zeit. Ganz abgesehen davon, dass derzeitig die Besessenheit auch wieder durch aktiven Satanismus zunimmt. Auf dieses Thema kommen wir noch zurück.

Zusammenfassend ist festzuhalten: Wir haben in unserer Zeit eine erschreckende Gleichgültigkeit gegenüber GOTT zu verzeichnen, Atheismus ist überaus weit verbreitet. Gewalttaten finden teilweise versteckt und auch andererseits dreist offensichtlich statt. Sexuelle Unzucht nimmt überhand, wo man auch hinschaut – oder besser: wegschaut – eine unverhüllte Porno-Gesellschaft. Und auch der Hochmut, das Sein-Wollen wie GOTT, vermehrt sich unaufhaltsam. Wir denken an die Riesen aus 1. Mose 6. So verderbt war die Erde, so schlimm, dass die Sintflut kam.

Bevor ich auf unsere aktuelle Lage intensiver eingehe, möchte ich noch auf die Verse 40 und 41 zu sprechen kommen, in denen es auch Hinweise für die Entrückung gibt. Denn es heißt hier: ***Es werden zwei auf dem Felde sein, der eine wird angenommen, der andere preisgegeben. Zwei Frauen werden mahlen mit der Mühle, die eine wird angenommen, die andere wird preisgegeben. Wacht, denn ihr wisst nicht, an welchem Tag euer HERR kommt.*** Das bedeutet, wir sollen bereit sein für die Entrückung. Der HERR wird die Seinen aus dieser verderbten Welt herausnehmen. Die unsichtbare Gemeinde der Wiedergeborenen, die der HERR sieht, wird in die Entrückung gelangen. Und wenn wir wiedergeboren sind, dann sind wir in dieser Arche der Endzeit, die uns hindurch bringt durch die Gerichtsflut.

Der Mensch der Endzeit

Jetzt schauen wir uns unsere aktuelle Lage genauer an. Zwar ist der Mensch zu allen Zeiten der gleiche geblieben - immer hatte er die Möglichkeit, sich für oder gegen GOTT zu entscheiden. Aber „in den letzten Tagen“ – so sagt uns die Bibel – wird es zu einem schrankenlosen Abfall vom Glauben in noch nie da gewesenem Ausmaß kommen (Matth. 24,10; 2. Thess. 2,3). Nur wenige werden Jesus als den einzigen HERRN und Erlöser anerkennen und Ihm die Treue halten. Die Saat des Bösen, welche in jahrhundertelanger Unterwanderung von Kirche, Theologie und christlichem Glauben gelegt wurde, geht dann auf. Der *„Mensch der Endzeit"* prägt die Gesellschaft weltweit.

Jesus warnt davor in Matth. 24,37-39:

Wie es aber in den Tagen Noahs war, so wird es auch bei der Wiederkunft des Menschensohnes sein. Denn wie sie in den Tagen vor der Sündflut aßen und tranken, freiten und sich freien ließen bis zu dem Tage, da Noah in die Arche ging, und nichts merkten, bis die Sündflut kam und sie alle dahinraffte, so wird auch die Wiederkunft des Menschensohnes sein.

Auch der Apostel Paulus nennt in 2. Tim. 3,1 ff. die Kennzeichen, welche die letzten Generationen der Menschheit charakterisieren werden. Ich habe versucht, mit eigenen Worten zu übersetzen, dass man es vielleicht noch drastischer erkennen kann, was hier geschrieben steht:

2. Tim 3,1-9.14 f.; zum Teil in eigener Übertragung, mit Kurz-Kommentar:

Das sollst du aber wissen, dass in den letzten Tagen schlimme (= wilde, besessene) ***Zeiten kommen werden,*** okkult geprägt, wo der Satan in viele Menschen hineingefahren ist. ***Denn die Menschen werden nur sich selbst, ihr Geld und ihre Ehre lieben.*** „Liebe dich selbst" hieß sogar ein Buch eines evangelikalen Erfolgsautors vor einigen Jahren. Dieser missinterpretiert völlig das Liebesgebot. Der Mensch liebt sich ohnehin selbst. Er soll aber den Nächsten lieben, wie er sich ohnehin schon liebt. Aber er soll sich nicht selbst noch mehr lieben. Selbstannahme ist wieder ein anderes Problem. Manche können sich ja nicht annehmen. Solche darf man nicht entmutigen. Aber der Aufruf „Liebe dich selbst" ist ein typisches Kennzeichen der Endzeit.

Sie werden nur ihr Geld und ihre Ehre (den Hochmut) ***lieben. Sie werden sich selbst groß machen*** (Prahlerei) ***und GOTT lästern.*** Blasphemie wurde bereits vor Jahrzehnten freigegeben.

Sie werden ihren Eltern nicht gehorchen (antiautoritäre Erziehung), *undankbar sein* (Genusssucht schon bei Kindern) *und alles Heilige in den Schmutz ziehen.* Es ist schrecklich, wenn das, was heilig ist, lächerlich gemacht wird. Das schlimmste Beispiel ist die gotteslästerliche Volxbibel von den Jesus Freaks. Von führenden evangelikalen Verlagskonzernen wird diese als „missionarisch" vermarktet. *Sie werden sich anderen gegenüber lieblos und unversöhnlich, verleumderisch und hemmungslos verhalten.* Dieser Mensch rastet an allen Seiten aus und kennt keine Grenze mehr, auch des guten Benehmens. Es vermehren sich Hemmungslosigkeit, Lieblosigkeit und Verleumdung. Es fehlt auch an Versöhnungsbereitschaft, manchmal selbst zwischen solchen, die sich Christen nennen. Ist das nicht schrecklich? Doch ich habe auch schon wunderbare Beispiele von wirklicher Versöhnung zwischen Brüdern und Schwestern erleben dürfen. Kürzlich habe ich in unserer Gemeinde zwei Bußpredigten in diese Richtung gehalten. Und dann ist tatsächlich einiges geschehen im positiven Sinne.

Fanatisch werden sie ihre Ziele verfolgen und doch das Gute verfehlen. Solch einer war ich früher ebenso. Ich habe als Jugendlicher ohne Glauben versucht, mich für Umweltschutz und Gesundheitserhaltung einzusetzen. Aber es ging dabei immer auch um mich, dass ich gesund bleibe. Ich habe nicht wirklich an andere gedacht. Das Gute habe ich jedoch damit verfehlt. *Verräter sind sie, Hitzköpfe und eingebildete Narren. Sie lieben die Lüste mehr als GOTT, täuschen Gottesfurcht vor* (also ein frommer äußerlicher Anstrich) *und rechnen doch nicht mit Seiner Macht.* Solche reden zwar von GOTT, vielleicht auch intellektuell, glauben aber nicht, dass Er wirklich existiert und eingreifen kann. *Solche Menschen meide!*"

Und der Apostel fährt fort:

Zu ihnen gehören auch die, die sich in die Häuser einschleichen und gewisse Frauen einfangen, die mit Sünden beladen sind und von mancherlei Begierden getrieben werden. Hier werden Unzucht und Triebsucht angesprochen. Es gibt immer mehr Triebtäter, die nicht zuletzt auch durch die Massenmedien angeheizt werden.

Dann heißt es weiter: ... ***die immer auf neue Lehren aus sind und nie zur Erkenntnis der Wahrheit kommen können.*** Kennt Ihr auch solche Menschen? Diese wollen immer das Neueste wissen und neue Lehren erkunden, sie suchen, ob nicht jemand wieder neue Lehren entdeckt. Aber sie kommen nie wirklich zur Erkenntnis der Wahrheit, dass sie ein verlorener Sünder sind und allein durch das Kreuz Jesu, durch die Annahme seines stellvertretenden Sühneopfers Erlösung und Versöhnung mit GOTT erfahren können. Stattdessen haben sie immer die Sucht nach neuen Erkenntnissen. Das kann ganz gefährlich sein, wenn man immer nur am Studieren ist, doch sein Herz nicht für GOTT öffnet.

Auch auf dem politischen Gebiet gibt es Richtungen, die die ewige Diskussion zum Programm gemacht haben. Man denke an den Philosophen Habermas mit seinem herrschaftsfreien Diskurs. Da wird immer weiter diskutiert nach Hegelscher Dialektik und es gibt immer höhere Ebenen, aber keine absolute Wahrheit. Das ist der Relativismus oder die philosophische Strömung, in der wir jetzt stehen, der Postmodernismus. ***Wie Jannes und Jambres dem Mose widerstanden, so widerstehen auch diese der Wahrheit: Es sind Menschen mit zerrütteten Sinnen, untüchtig zum Glauben*** durch ihre dauernde Beschäftigung mit Irrtümern und mit okkulten und verrückten Lehren. Wenn man ihnen das Evangelium verkündigt, ist man gleich ein Fanatiker, heißt es dann. ***Aber sie werden damit nicht weit kommen; denn ihre Torheit wird jedermann offenbar werden, wie es auch bei jenen geschah ...*** Vernünftige Menschen, vor allen jene, die vom Geist GOTTES geleitet sind, werden sie durchschauen und nicht auf sie hereinfallen.

Nun noch die Warnung an Timotheus, Paulus' geistlichen Sohn:

Du aber bleibe bei dem, was du gelernt hast und was dir klare Wegweisung gibt ...: Von Kind auf kennst du die Heilige Schrift, die dich den Weg zur Rettung lehrt durch den Glauben an Jesus Christus.

Allein die Bibel gibt uns den festen Orientierungsmaßstab. Da haben wir ein festes Fundament: das Wort GOTTES.

Diese Aufzählung darf nicht dazu führen, dass man mit dem Finger auf andere zeigt. Vielmehr ist sie ein Aufruf an jeden, zuerst sich selbst zu prüfen, ob solche Verhaltensweisen nicht auch das eigene Leben bestimmen: Wie weit sind wir, wie weit bin ich schon der Gottesferne und den oben genannten Auswirkungen verfallen? Jedem einzelnen gilt der Ruf GOTTES zur Umkehr:

2. Chr. 7,13 ff.:

Siehe, wenn Ich den Himmel verschließe, dass es nicht regnet, oder die Heuschrecken das Land fressen, oder eine Pest unter Mein Volk kommen lasse, und wenn dann Mein Volk, über das Mein Name genannt ist, sich demütigt, dass sie beten und Mein Angesicht suchen und sich von ihren bösen Wegen bekehren, so will Ich vom Himmel her hören und ihre Sünde vergeben und ihr Land heilen.

Im folgenden seien in Form einer Gegenüberstellung von *„Zeitgeist" und Bibel* nur einige wenige Beispiele dafür genannt, wie weit obiges Verhalten bereits unsere manipulierte Gesellschaft prägt:

„Man" sagt heute: „Alle Religionen verehren denselben GOTT. Spiritualität ist umfassend. Ihr Christen, seid doch tolerant!"	**Die Bibel sagt:** „Ich bin der HERR, dein GOTT. Du sollst keine anderen Götter neben Mir haben" (2. Mose 20,2 ff.).
„Man" sagt heute: „Es gibt keine absolute Wahrheit, sondern nur die dauernde Diskussion. Wir sind immer am Suchen und Lernen."	**Jesus sagt:** „Ich bin der Weg, die Wahrheit und das Leben; niemand kommt zum Vater außer durch Mich" (Joh. 14,6) – und: GOTTES Wort „ist die Wahrheit" (Joh. 17,17).
„Man" sagt heute: „GOTT - das ist der Kosmos, die Pflanze, das Tier. GOTT – das bin ich selbst." (die Selbstverherrlichung, der Pantheismus)	**Die Bibel sagt:** „Du sollst den Namen des HERRN, deines GOTTES, nicht missbrauchen" (2. Mose 20,7). (Es ist Missbrauch, wenn alles vergöttlicht wird wie in Pantheismus, Hinduismus, Universismus, Buddhismus, Esoterik)

„Man“ sagt heute: „Wir führen die Sonntagsarbeit ein, auch wenn es anders ginge, und machen verkaufsoffene Sonntage. Hauptsache, die Produktivität wird gesteigert.“	**Die Bibel sagt:** „Du sollst den Feiertag (Ruhetag) heiligen“ (2. Mose 20,8-11). (Es gibt natürlich Berufe, in denen auch am Ruhetag Arbeit anfällt, z. B. die Landwirte müssen ihre Tiere füttern, die Ärzte müssen Patienten behandeln. Aber in vielen Berufen ginge es auch ohne Sonntagsarbeit. Für uns Christen ist der Ruhetag, der Feiertag der erste Tag der Woche, an dem Jesus auferstanden ist, der Auferstehungstag. Wichtig ist, dass wir einen Ruhetag einhalten. Es liegt nur ein Segen darauf, wenn der Mensch diesen Rhythmus einhält, auch für die eigene Gesundheit und die Ruhe in der Schöpfung, damit nicht der Mammon regiert, sondern das Nachdenken über GOTT und Sein Wort, gerade am Tag des HERRN, an welchem wir unter GOTTES Wort kommen.
„Man“ sagt heute: „Antiautoritäre Erziehung ist modern. Die Kinder brauchen kritische Mündigkeit. Die Eltern sollen sich zurückziehen, sobald die Kinder das wollen.“ (Die Kinder sollen das Sagen haben)	**Die Bibel sagt:** „Du sollst deinen Vater und deine Mutter ehren, damit du lange lebst“ (2. Mose 20,12). (Wenn man das nicht tut, wird der Segen zurückgezogen, auch von den Eltern, die so etwas zulassen. Das ist auch ein Aufruf an alle Eltern, die Kinder nicht einfach laufen zu lassen in ihr Verderben, sondern ihnen gute, segenbringende Grenzen zu setzen – keine falsche brutal-autoritäre Erziehung, aber eine gesunde Autorität, in welcher die Eltern Vorbilder sind, die ihre Lebenserfahrung in guter Weise an die Kinder weitergeben können.)

„Man" sagt heute: „Lebensschutz ist gut – aber nur, solange er meiner Selbstverwirklichung nicht im Wege steht. Wer leben darf, bestimme ich. Mein Bauch gehört mir." (So lautet die Parole in der radikalfeministischen Frauenbewegung seit den 60iger Jahren. Früher gab es eine friedliche Frauenbewegung, die zum Teil berechtigte Anliegen hatte. Aber heute sind es radikale, feministische Forderungen, die über die Leiche des ungeborenen Kindes gehen. Und das ist Sünde, was da geschieht, und prägt die Gesellschaft in der Endzeit inzwischen weltweit	**Die Bibel sagt:** „Du sollst nicht töten" (2. Mose 20,13).(Das richtet sich auch gegen den Massenmord im Mutterleib, gegen aktive „Sterbehilfe" usw.)
„Man" sagt heute: „Ich tue, was mir Spaß macht. Wozu heiraten? Ehe ohne Trauschein, freie Liebe, homosexuelle Liebe – all das ist doch modern."	**Die Bibel sagt:** „Du sollst nicht ehebrechen. Fliehet die Unzucht!" (2. Mose 20,14; 1. Kor. 6,18).
„Man" sagt heute: „Eigentum ist Diebstahl, ist Überbleibsel des Kapitalismus. Deshalb weg damit! Was dein ist, ist auch mein."	**Die Bibel sagt:** „Du sollst nicht stehlen" (2. Mose 20,15).
„Man" sagt heute: „Je schlechter der andere dasteht, um so besser stehe ich da. Wenn ich in seinen Akten nichts finde, dann erfinde ich etwas. Die Presse ist dankbar."	**Die Bibel sagt:** „Du sollst kein falsches Zeugnis reden gegen deinen Nächsten" (2. Mose 20,16).

Das ist der Zeitgeist, der sich gegen GOTTES Geist stellt. Er ist heute sehr verbreitet und vieles davon ist bereits gesellschaftlich dominierend geworden, insbesondere in den letzten Jahrzehnten. Wann begann diese gottlose, antichristliche Tendenz offensichtlich so besonders extrem, sich durchzusetzen? In den 60iger Jahren des 20. Jahrhunderts! Es ist auch prophetisch gesehen sehr interessant, was alles um das Jahr 1967 herum geschah. Das war nämlich das Jahr, in welchem Jerusalem von den Juden zurückerobert wurde und sich damit die Ankündigung Jesu in Lukas 21,24 damit erfüllt hat. Dort steht geschrieben:

Jerusalem wird zertreten werden von den Heiden, bis die Zeit der Heiden erfüllt ist.

Was heißt das? Es gibt verschiedene Deutungen. Aber ich denke, es verhält sich folgendermaßen: Jerusalem ist seit Juli 1967 – dem Sechs-Tage-Krieg – wieder in der Hand der Juden. Gleichzeitig hat GOTT damit wieder begonnen, Seinen Segen Richtung Israel zu wenden und ihn bei den Heidennationen langsam wegzunehmen. In den 60iger Jahren, insbesondere um das Jahr 1967 herum, begann eine uns vom HERRN prophezeite Tendenz sich zu erfüllen. Das haben auch einige Ausleger beobachtet wie Alexander Seibel in seiner viel verbreiteten Schrift „Die Bibel beleuchtet die Hintergründe des Terrorismus“. Er hat darauf hingewiesen, dass in diesem zeitlichen Zusammenhang solch ein außerordentlicher Glaubensabfall im ehemals christlichen Abendland geschehen ist, dass man nur von einem Dammbruch des Glaubensabfalls in dieser Zeit reden kann.

Viele der genannten Erscheinungen – insbesondere auf moralischem Gebiet – wären in früheren Jahrhunderten – noch etwa bis in die Fünfziger Jahre des zwanzigsten Jahrhunderts hinein – undenkbar oder zumindest gesellschaftlich nicht tolerierbar gewesen. Wenn wir schauen, wann sich die Situation geradezu erdrutschartig verändert hat, dann gelangen wir in die ***zweite Hälfte der sechziger Jahre des 20. Jahrhunderts.*** In dieser Zeit nahmen beispielsweise folgende Entwicklungen ihren Anfang:

- Die erste ***Satanskirche*** wird 1966 in Kalifornien offiziell ausgerufen und gegründet. (nicht mehr unter einem Deckmantel, sondern ganz offiziell).
- 1966 beginnt in Kalifornien die Hippie-, Drogen- und Sexwelle, die bald die halbe Welt erfasst (inzwischen wohl die ganze Welt).
- Fernöstliche heidnische Kulte („Jugendreligionen") dringen in das „christliche Abendland" ein, vor allem Transzendentale Meditation (= die TM des Guru Maharishi Mahesh Yogi; im Westen seit 1958, doch weite Verbreitung erst seit der „Einweihung" der Beatles im August 1967, also zwei Monate nach der Wiedereroberung Jerusalems, eine hinduistische Technik der Selbstversenkung ohne Jesus durch Kontaktaufnahme mit dämonischen Mächten), Hare Krishna (im Westen seit 1965), Children of God (seit 1968), Divine Light Mission (seit 1971) und Bhagwan (seit 1974).
- In der neomarxistisch geprägten Studentenrevolte 1967/68 wird der autonome, nur noch selbst über sich bestimmende Mensch propagiert, der sich von jeder staatlichen, kirchlichen und göttlichen Autorität lossagt. Das prägt bis heute bis in die obersten Spitzen unsere Regierungen, unsere Gerichte, unsere Presseorgane, unsere Massenmedien und unsere Kirchen und Freikirchen. Ich meine hier auch inzwischen explizit: unsere Freikirchen. Ich sage immer, der Fisch fault vom Kopf her. Die Verführung geht aus von den Dachverbänden, die längst vom Zeitgeist durchsetzt sind. Wir haben keine andere Wahl, als von diesen hinauszugehen, wenn wir uns nicht derer Sünden teilhaftig machen wollen. Die 68iger, so nennt man die Bewegung jetzt, haben den Marsch durch die Institutionen propagiert und erfolgreich beendet. Ich habe in der Zeitung gelesen, wie ein Minister sagte: „Wir können ja nicht mehr in die 50iger Jahre zurück. Wir

wollen nicht mehr die konservativen Werte von damals." Ich finde es schrecklich, das zu hören von einer Partei, die sich christlich nennt, von den anderen einmal ganz zu schweigen.

- In den 60er Jahren werden Psychokulte und Gleichschaltungstechniken wie die Gruppendynamik für immer mehr Menschen zur Ersatzreligion.

- Der 2. Juni 1967 gilt als Geburtsstunde des deutschen Terrorismus. Damals wurde der Student Benno Ohnesorg bei einer Demonstration in Berlin erschossen. Inzwischen weiß man übrigens, dass der Schütze ein DDR-Soldat war. Dieses Ereignis hat damals die Revolution der Studenten sehr beschleunigt und angefeuert.

- Ende der 60er Jahre erleben viele der späteren Vordenker der okkult-religionsvermischenden New-Age-Bewegung ihre fernöstliche „Erleuchtung", zum Beispiel Fritjof Capra (Buch „Wendezeit"), Michael Murphy und Carl Friedrich von Weizsäcker, der Initiator des konziliaren Prozesses für Gerechtigkeit, Frieden und Bewahrung der Schöpfung in den Kirchen. Letzterer schrieb: „Wir warten nicht mehr auf Jesu Wiederkunft, wir bauen selbst das Reich des Friedens auf." Dies ist das Programm in den Kirchen geworden, das neue Evangelium – Postmilleniarismus nennt man es in der Fachsprache. Seine Anhänger meinen, sie bringen das Reich GOTTES Jesus entgegen, wenn Er kommt. Er braucht kein Friedensreich mehr bauen, das machen die Menschen aus eigener Kraft. Dies wird aber genau das Programm des Antichristen sein!

- 1968 wird in New York die „National Association für Repeal of Abortion" (NARAL) gegründet. Sie soll die Freigabe der Abtreibung vorantreiben. Diese Saat des Todes ist inzwischen in vielen Ländern aufgegangen. Einer der NARAL-Gründer, Prof. Dr. Bernard Nathanson, ist mittlerweile zum entschiedenen Gegner der Abtreibung geworden. Er drehte den Film „Der stumme Schrei". Dieser zeigt, wie schrecklich das ungeborene Kind im Mutterleib leiden muss, wenn es auf diese qualvolle Weise getötet wird.

Erschütternd, aber in Übereinstimmung mit der biblischen Prophetie ist die Tatsache, dass viele dieser Entwicklungen auch in den Kirchen ihre Entsprechung fanden:

- So brach 1968 die „moderne Seelsorgebewegung" in die Kirchen ein – mit ihren gruppendynamischen Techniken und ihrer Schwerpunktverlagerung von theologischer Verkündigung zu psychologischer Beratung, von Offenbarung zu Erfahrung, von GOTTES Wort zum Menschenwort. Er erfolgte eine psychologische Umpolung, eine Vereinheitlichung zum Massendenken, eine Anpassung an die Gruppe, die diktierte Meinung. Heute findet man auch auf evangelikalen Büchertischen fast nur noch Psychologiebücher.
- 1965 endete in Rom das Zweite Vatikanische Konzil der Katholischen Kirche. Es hatte die weitere Öffnung zur Welt und zu den nichtchristlichen Religionen beschlossen („aggiornamento"). Diese Öffnung zur Welt wurde insbesondere in den Konzilsdokumenten „lumen gentium" (das Licht der Völker) – und „nostra aetate" (in unserem Zeitalter) beschlossen und fand im interreligiösen „Friedensgebet" von Assisi 1986 ihren ersten erschütternden Höhepunkt. Dort wurden auch nichtchristliche Religionen zum gemeinsamen „Gebet" eingeladen.
- Bei der vierten Vollversammlung 1968 in Uppsala kam es auch beim Genfer „Ökumenischen Rat der Kirchen" zu einem dramatischen Kurswechsel: Neben den innerchristlichen Dialog trat der Dialog mit den nichtchristlichen Religionen und Ideologien, ein alles

offen lassendes Dialogprogramm. Der Hindu soll ein besserer Hindu werden, der Moslem ein besserer Moslem, der Christ ein besserer Christ. Man kann nach dieser Vorstellung vielleicht auch die Religion wechseln, was aber nicht unbedingt notwendig sei. Der Mensch solle sich einfach veredeln in humanistischem Sinne und die Kriege beseitigen, politische Gerechtigkeit schaffen, sich für Umweltschutz einsetzen. Die Stelle des biblischen Missionsauftrages („Macht zu Jüngern alle Völker!"; Matth. 28,19) nahm zunehmend der Gedanke einer „säkular-humanen Weltgemeinschaft aus allen Rassen, Kulturen und Religionen" ein. In den siebziger Jahren formierte sich dann die „Lausanner Bewegung" – damals noch als Alternative zum Genfer Weltkirchenrat –, um den Missionsauftrag weiterhin auszuführen. Inzwischen ist ihr eigenes Missionsverständnis leider auch verwässert worden und sie hat sich dem Weltkirchenrat und Vatikan angenähert. Dies ist auch ein Zeichen der Endzeit, so dass die Unterschiede kaum noch zu erkennen sind. Damit ist die Voraussetzung gegeben, dass sich Offb. 17 erfüllt und sich die Hure Babylon, die große Vermischung aller Religionen, Meinungen und Lehren herausbildet – außer der Aussage, dass Jesus der einzige Weg ist. Das ist das einzige, was hierin nicht geduldet werden kann.

Betrachtet man, welche Vielzahl von Entwicklungen in diesem engen zeitlichen Rahmen eingetreten ist, so ist man zunächst verblüfft. Und doch wird deutlich, dass sie alle in die gleiche Richtung zielen: ***weg vom lebendigen GOTT der Bibel und Seinen Ordnungen.***

Hat in dieser Zeit der ***„große Glaubensabfall"*** begonnen, von dem die Bibel spricht (vergl. 2. Thess. 2,3)? Manche Ausleger schließen es nicht aus. Der Evangelist Alexander Seibel etwa, der in einer weit verbreiteten Schrift ebenfalls auf die oben beschriebenen Entwicklungen hingewiesen hat, sieht deren Häufung und zeitliches Zusammentreffen in engem Zusammenhang mit Lukas

21,24 stehen, wo es heißt: *„Jerusalem wird zertreten werden von den Heiden, bis die Zeit der Heiden erfüllt ist.“* Seibel weist auch auf die Zunahme von Erdbeben und Naturkatastrophen – gerade seit den 60er Jahren des 20. Jahrhunderts – hin und meint:

„Von diesem Standpunkt aus ist es sehr interessant, zur Kenntnis zu nehmen, wie viele Ereignisse sich um das Jahr 1967 gruppieren, das Jahr, in dem Jerusalem zurückerobert wurde.“ GOTT habe „ein ´bis` gesetzt in Seinem Handeln mit Jerusalem und den Völkern ... Von daher sollten wir erkennen, dass und warum es mit den Völkern weltweit gesehen immer mehr bergab geht.“[5]

„...bis die Zeit der Heiden erfüllt ist“ – bedeutet das also, dass GOTT in den Jahren um 1967 herum begonnen hat, Seinen Segen von den „Heidenvölkern“ (= Nichtjuden) wegzunehmen, um ihn Israel wieder zu geben (vergl. Röm. 11,25)? Das kann man sicherlich so definitiv noch nicht sagen, denn es gibt weiterhin Erweckung bei den „Heidenvölkern“, während sie in Israel noch aussteht. Und doch ist das „christliche Abendland“ - insgesamt gesehen – seither spürbar unchristlicher geworden.

Okkultismus

Ein weiteres Kennzeichen des Menschen in der vorantichristlichen Endzeit ist der zunehmende Kontakt mit der Finsternis

Weil der Mensch ein zutiefst religiöses Wesen ist, tritt da, wo der Glaube verloren geht, meist nicht einfach der Unglaube an seine Stelle, sondern eine ins Negative verkehrte Form des Glaubens: der *Aberglaube.* Dies ist bereits neudeutsch ausgedrückt. Eigentlich heißt es „Afterglaube“. Das ist nicht mehr der Glaube im Herzen oder im Kopf, sondern ein Glaube, der an die Stelle gerückt ist, von der der Mensch das ausscheidet, was der Körper nicht verwerten kann. Das ist sozusagen Müll, den Satan den Leuten einimpft, und sollte nichts mit einem Christen zu tun haben. Das muss man so deutlich sagen, damit verstanden wird, was GOTTES Wort davon

5 A. Seibel, Die Bibel beleuchtet die Hintergründe des Terrorismus, Sonderdruck des Bibelbundes, Waldbronn (ohne Jahreszahl), S. 6 f.

hält. Dieser Aberglaube ist also schlimmer als Kot, weil hier der allmächtige GOTT vertauscht wird mit den finsteren, bösen, dämonischen Mächten, deren Schicksal in der ewigen Verdammnis ist, im tiefsten Abgrund, im Abyssus. Der Mensch richtet nicht mehr auf den lebendigen GOTT sein Vertrauen. Er ist nicht mehr bereit, sich GOTTES Willen unterzuordnen („HERR, *Dein* Wille geschehe!"; vergl. Matth. 6,10; 26,39). Nein, er klopft an Türen, hinter denen er eine möglichst schnelle und automatische Erfüllung *seines* Willens erwartet (*„Mein* Wille geschehe!"). Er lässt sich damit – oft nichts ahnend – auf außergöttliche Mächte ein, die ihm diese Wunscherfüllung versprechen. Er gebraucht magische, spiritistische und hellseherische Praktiken, um sein Streben nach Wissen, Macht und Heilung zu befriedigen.

Magie, Zauberei, Spiritismus, Hellseherei – die Bibel warnt uns vor diesen Methoden. Sie zeigt deutlich, dass hinter dem „Sein-Wollen-wie-GOTT" und den Praktiken, welche die Grenzen des menschlichen Seins und Erkennens überschreiten wollen, die Verführungskunst Satans und seiner dämonischen Geister steht (vergl. 1. Mose 3,5). Eine deutliche Warnung vor okkulten Betätigungen findet sich zum Beispiel in

3. Mose 19,26.31:

Ihr sollt nicht Wahrsagerei und Zauberei treiben ... Ihr sollt euch nicht wenden zu den Geisterbeschwörern und Zeichendeutern und sollt sie nicht befragen, dass ihr nicht an ihnen unrein werdet; Ich bin der HERR, euer GOTT (vergl. 5. Mose 18,9-14; 2. Kön. 23,4 f.; Jes. 47,12-14; Apg. 19,13; Gal. 5,19-21; Offb. 21,8; 22,15).

In 1. Tim. 4,1 ist vorausgesagt, dass

in den letzten Tagen einige von dem Glauben abfallen werden und verführerischen Geistern und teuflischen Lehren anhängen.

Es stehen also Geistesmächte dahinter, welches auch für falsche Lehren zutrifft. Jede falsche Religion, Philosophie und Ideologie beruht letztlich auf dämonischer Inspiration. Ich habe an anderer Stelle einiges über die Zahl des Antichristen 666 erläutert, über Satanskulte und Rockgruppen. Der Abfall von GOTT wird in der offenen Anbetung Satans und seines irdischen Gesandten, des Antichristen, gipfeln (Offb. 13,4). Dass

1966 in Kalifornien die erste Satanskirche offiziell gegründet werden konnte und sich der Satanismus seither in vielen Ländern verbreitet hat, zeigt, dass die Grundlagen hierfür bereits gelegt sind. Satansmessen finden in Schulen immer mehr Anklang. Satanistische Symbole, etwa der fünfzackige Stern (Pentagramm, Drudenfuß) und die Zahl 666 sind weit verbreitet, nicht zuletzt durch die Propaganda einflussreicher Rockgruppen, die sich dem Teufel verschrieben haben.

Freilich ist es nur eine Minderheit, die ***bewusst*** den Teufel anbetet. Man darf jedoch nicht übersehen, dass die Zahl seiner ***unbewussten*** Verehrer ungleich größer ist. Denn ***„Satan verstellt sich als Engel des Lichts“***, und ***„seine Diener verstellen sich als Diener der Gerechtigkeit“*** (2. Kor 11,14 ff.). Den „Bösen“ würden nur wenige wissentlich und unverhüllt verehren, aber wenn er sich als die gute, helfende Macht tarnt, findet er Zulauf.

Oft denken die Menschen, sie seien ja so gut und würden Gutes tun, aber sie lehnen radikal Jesus Christus ab. Damit stehen sie doch unter der Macht Satans. Es gibt keine Neutralität in geistlichen Angelegenheiten. Entweder du stehst unter der Macht GOTTES oder du stehst unter der Macht Satans. Es kann niemand sagen: „Ich will nicht zu Satan gehören, aber zu GOTT auch nicht.“ Wer nicht zu GOTT gehören will, gehört zwangsläufig zu Satan, ob es ihm klar ist oder nicht. Das ist eine ernste persönliche Frage für jeden, denn wer zum Teufel gehört, hat keine himmlische Hoffnung, sondern die verzweifelte Erwartung der ewigen Qual in der Feuerhölle.

So steckt Satan hinter dem gesamten Gebiet des Okkultismus: hinter der „schwarzen“ sowie auch hinter der „weißen Magie“, hinter erzwungenen „Heilungen“ ebenso wie hinter erzwungenen „Offenbarungen“, hinter falschen Zeichen und Wundern ebenso wie hinter der Zauberei in New-Age- und Fantasy-Literatur. Dabei sehen viele okkulte Praktiken zunächst harmlos aus. Die meisten Menschen schlittern aus purer Neugier hinein. Tischerücken, Glasrücken, Kartenlegen und Pendeln verzeichnen bereits unter Schülern Hochkonjunktur. Ich warne auch vor Talismanverehrung, vierblättrigem Kleeblatt-Verehrung, Horoskope,

Wahrsager usw., magische Ringe und Zauberer, die immer mehr auftauchen, auch in angeblich sich christlich nennenden Büchern und Filmen. Es ist unglaublich, dass vom Okkultismus durchsetzte Fantasyfilme jetzt auch schon über christliche Verlage angeboten werden. Es gibt auch da keine Schranken mehr und der Einfluss Satans dringt überall ein.

Gewisse Jugendzeitschriften streuen die Saat des Bösen raffiniert getarnt aus. Fast jede Zeitung bringt das Horoskop. In Deutschland gibt es mindestens doppelt so viele steuerlich registrierte Wahrsager wie evangelische und katholische Pfarrer zusammen. Jahrelang wurde eine ganze Generation von Kindern durch den Harry-Potter-Boom in den Okkultismus hineingeführt. Dieser propagiert eine angeblich weiße Magie, aber einerlei ob „schwarz“ oder „weiß“, es gibt keine nicht-satanische Magie. GOTT hat generell die Zauberei und Magie verboten. Das ist eine offensichtlich endzeitliche Situation! Wahrlich, es ist wie in der Zeit Noahs, bevor die Sintflut kam …

Oft sind es auch faszinierende philosophische und religiöse Systeme, die Satan durch Menschen verbreiten lässt – und doch dienen diese nur dazu, das Heer der Betrogenen vom lebendigen GOTT wegzuführen.

Der Kontakt mit der Finsternis, auch wenn sie sich als „Licht“ tarnt, führt immer in *seelische Versklavung* hinein. Depressionen, Schlafstörungen, Angstzustände und Selbstmordgedanken nach okkulter Betätigung sprechen eine deutliche Sprache. Psychotherapeutische Behandlung reicht hier nicht aus. Nur *einer* kann den Gebundenen wirklich befreien*: Jesus Christus.*

1. Joh. 3,8:

Denn dazu ist der Sohn GOTTES erschienen, dass Er die Werke des Teufels zerstöre.

Wer sein Leben ganz Jesus ausliefert, seine okkulten Sünden bekennt und sich unter Anleitung eines erfahrenen Seelsorgers davon lossagt, der wird frei und wechselt von der Finsternis zum wahren Licht. Ja, es gilt: „Satan flieht, wenn er uns unter‘m Kreuze sieht.“ Das Kreuz soll nicht als magisches Symbol missverstanden werden, sondern so, dass wir am Kreuz von Golgatha im Glauben unsere Schuld auf Jesus legen dürfen und sagen, HERR, vergib mir und erneuere mich. Schenk, dass Dein Heiliger Geist in mir wohnt und ich Dir dienen kann. Heilige Du mich durch Dein Wort und Deinen Geist.

Die Verführung der Gemeinde in der Endzeit

Wie schon erwähnt: Jahr für Jahr erheben sich falsche Propheten. Unsere Gesellschaft wird immer gottloser. Unglaube und Lieblosigkeit nehmen überhand. Offen oder verdeckt werden Gläubige angegriffen, isoliert oder der Lächerlichkeit preisgegeben. Der Angriff auf die Gemeinde Jesu, auf die durch GOTTES Geist wiedergeborenen Christen (Joh. 3,5.16), hat deutlich an Massivität und Schärfe zugenommen. Zusehends erfüllt sich das Wort:

Offb. 12,12:

Weh aber der Erde und dem Meer! Denn der Teufel kommt zu euch hinab und hat einen großen Zorn und weiß, dass er wenig Zeit hat.

Der Teufel gebraucht eine Doppelstrategie, um die Gemeinde zu bekämpfen: zunächst massiven äußeren Druck bis hin zur blutigen Verfolgung – und wo das nichts hilft, greift er zur Falle der Unterwanderung und Verführung. Im Blick auf diese *Doppelstrategie von Verfolgung und Verführung* stellt Gerhard Maier treffend fest:

„Verführung ist für die Gemeinde gefährlicher als Verfolgung. Verfolgung eint die Gemeinde, Verführung spaltet sie. Verfolgung lässt das Echte hervortreten, Verführung das Unechte triumphieren."[6]

Vor den Verführungen, welche die Welt in ihrem Bann halten, ist auch die Gemeinde Jesu nicht abgeschirmt. Sie lebt noch nicht im Himmel. Leider bricht eine Vielzahl von Irrlehren sogar im Bereich der Gemeinde auf und frisst wie ein Krebsgeschwür um sich.

6 G. Maier, Matthäus-Evangelium, 2. Teil, S. 272.

Da die Gemeinde Jesu besonders anfällig ist gegenüber ***Verführungen im geistlichen Bereich,*** warnt Jesus Seine Jünger vor allem vor falschen Christussen und falschen Propheten. „Übergeistlichkeit" und Schwärmerei sind schon oft ins Fleischliche umgeschlagen (vergl. 1. Kor. 5 und 14; Gal. 3,3). Für die Endzeit ist eine Zunahme verführerischer Zeichen und Wunder vorausgesagt. Diese verstellen den Blick auf Jesu Wunden und bereiten eine sensationshungrige Menschheit für die Wunderwerke des Antichristen und seines falschen Propheten vor (Matth. 24,24; Offb. 13,13). Geisterunterscheidung ist hier dringend vonnöten, um das Echte vom Falschen zu trennen (1. Joh. 4,1). Man prüfe sehr genau, aus welcher Quelle solche Wunder getan werden, auch Heilungswunder.

Eine andere große Gefahr für die Gemeinde Jesu bis hinein in frömmste und konservativste Kreise ist die ***Anpassung an den Zeit- und Weltgeist.*** Es kommt oft durch die Jugend, die sagt: „Seid doch nicht so verschroben und so eng. Wir müssen doch heute überall mitmachen, damit wir nicht Anstoß erregen. Wir wollen Leute von der Straße gewinnen. Wenn sie kommen, sollen sie sich gleich wohlfühlen." Solches aber kann gegebenenfalls, falls kein Einhalt geboten wird, sich bis zur Discoatmosphäre entwickeln. Zum Glück tritt eine solche Situation nicht überall so extrem auf, aber ich habe diese Auswüchse durchaus auch schon in Gemeinden erlebt und bin dann traurig wieder hinausgegangen. Unzählbar sind bereits die Einfallstore des Zeitgeistes. Als Beispiele seien nur genannt:

1. Eine ***„moderne Bibelauslegung",*** in der das Diktat der autonomen Vernunft den Glauben an die göttliche Offenbarung verdrängt und die Bibelkritik zum Maßstab erhebt. Leider dringt Bibelkritik infolge eines falschen „Wissenschaftsanspruchs" auch immer mehr in evangelikale Seminare und Gemeinden ein. Gemäßigte Bibelkritik ist genauso unhaltbar wie die radikale, denn auch hier ist ein grundsätzliches Misstrauen gegenüber GOTTES Wort vorhanden. Die Herzenshaltung ist auch hier ent-

scheidend. In wie vielen Bibelschulen, die es jetzt nicht mehr unter diesem Namen gibt, hat man die Chicagoer Erklärung zur Irrtumslosigkeit gestrichen, um staatliche Anerkennung zu bekommen? In Windeseile wurden aus früheren Bibelschulen anerkannte Hochschulen, aber mithilfe des hohen Preises der Änderung ihrer Bekenntnisse. Ich habe das einmal nachgeprüft und habe postwendend Hausverbot erhalten. Das war schon vor etlichen Jahren in einer Bibelschule, die inzwischen eine internationale Hochschule wurde. Hier wurde nämlich das Bekenntnis geändert, es wurden Kompromisse geschlossen mit dem Staat und der Welt. Das ist ein sehr hoher Preis.

2. Ein *„Wohlfühl-Evangelium"*, in dem Show, Erfolg und Sensationen dominieren und die Themen „Kreuz", „Buße", „Gericht" und „Ernst der Nachfolge" kaum noch Raum haben. Das Kreuz wird zu einem Unterhaltungsgegenstand herabgewürdigt, die Buße vor GOTT ist eine oberflächliche Bekehrung ohne wirklichen Zerbruch vor dem HERRN. Bestseller war vor einiger Zeit ein Buch, in dem ausgeführt wird, dass am Schluss alle Menschen erlöst werden und die Liebe siegt. Die Menschen werden mit solchen „Schlaftabletten" eingelullt und das Gericht GOTTES sowie der Ernst der Nachfolge beiseite gesetzt.

3. Noch unerträglicher ist das *„Wohlstands-Evangelium"*, wenn gelehrt wird, ein Christ solle möglichst ein teures Auto fahren und ein großes Haus besitzen, dann sei er unverkennbar gesegnet. Freilich gibt es auch Männer GOTTES der Bibel wie Abraham und Hiob, die große Viehherden besaßen. Das kann durchaus ein Segen Gottes und durch Fleiß mit der eigenen Hände Werk erworben sein. Aber wenn jemand schon mit Reichtum gesegnet ist, sollte er auch ein freigebiges Herz haben und es für das Reich GOTTES einsetzen. Es ist doch mitnichten das Zeichen für mangelnden Segen des Herrn, wenn jemand nicht viel

Geld hat! Der HERR Jesus sagt im Gegenteil: ***Wehe euch Reichen***, nämlich denen, die das Reich GOTTES dabei vergessen (Lukas 6,24). Sie sind zwar materiell reich, vergessen aber das geistliche Reich.

4. Eine ***Vermischung*** biblischer Wahrheiten mit politischen, philosophischen, psychologischen, soziologischen und sonstigen Erkenntnissen ideologischer Systeme, welche von ihren Grundlagen her im Gegensatz zur Bibel stehen.

5. Ein Streben nach interreligiöser und interkonfessioneller ***Ökumene und Einheit*** um jeden Preis und unter Ausblendung der klaren biblisch-reformatorischen Hauptartikel „allein Jesus Christus", „allein die Heilige Schrift", „allein der Glaube" und „allein aus Gnaden". Eine führende evangelikale Bewegung hat ihr Magazin sogar mit dem Titel ***EiNS*** überschrieben. Das ist jetzt das große Programm, damit alle eins werden. Aber man negiert den Zusammenhang in Joh. 17, wo der HERR Jesus zum Thema Einheit sagt: Alle, die wiedergeboren sind. Und wohlgemerkt – die Welt hasst sie. Es können demzufolge nicht alle unterschiedslos einfach „eins" werden, sondern diese neutestamentliche Ordnung gilt allein für die wiedergeborenen Gotteskinder. Und diese sieht ausnahmslos der HERR. Diese müssen wir nicht in Organisationen zusammenpressen, um „Muskeln" vor der ungläubigen Welt zu zeigen durch unsere große Zahl. Die wirklich Gläubigen kennt der HERR ohnehin. Die wahrhaft Wiedergeborenen bilden unweigerlich einen lebendigen Organismus in Christus. Das muss keine von Menschen gemachte Organisation sein. Äußerliche Verbrüderungstendenzen und Uniformierungen sind zutiefst menschliche Machtbestrebungen. Da wird ein Generalsekretär in Bad Blankenburg oder anderswo oben sitzen und noch ein Vorsitzender dazu – und dann können sie Macht ausüben über die Seelen, genau wie in Rom.

6. Eine Anpassung der ***Lebensgewohnheiten*** (zum Beispiel Meinung, Moral, Mode, Musik) an das Diktat von Fernsehen und Straße. Man lebt jetzt in den Gemeinden so, wie man es im Fernsehen sieht. Man lässt sich alles von den weltlichen Programmmachern überstülpen und sondert sich nicht mehr in heilsamer Weise davon ab. Auch das ist eine traurige, endzeitliche Entwicklung.

„Evangelikal" war einmal eine Bezeichnung für bibeltreue Christen, die das Wort GOTTES in Lehre und Leben ohne Abstriche und Hinzufügungen ernst nahmen. Heute ist der Begriff leider sehr schwammig geworden. In einer Zeit, in welcher besondere Widerstandskraft gegenüber dem antichristlichen Zeitgeist notwendig wäre, sind viele Evangelikale miteinander zerstritten, unterwandert, weltangepasst, zeitgeisthörig, glaubensarm, mutlos und schwach. Die Diskussionen, Spaltungen und Skandale der letzten Jahre mögen als Beweis genügen. Diese Lage kann nur ***einem*** gefallen: dem Teufel, der „wenig Zeit" hat (Offb. 12,12) und möchte, dass sich die antichristliche Herrschaft möglichst ungehindert entfalten kann. Im Folgenden nenne ich einige weitere Beispiele für diese erschreckende Situation, die sich hoffentlich noch einmal wenden möge.

In vielen evangelikalen Kreisen und Gemeinden findet sich:

- die Ablösung einer konsequent bibeltreuen Haltung durch offene oder schleichende Anpassung an bibelkritische Systeme und Aussagen, z.B. eine Relativierung biblischer Schöpfungs-, Gemeinde- und Endzeitlehre;
- das Eindringen von Irrtümern aus Humanismus, Feminismus, Evolutionismus und anderen „-ismen";
- die Relativierung oder Missachtung biblisch-ethischer Maßstäbe, z.B. was uneheliches Zusammenleben,

Scheidung aufgrund bloßer „Zerrüttung“, weltliche Meinungen, Mode- und Musikstile angeht;

- das Fehlen der Gemeindezucht bei krassen Sünden und Irrlehren, die die Gemeinde zerstören;
- die Überordnung des „Ich“ (auch des „frommen Ich“) mit seinen „Bedürfnissen“ über die Majestät und Heiligkeit GOTTES;
- der Ersatz wahrer biblischer Seelsorge mit Sündenerkenntnis, Buße und Vergebung durch Methoden humanistischer Psychologie;
- die Übernahme der „Spaßkultur“ mit Show, Fun und Techno-Parties in Gemeinden;
- die Vermarktung des Evangeliums durch aggressive Werbemaßnahmen von Verlagen, hohe Gagen von Künstlern und unlautere, manipulative und drängende „Kollektenpredigten“;
- die Verkündigung eines „Wohlfühl-„ und „Wohlstandsevangeliums“;
- der Ersatz biblischer Lehre durch eine flache „Romankultur“;
- der zunehmende Verlust biblischer Substanz und lehrmäßigen Tiefgangs zugunsten menschlicher Erfahrungen und Bedürfnisse bei vielen neuen christlichen Liedern;
- das zunehmende Verschweigen grundlegender biblischer Themen wie „Sünde“, „Buße“, „Kreuz“, „Ernst der Nachfolge“, „Hölle“ und „ewige Verdammnis“;
- die einseitige Betonung der Liebe und „Zärtlichkeit“ GOTTES gegenüber Seiner Heiligkeit und dem Ernst Seines Gerichts;
- der Ersatz des biblischen Bekenner- und Widerstandsgeistes durch eine falsch verstandene Einheits- und Harmoniesucht;

- die völlige Unterbetonung biblischer Apologetik (Lehre von der Unterscheidung der Geister und der Verteidigung des Glaubens);
- die zunehmende Offenheit für eine Ökumene der Konfessionen (zum Teil auch bereits der Religionen), auch und sogar bei einigen führenden Evangelikalen;
- die Verspottung solcher Geschwister, die an den eindeutigen Maßstäben der Heiligen Schrift festhalten wollen, als „engstirnig“, „gesetzlich“ und „vorgestrig“.

Gewiss ist dies – GOTT sei Dank – nicht in allen „evangelikalen“ Gemeinden und Werken so. Und doch muss die Frage gestellt werden dürfen: Werden Christen, die einem solchen armen, verflachten „Christsein“ huldigen, in der Lage sein, dem Antichristen und seinen Vorläufern zu widerstehen?

Die Unterscheidung, die Dr. A.W. Tozer bereits in der ersten Hälfte des 20. Jahrhunderts im Blick auf „das alte und das neue Kreuz“ vornahm, trifft in geradezu prophetischer Weise auf die heutige Entwicklung zu. Die Entwicklungen haben sich heute noch viel mehr zugespitzt, als sie damals in den Anfängen begannen. Tozer schreibt:

„Gänzlich unbemerkt ist in unserer modernen Zeit ein neues Kreuz in viele gläubige Kreise eingedrungen ... Das alte Kreuz hat nichts mit der Welt zu schaffen. Für Adams stolzes Fleisch bedeutet es den Tod ... Das neue Kreuz steht nicht im Gegensatz zur Welt. Es ist eigentlich ein freundlicher Kumpan und, wenn man recht versteht, die Quelle guter, sauberer Unterhaltungen und unschuldiger Vergnügen. Es lässt den Menschen unbehelligt leben. Seine Lebensmotive sind unverändert geblieben. Er lebt noch immer zu seinem eigenen Vergnügen, nur dass er jetzt christliche Lieder singt und sich religiöse Filme ansieht, anstatt anstößige Lieder zu singen oder stark alkoholische Getränke zu sich zu nehmen. Die Betonung liegt noch immer auf Vergnügen, obwohl es nun einen moralisch höheren Standard, wenn nicht gar einen intellektuellen erreicht hat.“

Und Tozer folgert, an die Adresse der Verkündiger gerichtet:

„Die Verkündigung, die zwischen dem Weg GOTTES und dem der Menschen freundliche Parallelen zieht, ist von der Sicht der Bibel aus gesehen falsch und ein grausames Vergehen an den Herzen derer, die zuhören. Der Glaube Christi verläuft nicht parallel mit der Welt, sondern durchtrennt sie. Wenn wir zu Christus kommen, bringen wir unser altes Leben nicht auf eine höhere Ebene, sondern lassen es am Kreuz. Das Weizenkorn muss in die Erde fallen und sterben.

Wir, die wir das Evangelium predigen, müssen uns nicht als öffentliche Vermittler vorkommen, die gesandt wurden, um zwischen Christus und der Welt ein gutes Einvernehmen herzustellen. Wir dürfen uns nicht einbilden, es sei unsere Aufgabe, Christus dem Fortschritt, der öffentlichen Meinung, dem Sport oder der modernen Bildung anzupassen. Wir sind keine Diplomaten, sondern Propheten, und unsere Botschaft ist kein Kompromiss, sondern ein Entweder-Oder."

Können wir heute auf diese warnende Stimme noch hören?

Gebet:

Lieber HERR Jesus Christus. Danke, dass Du der Sieger bist von Golgatha, dass Du der Schlange den Kopf zertreten hast. Und wir sehen, wie Satan wütet, denn er sieht, dass er wenig Zeit hat in dieser Zeit, die so ist wie die Zeit Noahs. HERR, wir bitten Dich, rette noch viele hindurch durch diese Arche, die Du selbst bist in der Endzeit, in Deiner Gemeinde. Ja, HERR, schenk überall noch Zellen, wo Gläubige sich treffen können, wo sie nicht vereinsamen müssen, weil es immer schwerer wird, innerhalb der großen Gemeindeverbände Dir konsequent nachzufolgen. Ja, HERR, sei gnädig und schenk solche Zellen, Hausgemeinden, Hauskreise, vielleicht auch noch intakte, größere Gemeinden. HERR, Du weißt es, wo Dein Wort noch klar verkündigt wird und wo nicht. So leite uns und bewahre uns alle, die wir in Dir sind. Stärke unseren Glauben, wo wir Dir schon nachfolgen. Danke für Deine Liebe, HERR, Amen.

7. Teil
Wacht, denn ihr wisst nicht, wann der Herr kommt!

Das Gebot der Stunde lautet für uns Christen: "wachsam sein, aber keine Termine berechnen". Zunächst möchte ich eine sehr aktuelle Meldung weitergeben, die ich vor einiger Zeit erhalten habe. Sie zeigt, wie weit wir bereits bezüglich der Entstehung der Welteinheitsgesellschaft, Welteinheitswirtschaft und Welteinheitsreligion des Antichristen fortgeschritten sind. Sie stammt von der Homepage *Jesus.de* vom 24.10.2011. Ich zitiere:

"Finanzkrise:

Vatikan ruft zur Einrichtung einer Weltnotenbank auf.

Während die Staats- und Regierungschefs immer neue Rettungspläne schmieden, wartet der Vatikan in der Finanzkrise mit radikalen Vorschlägen auf. Der Vatikan hat eine umfassende Reform der weltweiten Finanzmärkte gefordert. Der Päpstliche Rat für Gerechtigkeit und Frieden rief die internationale Gemeinschaft am Montag zur Einrichtung einer Weltnotenbank auf, um die Finanzströme zu regulieren. In einer zunehmend globalisierten Welt sei allein eine Weltautorität kompatibel mit den Bedürfnissen der Menschheit, heißt es in einer Note der Vatikanbehörde.

Eine weltweite Wirtschaftsregierung müsse sich von «archaischen Kämpfen» verabschieden, um Frieden und Sicherheit, Entwicklung sowie freie, stabile und transparente Märkte zu garantieren. Im Hinblick auf eine demokratisch legitimierte Weltautorität empfiehlt das 41-seitige Dokument eine Stärkung bestehender internationaler Institutionen wie der Europäischen Zentralbank (EZB).

Die schrittweise Einrichtung einer Weltnotenbank muss nach Auffassung des Päpstlichen Rates von den Vereinten Nationen ausgehen. In diesem Zusammenhang müsse die internationale Gemeinschaft jedoch zunächst eine «stärkere Fähigkeit zur Annahme bindender Entscheidungen» entwickeln, heißt es in der Vatikannote.

Institutionen wie der Internationale Währungsfonds (IWF) hätten seit den 70er Jahren des vergangenen Jahrhunderts an Bedeutung verloren, so dass sie nicht mehr in der Lage seien, die wachsenden Finanzströme zu kontrollieren, beklagt das Vatikandokument. Zudem mangele es an weltweit gültigen Regeln für die internationalen Märkte.

Für eine stärkere Regulierung der internationalen Märkte macht der Vatikan eine Reihe konkreter Vorschläge. Die Einführung einer Finanztransaktionssteuer könnte für mehr Entwicklung sorgen und würde die Bildung weltweiter Reserven ermöglichen, mit denen Krisenländer gestützt und Schulden abgebaut werden können.

Der Päpstliche Rat für Gerechtigkeit und Frieden dringt darüber hinaus auf eine Kapitalerhöhung der Banken notfalls auch mit Hilfe öffentlicher Mittel. Als einen der Hauptgründe für die aktuelle Krise nennt die Note das unverhältnismäßige Wachstum der Finanzmärkte im Unterschied zum geschrumpften Wirtschaftswachstum.

Papst Benedikt XVI. hatte bereits vor zwei Jahren in seiner Sozialenzyklika «Caritas in veritate» (Die Liebe in der Wahrheit) zur Gründung einer «politischen Weltautorität» aufgerufen. Diese sei nötig, um «die Weltwirtschaft zu steuern, die von der Krise betroffenen Wirtschaften zu sanieren, einer Verschlimmerung der Krise und sich daraus ergebenden Ungleichgewichten vorzubeugen». Sie sei darüber hinaus erforderlich, um für Frieden und Abrüstung zu sorgen, Ernährungssicherheit und Umweltschutz zu gewährleisten sowie die Migrationsströme zu regulieren."

(Originalquelle: EPD (Evangelischer Pressedienst)

Hieran anschließen möchte ich zwei Kommentare, die Leser dieser Meldung eingetragen haben:

1. Kommentar:

Antichristliche Entwicklung

Letzten Sommer gründete der Vatikan eine eigene Staatsbank. Die Bibel beschreibt in der Offenbarung die Staaten wie Hörner. Ein Kleines kommt hervor. Für mich ist das eine eindeutig antichristliche Entwicklung. Erschreckend! Jesus hat nie eine Bank gegründet. Er sagte: Mein Reich ist nicht von dieser Welt.

2. Kommentar:

Es ist soweit. Komm, HERR Jesus!

Ich denke, das passt genau zu unserem Thema. Es ist kein Zufall, dass mir diese Meldung gerade jetzt zukam. Das ist der ideale Einstieg zu dem Thema „Wachsamkeit". Wir haben ja bereits vom Wort GOTTES gehört, dass der Antichrist genau das benötigt: eine Weltautorität. Er benötigt Staaten, die unmittelbar dabei mithelfen, seine Pläne zu realisieren. Die UNO ist eine Vorstufe davon, der Vatikan die religiöse Ebene, die dem Weltführer zuarbeitet. Ich habe schon immer vermutet, dass die Wirtschaftskrise künstlich angeheizt wird, um endlich die Weltwährung aufzurichten. Und es ist interessant, dass der Vatikan genau das jetzt fordert. Und dies gerade in der Woche, in der ein erneutes Assisi-Treffen stattfand mit sämtlichen Konfessionen und Religionen! Hier ist der Trend zu erkennen: die Zusammenführung der Religionen und die Zusammenführung der Wirtschaft und der Geldströme.

Wir wissen nicht, wie lange es noch dauert, aber dennoch wollen wir keinen Termin berechnen. Allerdings wollen wir sehr, sehr wachsam und bereit sein für die Entrückung, wenn der HERR uns ruft. Wenn nun auch noch ein Friedensvertrag mit Israel dazukommt, wissen wir: Die siebzigste Jahrwoche beginnt zu laufen. Ich möchte keine apokalyptischen Spekulationen und Zeitpunkte nennen, jedoch zur Wachsamkeit aufrufen.

Kennen Sie den Maya-Kalender? Er war im Jahre 2012 in aller Munde, vor allem in esoterischen Zeitschriften. Wann endet dieser Maya-Kalender? Die Mayas gehören wie die Azteken zu den Urstämmen in Süd- und Mittelamerika. Dieser Kalender endet an der Wintersonnenwende des Jahres 2012, am 21.12.2012. Sämtliche esoterischen und New-Age-Kreise behaupteten: Dann erfolgt das Ende der Welt. Hier wurde Stimmung gemacht. Nichts geschah. Was sagt der HERR Jesus?

Matth. 24,36:

Von dem Tage aber und von der Stunde weiß niemand, auch die Engel im Himmel nicht, auch der Sohn nicht, sondern allein der Vater.

Also lassen wir uns nicht Angst machen durch solche aus okkulten Religionen stammenden Berechnungen. Man kann vielleicht sogar vorsichtig sagen: Jesus kommt ganz bestimmt nicht zu einem Zeitpunkt, den irgendwelche Endzeitsekten ausgerechnet haben, weil es nämlich Seinem Wort widersprechen würde. Er kommt dann, wenn es nicht erwartet wird. Allerdings kann man auch nicht sagen: „An diesem Tag kann Er nicht kommen, weil es einer berechnet hat." Wir müssen und wollen es einfach offenlassen und allezeit bereit sein. Darum geht es.

Ich rechne nicht aufgrund des Maya-Kalenders mit dem Weltende, sondern ich sehe es so, dass der HERR jederzeit kommen und uns zu sich nehmen kann. Wir sollen darauf achten, dass wir unbedingt von Schuld und Sünde gerettet sind, dass wir uns in der Arche befinden und dass wir nicht draußen bleiben, wo es heißt: Die Tür ist verschlossen. Es kann dann keiner mehr hinein. Im nächsten Kapitel werde ich hierauf näher eingehen, wenn es um die zehn Jungfrauen geht, die fünf klugen und fünf törichten. Den letzteren war die Tür verschlossen.

Auch folgende Verse gehören zu diesem Thema, die wir im Anschluss ausführlich betrachten wollen.

Matthäus 24,42 ff:

Darum wachet, denn ihr wisst nicht, an welchem Tag euer HERR kommt. Das sollt ihr aber wissen. Wenn ein Hausvater wüsste, zu welcher Stunde in der Nacht der Dieb kommt, so würde er ja wachen und nicht in sein Haus einbrechen lassen. Darum seid

auch ihr bereit, denn der Menschensohn kommt zu einer Stunde, da ihr es nicht meint.

Wer ist nun der treue und kluge Knecht, den der HERR über sein Gesinde gesetzt hat, damit er ihnen zur rechten Zeit zu essen gebe? Selig ist der Knecht, den sein HERR, wenn Er kommt, das tun sieht. Wahrlich, Ich sage euch: Er wird ihn über alle Seine Güter setzen.

Wenn aber jener als ein böser Knecht in seinem Herzen sagt: Mein HERR kommt noch lange nicht und fängt an, seine Mitknechte zu schlagen, isst und trinkt mit den Betrunkenen, dann wird der HERR dieses Knechts kommen an einem Tag, an dem er es nicht erwartet und zu einer Stunde, die er nicht kennt. Und er wird ihn in Stücke hauen lassen und ihm seinen Teil geben bei den Heuchlern. Da wird sein Heulen und Zähneklappern.

Gebet:

Lieber HERR Jesus. Wir freuen uns, wenn wir sehen, wie sich Dein Wort erfüllt. Und doch sind wir auch schockiert, wenn wir sehen, wie solche Gruppen, die sich Kirchen nennen, dem Antichristen zuarbeiten. Aber Du hast es vorausgesagt. Und wir bitten Dich, dass Du Deine kleine Herde der Gläubigen hindurch bringst, sie bewahrst in Deiner Hand und nicht verlorengehen lässt, sondern uns festhältst bis ans Ende. Lass auch diese Ausführungen dazu dienen, lass uns wachsam sein und Öl in unseren Lampen haben. Amen.

Endzeit-Berechnungen

Zunächst möchte ich noch einmal auf den vorher zitierten Vers 36 eingehen, wo der HERR Jesus sagt: *Von dem Tag und von der Stunde weiß niemand, auch die Engel nicht, auch der Sohn nicht, sondern allein der Vater.* Dass die Engel das nicht wissen, ist klar, denn sie haben keine Allwissenheit wie GOTT, der Vater. Aber es gab viele Auslegungen, warum der Sohn hier sagt, dass auch Er es nicht weiß. Er ist ja GOTTES Sohn. Die Erklärung dazu steht in Philipper 2. Er verließ den himmlischen Zustand, kam auf die Erde und entäußerte sich selbst. Er hatte zwar göttliche Eigenschaften behalten, aber Er hat sich dem Vater so untergeordnet, dass Er nur die Eigenschaften gebrauchte, die der Vater Ihm für diese Zeit verheißen hatte. Den Zeitpunkt Seiner Wiederkunft zu wissen, steht uns nicht zu. Deshalb hat uns der Sohn dieses Wissen auch nicht weitergegeben. Es ist in dem Vatergeheimnis GOTTES verborgen geblieben.

Jesus ist genauso göttlichen Wesens wie der Vater, aber Er ist die zweite Person der Gottheit. Vater, Sohn und Heiliger Geist unterscheiden sich jeweils durch Ihre Aufgaben. Der Sohn hatte nicht die Aufgabe, uns den Termin zu verraten, sondern uns zu ermahnen, allezeit wachsam zu sein. Deshalb ist dies im Vatergeheimnis verborgen geblieben.

Nun gibt es leider immer wieder Gruppen bei den Sekten oder den heidnischen Religionen, leider auch bei Gläubigen, denen man die Wiedergeburt auch nicht absprechen kann, die alle versucht haben, einen Termin auszurechnen. Hierzu möchte ich einige Beispiele nennen.

Gemeint ist die Berechnung von Jahreszahlen (manchmal auch Tagen) bis hin zu Stunden hinsichtlich der Wiederkunft Jesu Christi oder des Weltendes oder der Aufrichtung des tausendjährigen Reiches. Es gibt gewisse Variationen. Jedenfalls wirkt es immer sehr sensationell.

Bereits jüdische Rabbiner im ersten Jahrhundert n.Chr. wandten – etwa unter Hinweis auf Zahlen im biblischen Buch Daniel – die Regel an: ein Tag für ein Jahr. Sie versuchten, dadurch das Kommen des Messias zu berechnen. Auch Joachim von Fiore hat im Mittelalter Berechnungen angestellt. So zählte er zum Beispiel die 1.260 Tage in Offenbarung 11,3 und 12,6 zum Geburtsjahr Jesu Christi hinzu (machte also Jahre daraus) und gelangte dadurch zum Jahr 1.260, in welchem das Zeitalter des Geistes beginnen sollte. Nun wissen wir ja, es war das finsterste Mittelalter. Manches weitere Beispiel aus der (Kirchen-) Geschichte für Termin-Berechnungen könnte genannt werden (etwa der württembergische Prälat Johann Albrecht Bengel, der die Wiederkunft Christi auf das Jahr 1836 datierte).

Von welchem Grunddatum gehen solche Berechnungen aus? Mindestens drei Möglichkeiten sollen Erwähnung finden.

1. Das erste Ausgangsdatum ist die Erschaffung der Welt oder auch des ersten Menschenpaares. Die Datierung dieser Ereignisse ist natürlich sehr ungewiss. Man kann es nicht genau feststellen, da in den Stammbäumen im 1. Buch Mose immer wieder Lücken festzustellen sind, manchmal vom Großvater zum Enkel usw. Es gibt also keine lückenlose Chronologie. Man kann nicht genau den Tag berechnen, wann die Welt erschaffen wurde, das bleibt spekulativ. Man weiß es nur ungefähr, wann es gewesen sein könnte.
2. Ein zweites wesentliches Datum ist das Geburtsjahr Jesu Christi, das sich allerdings infolge der Veränderung des Kalenders und aus anderen Gründen auch nicht genau bestimmen lässt. Heute nimmt man 6 v. Chr. an, denn die Kalenderberechnungen kamen einige Jahrhunderte später.
3. Ein dritter häufig verwendeter Termin ist die Zerstörung Jerusalems durch den babylonischen Herrscher Nebukadnezar, welche nach Aussage der archäologischen und theologischen Forschung auf das Jahr 587 v. Chr. fällt.

Neben diesen Datierungen finden sich zahlreiche weitere, die unterschiedliche Berechnungen bedingen.

- Im 19. Jahrhundert erregte vor allem die Voraussage der Wiederkunft Jesu Christi für das Jahr 1844 durch William Miller großes Aufsehen (Adventisten). Aus den Adventisten gingen später durch Charles Taze Russell die Zeugen Jehovas hervor. Am Anfang hießen diese einfach Christen, später Bibelforscher und dann Zeugen Jehovas.

- Vor Miller, der diese „Entdeckung" lange Zeit für sich behielt und erst 1831 damit an die Öffentlichkeit ging, hatte allerdings der Engländer John Aquila Brown diese Jahreszahl öffentlich vertreten, und zwar in einer bereits 1823 publizierten Schrift. Brown (und nicht Miller, auch nicht Charles Taze Russell) dürfte als der wahre Urheber der Deutung der sieben Zeiten in Daniel 4 auf 2.520 Jahre gelten. Die 2.300 Tage aus Daniel 12 sollten laut Brown 1844 enden, die 2.520 Jahre oder sieben Zeiten aus Daniel 4 im Jahre 1917 (ausgehend von der fälschlich auf das Jahr 604 v. Chr. datierten Zerstörung Jerusalems).

- John Nelson Barbour verschob diesen Termin (ebenso unzutreffend) auf 606 v. Chr. und gelangte dadurch auf (ungefähr) 1914. Diese Berechnung hat schließlich Russell übernommen. Heute geht die Wachtturm-Gesellschaft vom Jahr 607 v. Chr. aus, weil Russell fälschlich ein Jahr 0 gezählt hatte.

- Als Beispiel für die Endzeit wählen wir das Jahr 1914 und seine Berechnung durch Russell und die Wachtturm-Gesellschaft. Wie gelangt die Wachtturm-Gesellschaft zum Datum „1914"? Sie geht davon aus, dass 607/606 v. Chr. mit der Zerstörung Jerusalems durch den babylonischen Herrscher Nebukadnezar die theokratische Vorbildherrschaft Israels endete und die „Zeiten der Nationen" begannen. 607/606 v. Chr. ist also der Ausgangspunkt, mit dem man zu zählen beginnt. Dann wird gefragt, wie lange die „Zeiten der Nationen" dauern. Die Antwort findet man in Dan. 4, wo Daniel einen Traum Nebukadnezars deutet. Darin heißt es:

Dan. 4,22:
„Man wird dich (Nebukadnezar) aus der Gemeinschaft der Menschen verstoßen, und du musst bei den Tieren des Feldes bleiben, und man wird dich Gras fressen lassen wie die Rinder, und du wirst unter dem Tau des Himmels liegen und nass werden, und sieben Zeiten werden über dich hergehen, bis du erkennst, dass der Höchste Gewalt hat über die Königreiche der Menschen und sie gibt, wem er will."

Die „sieben Zeiten“ werden als die Dauer der „Zeiten der Nationen“ interpretiert. Wie aber sind diese „sieben Zeiten“ mit Jahreszahlen zu füllen? Zur Beantwortung „springt“ man in die Johannesoffenbarung, wo von „dreieinhalb Zeiten“ die Rede ist.

Die weitere Vorgehensweise wird durch das folgende Zitat aus der Wachtturm-Schrift „Frieden und Sicherheit - wie wirklich zu finden?“ erhellt:

„In Offenbarung 11,2+3 wird gezeigt, dass 1.260 Tage 42 Monate oder dreieinhalb Jahre sind. In Offenbarung 12,6+14 ist von derselben Anzahl Tage (1.260) die Rede, doch werden sie dort als ´eine Zeit [1] und Zeiten [2] und eine halbe Zeit` oder dreieinhalb ´Zeiten` bezeichnet. Jede dieser ´Zeiten` umfasst 360 Tage (3 1/2 x 360 = 1.260). Jeder Tag dieser prophetischen ´Zeiten` steht für ein ganzes Jahr gemäß dem Grundsatz ´Ein Tag für ein Jahr` (4. Mose 14:34; Hesekiel 4:6). Die ´sieben Zeiten` entsprechen daher 2.520 Jahren (7 x 360). Zählen wir vom Herbst des Jahres 607 v. u. Z. an, als das Vorbildkönigreich Gottes in Juda von Babylon gestürzt wurde, so bringen uns die 2.520 Jahre zum Herbst des Jahres 1914 u. Z. (606 1/4 + 1913 3/4 = 2.520). Das ist das Jahr, in dem Jesus Christus mit dem ´Königreich der Welt` betraut werden sollte“ (S. 72 f.).

So geschlossen dieses Rechenkunststück auf den ersten Blick erscheinen mag, so gewichtig sind die Einwände, die sich dagegen erheben. Ich beschränke mich auf die vier wesentlichsten:

1. Jerusalem wurde nicht 607/606 v. Chr. von Nebukadnezar zerstört, sondern 587 v. Chr. Somit ist der Ausgangspunkt der ganzen Berechnungen falsch - und demzufolge auch das Ergebnis.
2. Die Deutung der „sieben Zeiten“ in Dan. 4 durch die Wachtturm-Gesellschaft ist reine Allegorese. Aus dem Text geht nichts anderes hervor, als dass Nebukadnezar „sieben Zeiten“ lang von einer Geisteskrankheit geplagt und seine Herrschaft von ihm genommen wird, bis er erkennt, dass Gott allein „Gewalt hat über alle Königreiche der Welt und sie gibt, wem Er will“ (vgl. Dan. 4,13.22). Die „sieben Zeiten“ werden in Dan. 4 nicht näher erklärt, doch ist

mit der Septuaginta und Josephus (Antiquitates X, 216) anzunehmen, dass es sich um „sieben Jahre" handelt (vgl. G. Maier, Der Prophet Daniel, 1982, 182).

3. Auch die „dreieinhalb Zeiten" aus Offb. 12,14 sind aller Wahrscheinlichkeit nach als „dreieinhalb Jahre" im wörtlichen Sinn zu verstehen, was durch die parallelen Charakterisierungen „42 Monate" und „1.260 Tage" (Offb. 11,2 ff.; 12,6) geradezu unterstrichen wird. Sie beziehen sich vermutlich auf die Trübsalszeit im Zusammenhang mit der Herrschaft des Antichristen, die sieben (2 x 3 1/2) Jahre dauern wird.
4. Das Gleiche gilt für die Deutung der „1.260 Tage" in Offb. 11,3 und 12,6 als „1.260 Jahre". Die Deutung der „Tage" als „Jahre" widerspricht ganz offensichtlich der Parallelität zwischen den „1.260 Tagen" und den „42 Monaten" in Offb. 11,2 ff. sowie den dort beschriebenen und zeitlich eng begrenzten Ereignissen (es sei denn, man deutet die gesamte Offb. allegorisch, was die Zeugen Jehovas auch tun). Vor allem aber gibt es in der Bibel keinen allgemeingültigen Grundsatz „Ein Tag für ein Jahr", sondern nur eine Anwendung dieses Verfahrens in bestimmten Situationen, die - gerade in 4. Mose 14,34 und Hes. 4,5 ff. – klar als solche gekennzeichnet werden. In Offb. 11 und 12 hingegen ist nirgends ein Hinweis auf eine Anwendung dieses „Grundsatzes" in diesem Zusammenhang zu finden, so dass kein Anlass besteht, aus „Tagen" „Jahre" zu machen.

Auch die Aussage aus 2. Petr. 3,8, dass „ein Tag vor dem HERRN wie tausend Jahre" ist, gehört in den unmittelbaren Kontext, in dem sie steht. Sie soll die auf die Wiederkunft Christi wartende Gemeinde zur Geduld ermahnen und trösten. Es wäre falsch, daraus eine abstrakte Regel abzuleiten und diese auf Offb. 11 und 12 zu übertragen. Das Jahr 1914 ist nach allem Gesagten nicht zu halten. Die Deutung wurde denn auch von den Zeugen Jehovas – v.a. allerdings infolge des Aussterbens der betreffenden

1914er-Generation – in den 90er Jahren des 20. Jahrhunderts aufgegeben.

Ebenso gibt es aus dem Kreis der Allversöhner in Schömberg eine Berechnung der Reichsaufrichtung Jesu auf das Jahr 2021 von Fritz Henning Baader. Auch davon wollen wir uns nicht beeindrucken lassen. Es sind alles Dinge, die gegen das Wort GOTTES stehen. Die Aussagen Jesu bezüglich der Endzeit sind eindeutig. Als Er von Seinen Jüngern gefragt wird:

Was wird das Zeichen sein für Dein Kommen und für das Ende der Welt? (Matth. 24,3),

da nennt Er ihnen eine ganze Reihe von Zeichen dafür, die (vermehrt) auftreten, wenn Sein Kommen nahe ist (Matth. 24,4 ff. parr). Aber bezüglich der Berechnung eines genauen Datums sagt Er ihnen (und uns):

Von dem Tag aber und von der Stunde weiß niemand, auch die Engel im Himmel nicht, auch der Sohn nicht, sondern allein der Vater... Darum wachet; denn ihr wisst nicht, an welchem Tag euer HERR kommt! (Matth. 24,3642).

Der Textzusammenhang ergibt dabei unmissverständlich, dass sich die Formulierung „Tag und Stunde“ auf die Berechnung eines Datums überhaupt bezieht. Das ist deshalb wichtig zu betonen, weil immer wieder behauptet wird, „Tag und Stunde“ könne man nicht wissen, aber das Jahr. Aber gerade das will Jesus nicht sagen. Er stellt nur fest, dass bei einer Vermehrung der Zeichen Sein Kommen nahe ist, betont jedoch gegenüber jeder Berechenbarkeit das Überraschende Seines Erscheinens, das sein wird ***„wie ein Blitz“*** (Matth. 24,23ff.).

Das wird unterstrichen durch die Aussage des auferstandenen Christus kurz vor Seiner Himmelfahrt, als Ihn die Jünger fragen:

HERR, wirst Du in dieser Zeit wieder aufrichten das Reich für Israel?

Da antwortet Er ihnen:

Es gebührt euch nicht, (d.h. es steht euch nicht zu, ihr kleinen Menschen) ***Zeitläufe*** (chronous) ***oder Zeitpunkte*** (kairous) ***zu wissen, die der Vater in Seiner Macht bestimmt hat, aber ihr werdet die Kraft des Heiligen Geistes empfangen, der auf euch kommen***

wird, und werdet Meine Zeugen sein in Jerusalem und in ganz Judäa und Samarien und bis an das Ende der Erde. (Apg. 1,6 ff.)

Aufruf zur Wachsamkeit

Die Jünger sollen nicht über heilsgeschichtliche Zeitpunkte spekulieren und Berechnungen aufstellen, sondern wachsam sein und in Treue ihr Missionswerk tun, ihr Liebeswerk an die Notleidenden ausüben. Dann erst wird Jesus Christus wiederkommen in Herrlichkeit (vgl. Matth. 24,14).

In dieser Zwischenzeit bis zur Wiederkunft Jesu sollen wir uns als treue und kluge Knechte bewähren Das lesen wir am Ende dieses Kapitels, wo es um den treuen und klugen Knecht geht. Der böse Knecht aber schlägt die anderen oder gesellt sich unter die Säufer und Fresser und arbeitet nicht mehr für den HERRN.

Zum "Wachsam sein" möchte ich noch etwas hinzufügen. Immer wieder ruft uns der HERR auf zur Wachsamkeit. Eine Stelle, die wir nicht übergehen können in diesem Zusammenhang, findet sich in Matth. 26. Hier geht es um den Garten Gethsemane.

Matth. 26,36 ff.:

Da kommt Jesus mit ihnen zu einem Grundstück, das Gethsemane genannt wird. Und Er spricht zu den Jüngern: Setzt euch hierhin, während Ich weggehe und dort bete. Und Er nahm Petrus und die zwei Söhne des Zäbedeus mit sich und Er fing an, betrübt zu werden und Ihm graute sehr. Da spricht Er zu ihnen: Meine Seele ist tief betrübt bis zum Tod. Bleibt hier und wacht mit Mir (das war eine Aufforderung, eine Einladung, vielleicht auch ein Befehl, Ihn jetzt nicht allein zu lassen in dieser schwersten Stunde vor dem Kreuz)

Und Er ging ein wenig weiter, warf sich auf Sein Angesicht, betete und sprach: Mein Vater, ist es möglich, so gehe dieser Kelch an Mir vorüber. Doch nicht, wie Ich will, sondern wie Du willst. Und Er kommt zu den Jüngern und findet sie schlafend und spricht zu Petrus: Könnt ihr also nicht eine Stunde mit Mir wachen? Wachet und betet, damit ihr nicht in Anfechtung fallet. Der Geist ist willig, aber das Fleisch ist schwach.

Und das geschieht nicht nur einmal, sondern wiederholt sich noch zwei Mal. Beim dritten Mal sagt Er, dass Er jetzt ausgeliefert wird. *Steht auf, lasst uns gehen. Siehe, der Mich verrät, ist nahe.* Das geschieht in Gethsemane, im Garten am Kidrontal in der letzten Nacht vor der Kreuzigung. Es gilt, Wachsamkeit gegen die Schwachheit des Fleisches zu üben. Im nächsten Kapitel werden wir hören, dass *alle* Jungfrauen eingeschlafen sind, aber die 5 klugen hatten noch einen Vorrat an Öl dabei, die anderen nicht.

1. Petrus 5,8:

Seid nüchtern und wacht! Denn euer Widersacher, der Teufel, geht umher wie ein brüllender Löwe und sucht, wen er verschlingen kann.

Wachsamkeit ist ratsam nicht nur gegen das Fleisch, sondern auch gegen den Teufel.

Es ist interessant, wie viele Gleichnisse der HERR Jesus erzählt, um uns zur Wachsamkeit aufzufordern. Ich erwähne das Gleichnis vom „Dieb", vom „treuen Knecht", von den „Jungfrauen" und vom „Türhüter". Alle diese Gleichnisse laden zur Wachsamkeit ein.

Markus 13,32 ff.:

Um jenen Tag aber und die Stunde weiß niemand, auch die Engel im Himmel nicht, auch nicht der Sohn, sondern nur der Vater. Habt Acht, wachet und betet. Denn ihr wisst nicht, wann die Zeit da ist. Es ist wie bei einem Menschen, der außer Landes reiste, sein Haus verließ und seinen Knechten Vollmacht gab, und jedem sein Werk und dem Türhüter befahl, dass er wachen solle. So wacht nun, denn ihr wisst nicht, wann der HERR des Hauses kommt, am Abend oder zur Mitternacht oder um den Hahnenschrei oder am Morgen, damit Er nicht, wenn Er unversehens kommt, euch schlafend findet. Was Ich aber euch sage, das sage ich allen. Wachet!

Das gebietet Jesus Christus also nicht nur damals den Jüngern, sondern ausdrücklich allen Jüngern zu jeder Zeit.

Auch in Lukas 12 werden etliche Gleichnisse genannt.

Lukas 12,35 ff.:

Eure Lenden sollen umgürtet sein und eure Lichter brennend (Parallele zum Gleichnis zu den zehn Jungfrauen: die Lenden umgürtet, d.h. man soll angezogen sein, gehbereit, handlungsbereit) *und seid Menschen gleich, die ihren HERRN erwarten, wenn Er von der Hochzeit aufbrechen wird, damit, wenn Er kommt und anklopft, sie Ihm sogleich auftun.*

Angesprochen ist auch hier wieder der Türhüter und die, welche im Haus sind – sie sollen zugleich auftun können. Man soll sich vorstellen: Der Hausherr verreist und kommt zurück, ist müde und will gleich ins Haus. Der HERR Jesus vergleicht sich hier mit einem Herrn, der außer Landes reist und zurückkommt. Dann will Er sogleich eingelassen werden in unsere geöffneten Herzen. Dies ist nur möglich, wenn wir wachsam sind - nur dann können wir Ihm auftun.

Glückselig sind jene Knechte, welche der HERR, wenn Er kommt, wachend finden wird.

Nun kommt etwas Wunderbares, ganz Erstaunliches:

Wahrlich, ich sage euch, Er (dieser Herr, der zurückkommt von der Reise) *wird sich schürzen und sie zu Tisch führen und hinzutreten und sie bedienen.*

Der HERR bedient hier die Knechte, die wach geblieben sind, die gewartet haben auf Ihn, die nicht nachlässig wurden. Es gibt eine Parallele zur Zeit des irdischen HERRN Jesus, bei welcher Er den Jüngern die Füße wäscht, wo Er sich zum Diener macht (Johannes 13). Petrus will es wehren und sagt: HERR, tue doch so etwas nicht, Du bist doch der HERR. Aber der HERR Jesus antwortet ihm: „*Wenn Ich das nicht tue, dann habt ihr keine Gemeinschaft mit Mir.*" Am meisten hat Er uns gedient, als Er Sein Leben für uns gelassen hat, als Er am Kreuz gestorben ist - die absolute Erniedrigung des Gottessohnes für uns, tiefer geht es nicht mehr, bis zu den Verbrechern und bis zu dem Staub der Erde. Dann ist Er sieghaft auferstanden. Nur durch Leiden geht es zur Herrlichkeit. Nur, wenn das Weizenkorn in die Erde fällt und stirbt, wird es Frucht bringen. Es ist immer wieder das geistliche Geheimnis, auch in unserem Leben: Wenn wir ganz unten sind – der HERR wird uns wieder aufrichten.

In Lukas 12 steht auch noch die Parallele von dem "Dieb" und vom "Haushalter". Deshalb gehen wir zurück zu Matthäus 24. Da lesen wir vom Dieb. Wieso ein Dieb? Wer ist hier der Dieb in diesem Gleichnis? Da heißt es in Vers 43:

Matth. 24,43:

Das sollt ihr aber wissen. Wenn ein Hausvater wüsste, zu welcher Stunde in der Nacht der Dieb kommt, so würde er ja wachen und nicht in sein Haus einbrechen lassen. Darum seid auch ihr bereit, da der Menschensohn zu einer Stunde kommt, da ihr es nicht meint.

Wer wird also hier verglichen mit dem Dieb? Jesus? Einmal vergleicht er sich mit dem Hausherrn, der außer Haus geht und dann zurückkommt – und hier vergleicht er sich mit einem Dieb. Aber der Vergleichspunkt liegt darauf, dass er so *überraschend* kommt wie ein Dieb. Der HERR Jesus ist kein Dieb. Man darf Sinn und Schwerpunkt in den Gleichnissen nicht verdrehen. Er kommt so überraschend, so unangekündigt, so schnell und plötzlich wie ein Dieb. Sicher hat der eine oder andere bereits wirkliche Erfahrungen mit Dieben machen müssen. Ich denke, die Angst sitzt in jedem von uns, dass wir uns zu Bett legen und dann eventuell ein Dieb kommt und einbricht. Es bedarf heutzutage Aufmerksamkeit und Vorsicht, denn je größer die wirtschaftliche Not wird, umso mehr muss man mit kriminellen Machenschaften rechnen.

Dieser Vergleich mit dem Dieb, mit dem Überraschenden, findet sich auch noch in anderen Stellen im Neuen Testament.

1. Thess. 5,1-4:

Von den Zeiten und Zeitpunkten braucht man euch Brüdern nicht zu schreiben, denn ihr wisst ja genau, dass der Tag des HERRN so kommen wird wie ein Dieb in der Nacht. Wenn sie nämlich sagen werden, Friede und Sicherheit, dann wird sie das Verderben plötzlich überfallen, wie die Wehen eine schwangere Frau – und sie werden nicht entfliehen. Ihr aber, Brüder, seid nicht in der Finsternis, dass euch der Tag wie ein Dieb überfallen könnte. Ihr alle seid Kinder des Lichts und Kinder des Tages.

Dies ist eine sehr wichtige Parallelstelle zu Matthäus 24.

2. Petrus 3,19:

Der Tag des HERRN kommt wie ein Dieb in der Nacht. Dann werden die Himmel mit Krachen vergehen, die Elemente vor Hitze sich auflösen und die Erde und die Werke, die darauf sind, verbrennen.

Das ist die Weltumwandlung am Ende, wenn die Welt gereinigt wird und in das tausendjährige Reich mündet. Danach, wenn sich alles auflösen wird und GOTT die neue Erde und den neuen Himmel schafft, wird das himmlische Jerusalem geschmückt wie eine Braut für ihren Bräutigam vom Himmel herabkommen - und die Heiligen, also alle gläubigen Wiedergeborenen, werden darin sein dürfen.

Auch in Offb. 3,3, im Sendschreiben an Sardes, lesen wir:

Wenn du nicht wachst, komme Ich über dich wie ein Dieb.

Und schließlich in Offb. 16,15:

Siehe, Ich komme wie ein Dieb. Selig, der wacht und seine Kleider bewahrt, damit nicht seine Blöße aufgedeckt werde.

Der gute und der böse Knecht

In den letzten Versen in Matthäus 24 (ab Vers 42) kommt noch einmal ein weiterer Schwerpunkt ins Spiel. Es geht zwar im Wesentlichen immer noch um Wachsamkeit. Doch hier handelt es sich in erster Linie um den Knecht. Interessant ist, dass hier der Gute und der Böse beide als Knecht bezeichnet werden. Ich will nicht zuviel hineinlegen, aber man kann davon ausgehen, dass es beides Diener GOTTES sind, Diener Jesu Christi. Der eine tut sein Werk gut, der andere schlecht.

Ich möchte zunächst die Kennzeichen des guten Knechtes zusammenfassen und dann des bösen Knechtes. Hier geht es also um Diener GOTTES, zumindest um solche, die sich so nennen. Die einen sind es wirklich, die anderen nennen sich nur so.

Der gute Diener des HERRN ist treu und klug. Treu – hier steht griechisch "pistis" = gläubig. Glaube und Treue ist das gleiche Wort im Griechischen. Glauben und vertrauen oder treu sein, das ist die Stammwurzel "pistis". Der gute Knecht glaubt also wirklich an GOTT, an Jesus Christus und tut sein Werk treu. Er ist zuverlässig. Der HERR kann sich auf ihn verlassen.

Sind wir auch solche Diener? Es muss nicht jeder ein Verkündiger sein, denn jeder Christ ist ja ein Diener und hat seine Gaben, die er entfalten kann, ob es in Werken der praktischen Hilfeleistung ist oder im Chor, im Putzdienst oder welcher Dienst auch immer. Man kann seine Aufgabe treu tun oder vernachlässigen. Die Wahl liegt bei uns.

Dieser ist ein guter und treuer Knecht. Und er ist auch klug. Das heißt, er weiß um die Folgen, wenn er seine Aufgaben nicht richtig ausführt. Dann wird er nämlich abgesetzt von seinem Dienst, hinausgeworfen und entlassen. Der gute Knecht ist über das Gesinde gesetzt. Der Herr weiß, dass er ordentlich mit dem ihm Anvertrauten umgehen wird, dass er ein guter Verwalter seines Besitzes sein wird.

So soll es auch in der Gemeinde sein. Wenn dort Diener GOTTES sind, die als Älteste eine Verantwortung tragen, sollen diese gut die Herde weiden und sie nicht ausbeuten oder misshandeln. Das wird hier deutlich, wenn es heißt: ***Er gibt ihnen zur rechten Zeit zu essen.***

Essen, das kann eine leibliche Speisung, eine Armenspeisung, das kann aber auch das Brot des Lebens sein. Ein guter Diener teilt wirklich das Brot des Lebens aus und nichts anderes, keine Magerkost, auch keine Diät oder Halbwertkost.

Heute hört man ja oft nur noch die eine Seite der biblischen Wahrheit – und die andere, die unangenehm ist, wird weggelassen. Ich erinnere an meine Ausführungen über die Evangelikalen, was da heute alles verschwiegen wird an biblischen Heilswahrheiten: der Zorn GOTTES, das Gericht, Sünde und Buße und anderes werden in vielen Predigten kaum noch erwähnt. Aber ein wirklich guter Knecht, ein Diener des HERRN, der gibt Essen zur rechten Zeit auch dann, wenn es besonders benötigt wird. Er weiß zur rechten Zeit das rechte Wort auszuteilen. Er weiß, wie es der Herde geht, welche Botschaft die Gemeinde jetzt braucht. Bei jeder Predigt müssen wir beten, HERR, was ist jetzt dran? Was braucht die Gemeinde, welches Wort zu welcher Zeit?

Der gute Knecht, der alles treu ausführt, wird erhöht werden über alle Güter. So heißt es: ***Wahrlich, Er wird ihn über alle Seine Güter setzen.*** Er wird im Reich GOTTES eine gute Stelle einnehmen. Dort wird es unterschiedliche Stufen geben, das sagt uns die Bibel. Beim Preisgericht in 1. Kor. 3 wird erwähnt, womit die einzelnen Gläubigen bauen. Der eine baut Gold, Silber und Edelsteine auf dem Fundament Jesu Christi – und der andere nur Holz, Heu oder Stoppeln. Unsere Motivation sollte jedoch nicht die Belohnung sein, sondern einfach die Liebe. Darum geht es: die Liebe zu Jesus und die Liebe zum Nächsten. Nicht, dass wir in ein falsches Fahrwasser kommen und denken, wir sammeln Leistungen. Das wäre entgegengesetzt der freien Gnade Gottes. Wir werden allein aus Gnade gerettet und nicht aufgrund unserer Werke. Wir dürfen aber gleichwohl treue und fleißige Diener sein als begnadigte Sünder.

Was ist nun ein böser Knecht? Wir kennen das Gleichnis vom Schalksknecht und weitere Beispiele für böse Knechte. Hier steht geschrieben: ***Wenn aber jener als ein böser Knecht in seinem Herzen sagt, „Mein HERR kommt noch lange nicht" und fängt an, seine Mitknechte zu schlagen, isst und trinkt mit den Betrunkenen, dann wird der HERR überraschend kommen und ihn bestrafen.***

Welche Kennzeichen besitzt dieser böse Knecht? Er rechnet nicht wirklich mit der Wiederkunft Jesu Christi. Er lebt so, als ginge alles hier immer so weiter, als müsse er GOTT keine Rechenschaft geben. Letztendlich ist er gar nicht wirklich gläubig. Er treibt ein heimliches Spiel hinter dem Rücken seines HERRN – und deshalb wird er auch im letzten Vers, im Vers 51, als Heuchler bezeichnet. Er ist kein wiedergeborener Mensch, sondern nur einer, der vorgibt, Christ zu sein. Das ist das Schlimmste, was es gibt. Vielmehr sollte man dann lieber offen sagen: „Ich bin kein Gläubiger, sondern Atheist." Dann kann man mehr Respekt davor haben, als wenn einer nur so tut, als ob. Der HERR Jesus sagt: ***Wenn ihr doch warm oder kalt wäret, wenn ihr aber lau seid, will Ich euch ausspeien aus meinem Munde*** (Offenbarung 3,14; Sendschreiben an die Gemeinde Laodizäa).

Der böse Knecht ist ein Heuchler. In dieser Eigenschaft misshandelt er die Mitknechte. Er nutzt seine Stellung als Machtposition aus. So etwas erlebt man manchmal auch in Gemeinden. Wenn Machtmenschen am Ruder sind, fehlt die Liebe Christi. Es mangelt an der Beziehung zum HERRN. Man herrscht mit Gewalt und falscher Autorität über Seelen. Ist man in solch einer Gemeinde, sollte man beten, dass sich das ändert und solche Brüder selbst zur Buße kommen, bevor sie anderen schaden mit ihrem Machtstreben.

Denn wenn ein solch böser Knecht an der Spitze steht, ist die Situation besonders schlimm. Er misshandelt dann die anderen psychisch oder geistlich, vielleicht sogar manchmal körperlich. Das gab es bereits früher und gibt es leider auch heute noch bis hin zum Kindesmissbrauch. Gerade in der letzten Zeit waren hierüber viele negative Schlagzeilen zu lesen. Solche Übel finden sich nicht nur in katholischen Kirchen, sondern leider auch an anderen Stellen. Es liegt in dem menschlichen Herzen das Böse von Jugend auf drinnen. Wir können nur den HERRN bitten: HERR, fege den Sauerteig der Sünde hinaus aus den Herzen, aus den Gemeinden, erneuere uns Tag für Tag durch Deinen Geist und reinige uns durch Dein Blut.

Der böse Knecht fängt nicht nur an, seine Mitknechte zu schlagen, sondern es kommt noch schlimmer: Er isst und trinkt mit den Betrunkenen. Das ist das Gegenteil von den guten Eigenschaften eines Ältesten. Er bringt Schande auf die Gemeinde, wenn er vielleicht sogar betrunken auf der Kanzel steht. Man hat bereits von solchen Pfarrern gehört. Das steht meistens in Zeitschriften der Regenbogenpresse, die man im Vorbeigehen an den Kiosken sehen kann. Solche Angelegenheiten werden darin groß ausgebreitet. Aber die gerechte Strafe wird ihn ereilen. ***Der HERR wird kommen an dem Tag, an dem er es nicht erwartet und zu einer Stunde, die er nicht kennt. Er wird ihn in Stücke hauen lassen und ihm seinen Teil geben bei den Heuchlern. Da wird sein Heulen und Zähneklappern.*** Das bedeutet, er wird in die Verdammnis gelangen. Wir wollen beten, dass solches uns und unseren Gemeinden nicht geschieht, sondern dass wir wohlgeordnete Verhältnisse haben dürfen, sowohl im Herzen als auch in der Gemeinde.

Gute Diener Gottes

Apg. 6,1-7:

In jenen Tagen aber, als die Zahl der Jünger wuchs, entstand ein Murren der Hellenisten gegen die Hebräer, weil ihre Witwen bei der täglichen Hilfeleistung übersehen wurden. Da beriefen die Zwölf die Menge der Jünger zusammen und sprachen: Es ziemt sich nicht, dass wir das Wort Gottes verlassen, um bei den Tischen zu dienen. Darum, ihr Brüder, sehet euch nach sieben Männern aus eurer Mitte um, von gutem Zeugnis, voll Heiligen Geistes und Weisheit; die wollen wir für diesen Bedarf bestellen, wir aber wollen im Gebet und im Dienste des Wortes verharren.

Und die Rede gefiel der ganzen Menge, und sie erwählten Stephanus, einen Mann voll Glaubens und Heiligen Geistes, und Philippus und Prochorus und Nikanor und Timon und Parmenas und Nikolaus, einen Proselyten aus Antiochia.

Diese stellten sie vor die Apostel, und sie beteten und legten ihnen die Hände auf. Und das Wort GOTTES nahm zu, und die Zahl der Jünger mehrte sich sehr zu Jerusalem, auch eine große Zahl von Priestern wurde dem Glauben gehorsam.

8. Teil
Die klugen und die törichten Jungfrauen

Seid kluge Jungfrauen! Seid bereit, wenn Christus erscheint!

Sind wir schläfrig geworden? Wir werden alle irgendwann müde werden. Das ist der alltägliche Rhythmus von Tag und Nacht, Arbeit und Erholung. Aber entscheidend ist, dass wir auch dann, wenn wir schlafen, bereit für Jesu Wiederkunft sind. Wie ist das zu verstehen?

Matthäus 25,1-13:

Dann wird das Himmelreich gleichen zehn Jungfrauen, die ihre Lampen nahmen und gingen hinaus, dem Bräutigam entgegen. Aber fünf von ihnen waren töricht und fünf waren klug. Die törichten nahmen ihre Lampen, aber sie nahmen kein Öl mit. Die klugen aber nahmen Öl mit in ihren Gefäßen samt ihren Lampen.

Als nun der Bräutigam lange ausblieb, wurden sie alle schläfrig und schliefen ein. Um Mitternacht aber erhob sich lautes Rufen. Siehe, der Bräutigam kommt. Geht hinaus, Ihm entgegen! Da standen diese Jungfrauen alle auf und machten ihre Lampen fertig. Die törichten aber sprachen zu den klugen: Gebt uns von eurem Öl, denn unsere Lampen verlöschen. Da antworteten die klugen und sprachen: Nein, sonst würde es für uns und euch nicht genug sein. Geht aber zum Kaufmann und kauft für euch selbst.

Und als sie hingingen zu kaufen, kam der Bräutigam. Und die bereit waren, gingen mit Ihm hinein zur Hochzeit und die Tür wurde verschlossen. Später kamen auch die anderen Jungfrauen und sprachen: HERR, HERR, tue uns auf! Er aber antwortete und sprach: Wahrlich, Ich sage euch: Ich kenne euch nicht. Darum wachtet, denn ihr wisst weder Tag noch Stunde, in der der Menschensohn kommen wird.

Sicherlich hat jeder dieses Gleichnis schon einmal gehört oder gelesen. Uns fällt auf, in welcher Dichte hier Vers für Vers überaus gewichtige Ereignisse zusammengefasst sind. Es ist ein Kennzeichen in der Heiligen Schrift, dass GOTT der größte Dichter schlechthin ist. Das heißt, Er bündelt in einer Dichte des Wortes so viel Substanz und Fülle zusammen, wozu ein ganzes Leben nicht ausreicht, um alles zu verstehen und auszulegen. Und auch hier wird die Zeit nicht ausreichen, um die ganze Tiefe dieses Gleichnisses zu erfassen. Doch ich möchte versuchen, das Wesentliche mit GOTTES Hilfe zu erklären - in aller Schwachheit. Am Anfang möchte ich gleich die Lehre daraus aufzeigen, so dass deutlich wird, in welche Richtung ich es verstehe und auslege. Denn man könnte dieses Gleichnis auch überschreiben mit: *Nicht der Anfang, nur das Ende ziert des Christen Pilgerlauf.*

Wenn wir das Gleichnis verlassen, das heißt die Bedeutung für uns erfassen, versteht man am ehesten, worum es geht. Diese zehn Jungfrauen haben viele Eigenschaften gemeinsam. Die Zahl zehn steht zunächst für eine Art von Vollkommenheit. Sie bezeichnet die gesamte Gemeinde, so wie sie sich versammelt. Es ist eine komplett versammelte Gemeinde. Aber wir sehen, nur fünf sind wirklich hingegebene und bereite Christen, die fünf anderen sind auch Christen, sind aber nicht bereit - und damit nützt ihnen ihr Anfangsglaube nichts, weil sie am Ende nicht zum Ziel kommen.

Bleiben wir noch bei dem Gleichnis einen Moment stehen. Zunächst möchte ich ganz konkret am Gleichnis erklären, wie eine Hochzeit damals in Israel vollzogen wurde. Der Kürze halber zitiere ich aus dem Kommentar von Fritz Rienecker „Das Evangelium des Matthäus" in der Wuppertaler Studienbibel zu dieser Stelle. Wenn man weiß, wie eine Hochzeit damals abgelaufen ist, kann man besser verstehen, was der HERR Jesus damit meint.

Zitat von Fritz Rienecker:

Wegen der Hitze wird die Hochzeit im Orient erst am Abend gefeiert. Die Braut erwartet in ihrem elterlichen Hause den Bräutigam, der sie heimholen wird in sein Haus. Mit der Braut zusammen warten die Brautjungfern auf das Kommen des Bräutigams. Sobald gemeldet wird, dass der Bräutigam mit seinem Gefolge sich dem Dorf oder Haus der Braut nähert, haben die Brautjungfern die Aufgabe, dem Bräutigam entgegen zu gehen. Weil dieses Entgegengehen der Brautjungfern erst am Abend sein wird, darum müssen sie Stocklampen bei sich haben. Diese Stocklampen sind anders als die Lampen, die man im Hause verwendet. Stocklampen benutzt man im Freien. Da diese sehr klein sind, bedarf ihr Öl öfters der Ergänzung, weshalb die Jungfrauen Gefäße mit Öl mitnehmen müssen, damit sie, wenn sie die während des Schlafes matt gewordenen Lampen in Ordnung bringen, d.h. von den verkohlten Teilen des Dochtes befreien, das nötige Öl zugießen können. Die flaschenähnlichen Krüge mit Griff waren die Gefäße, in denen die klugen Jungfrauen Öl für ihre Lampen mitnahmen.

Als nun der Bräutigam kommt, gilt es, genau das zu tun: Ihm mit den Lampen entgegen zu gehen und dann auch immer wieder Öl dabei zu haben, um es nachzufüllen. Denn sie wissen ja nicht, wann Er kommt. Sie müssen also diese Lampen immer brennbereit haben.

Weiteres Zitat von Fritz Rienecker:

Da um Mitternacht ertönt laut der Ruf: Siehe, der Bräutigam! Geht aus, ihm entgegen. Damit nun die Lampen hell brennen, ist es jetzt an der Zeit, den Lampendocht zu reinigen und Öl nachzufüllen, das aus dem Vorratskännchen genommen wird. Dann gehen die Jungfrauen zusammen mit der Braut dem Zug des Bräutigams entgegen, um ihn ehrenvoll zu empfangen. Die Begegnung findet statt und der Bräutigam mit seinen Freunden und die Braut mit ihren Gespielinnen, den Jungfrauen, streben gemeinsam dem Haus des Bräutigams zu.

Soweit einiges über die zeitgeschichtlichen Vorgänge einer damaligen Hochzeit. Es war also gewiss sehr romantisch, wenn es sich so zugetragen hat. Das Problem hier im Gleichnis ist, dass der Bräutigam lange verzieht zu kommen und dass nur die, die Reserveöl haben, mitgehen und hineingelassen werden können.

Was hatten nun die fünf klugen und fünf törichten Jungfrauen alles gemeinsam? Sie waren alle Brautjungfern. Sie hatten alle Lampen und es war auch zunächst Öl in den Lampen. Sie sind alle eingeschlafen. Es ist also nicht der Punkt, dass die einen wach bleiben, die anderen einschlafen. Es sind *alle* eingeschlafen, weil es so lange gedauert hat. Der Bezug für uns heute aus dem Gleichnis ist die Tatsache: weil es so lange dauert, bis Jesus wiederkommt. Es sind schon 2.000 Jahre jetzt. Auch die Jünger hatten die Frage gestellt am Anfang von Matthäus 24: *„Wann wirst Du kommen?"* Sie haben bestimmt auch nicht damit gerechnet, dass es so lange dauert.

Alle sind eingeschlafen und alle sind dann wieder aufgestanden. Sie haben ihre Lampen versorgt, aber dann kommt der entscheidende Unterschied. Die klugen hatten noch Reserveöl, die törichten nicht. Und was tun jetzt die törichten? Sie sprechen zu den klugen: *„Gebt uns von eurem Öl, denn unsere Lampen verlöschen."*

Die Bedeutung des Gleichnisses für uns ist: Wenn Jesus die Gemeinde zu sich nimmt, werden die, „die Reserveöl haben", entrückt und die anderen werden sagen: *„Rücke uns auch mit hinweg. Wir sind doch auch Deine Jünger."* Aber ihnen fehlt eben etwas.

Man erwartet vielleicht von den Christen, dass sie in der Nächstenliebe stehen und sagen werden: *„Ja, wir geben euch von unserem Öl. Wir teilen das miteinander, so, wie es sich gehört."* Aber hier in diesem Gleichnis geht das nicht. Und auch bei der Entrückung geht es nicht. Die klugen antworten deshalb: *„Nein,* *sonst würde es für uns und euch nicht genug sein. Geht aber zum Kaufmann und kauft für euch selbst.“*

So wollen sich auch heute manche Christen (oder solche, die sich so nennen) hindurchmogeln. Sie schließen sich der Gemeinde an, schwimmen mit, nehmen an allen Versammlungen teil und sind doch nicht wirklich bereit bei der Wiederkunft Christi. Es gibt auch in der Schule manchmal Kinder, die zu faul sind, selbst zu lernen. Sie schreiben dann kurz vor der Unterrichtsstunde die Schulaufgabe bei dem besseren Mitschüler ab. Aber damit haben sie in Wirklichkeit nichts gelernt und nichts geleistet. Irgendwann fliegt dieser Schwindel auf.

So ist es auch beim Eintritt in das Reich GOTTES. Irgendwann fliegt der Schwindel auf, wenn man nur ein Mitläufer ist. Vielleicht hat man einmal gut angefangen, aber dann ist die Liebe zum HERRN erkaltet und man lebt nicht mehr in der ersten Liebe und der Heiligung, ohne die niemand den Herrn sehen wird. Man hat kein Reserveöl in der Lampe. Aus dem vorletzten Satz ist bereits erkennbar, wie ich das „Reserveöl“ auslege.

Die klugen Jungfrauen geben den törichten immerhin einen Rat. Sie lassen sie nicht ganz „im Regen stehen“. Da zeigt sich die Nächstenliebe. Zwar können sie das eigene Öl nicht abgeben. Denn das ist ihr Reserveöl, ihre Bereitschaft für den HERRN, die man nicht teilen, abgeben oder weiterreichen kann.

Jeder Einzelne kommt nur individuell für sich selbst in das Reich GOTTES. GOTT hat Kinder, aber keine Enkel. Wenn die Eltern gläubig sind, sind die Kinder nicht automatisch mit gerettet – und auch umgekehrt nicht. Aber die klugen Jungfrauen geben den lieben Rat: *„Geht zum Kaufmann und kauft für euch selbst.“* Wenn man das Bildwort verlässt, heißt es: *„Geht zu Jesus und lasst euch neu füllen, neu reinigen. Gebt euch neu Ihm hin und heiligt euch.“*

Aber dafür ist es dann zu spät. Es gibt ein Zuspät. Die Worte aus dem Gleichnis: *„Als sie hingingen zu kaufen …“*, bedeutet: Wenn sie vielleicht ins Nachdenken kommen über ihr oberflächliches Glaubensleben, dann kommt der HERR schon und sie haben die Gnadenzeit verpasst: *„Da kam der Bräutigam – und die bereit waren, gingen mit ihm hinein zur Hochzeit."*

Und jetzt folgt das Erschütternde: *„... die Tür ward verschlossen."* Das heißt, es gibt keine Bekehrung mehr nach dem Tod. Wenn die Entrückung ist, gibt es noch eine Chance für die, die zurückbleiben, bis das Endgericht stattfindet. Aber wenn jemand schon gestorben ist, gibt es keine Möglichkeit mehr zur Umkehr. Die Tür wurde verschlossen, so wie zur Zeit Noahs die Arche:

1. Mose 7,11 ff.:

Im sechshundertsten Lebensjahr Noahs, am siebzehnten Tag des zweiten Monats, an diesem Tag brachen alle Quellen der großen Tiefe auf und die Fenster des Himmels öffneten sich. Und es regnete auf der Erde vierzig Tage und vierzig Nächte lang. An eben diesem Tag war Noah in die Arche gegangen mit Sem, Ham und Japhet, seinen Söhnen und seiner Frau und den drei Frauen seiner Söhne, sie und alle Wildtiere ... Und der HERR schloss hinter ihnen zu.

Sie haben nicht selbst die Tür zugemacht, sondern *der HERR hat verschlossen.* Und wenn GOTT sagt, es ist zu spät, dann ist es auch zu spät. Deshalb gilt die Einladung heute: Kehre um, und wenn du noch gar kein Christ bist, dann tue Buße über deine Lebensschuld, wende dich Christus zu, erfahre Reinigung von deinen Sünden, indem du dein Leben Jesus übergibst und Ihm alles an Sein Kreuz bringst, was dich verunreinigt. Wenn du schon als Christ angefangen hast, dann tue erneut Buße, wenn dein Glaubensleben abgeflacht oder erkaltet ist, wenn du nicht mehr in der brennenden Liebe zu Jesus und zu deinem Nächsten stehst. Wenn das nicht rechtzeitig geschieht, dann wird das passieren, was wir in Matth. 25,11 lesen:

„Später kamen auch die anderen Jungfrauen, die fünf törichten, und sprachen: HERR, HERR, tue uns auf!"

Kennen wir das? Dieses doppelte „HERR, HERR"? Das gibt es noch in einer anderen wichtigen Stelle, und zwar in Matthäus 7, dieses ekstatische „HERR, HERR", dieses Schwärmerische, aber nicht wirklich Hingegebene. Da ist nämlich die Rede von falschen Wundertätern, die auch sehr fromm scheinen, aber kein Reserveöl bei sich haben. Der HERR Jesus warnt in Matthäus 7, in der Bergpredigt, vor falschen Propheten, *die in Schafskleidern zu euch kommen, inwendig aber reißende Wölfe sind.* Dann sagt Er:

Matthäus 7,21 ff:

Nicht jeder, der zu mir sagt: HERR, HERR (hier haben wir dieses doppelte HERR, HERR, so wie es in manchen schwärmerischen Kreisen heute benutzt wird, dieses ekstatisch Übertriebene und doch nicht Echte; gerade das Übertriebene wirkt unecht und ist es auch) *wird in das Reich der Himmel eingehen, sondern, wer den Willen Meines Vaters im Himmel tut. Viele werden an jenem Tag zu Mir sagen: HERR, HERR, haben wir nicht in Deinem Namen geweissagt und in Deinem Namen Dämonen ausgetrieben und in Deinem Namen viele Wundertaten vollbracht? Und dann werde Ich ihnen bezeugen: Ich habe euch nie gekannt. Weicht von Mir, ihr Übeltäter* (oder: ihr Gesetzlosen).

Zurück zu Matthäus 25,12:

Er antwortete aber und sprach: Wahrlich, ich sage euch, ich kenne euch nicht.

Erkennen wir die Parallele? Vieles nennt sich heute christlich. Aber im Sinne Jesu ist es nur, wenn es mit der Bibel übereinstimmt. Ich habe ja bereits viele Beispiele gebracht, was heutzutage alles an Verweltlichung, Verflachung, Religionsvermischung, Bibelkritik, feministischem Einfluss u.v.m. im evangelikalen Lager stattfindet. Der HERR wird einmal sagen: *„Ich kenne euch nicht."* Auch wenn sie noch so fromm predigen und großartige Wundertaten tun: *„Ich kenne euch nicht."* Trotzdem wollen wir nicht mit dem Finger auf andere zeigen. Es geht um uns, um dich und mich, dass wir uns selbst prüfen: Wie stehen wir zu Jesus Christus? Sind wir kluge oder sind wir törichte Jungfrauen?

An dieser Stelle möchte ich alle diese Dinge noch einmal in einer Zusammenfassung darlegen. Daran im Anschluss zeige ich 12 Punkte auf für ein praktisches Leben in der Nachfolge Jesu für kluge Jungfrauen. Zu den klugen Jungfrauen gehört jeder gläubige, wiedergeborene und in der Heiligung lebende Christ.

Es geht letztlich um die anfänglich erwähnte Aussage: *„Nicht der Anfang, nur das Ende ziert des Christen Pilgerlauf."* Vielleicht hat jemand bei einer Evangelisation die Hand gehoben und denkt, er sei Christ. Aber das reicht nicht aus. Natürlich, damit hätte unser Glaubensleben einmal seinen Anfang. Aber die Jüngerschaft geht weiter. Jeder Tag ist ein Tag, der dem HERRN geweiht sein darf und soll.

Sobald Sünde dauerhaft und beharrlich zwischen Ihm und uns steht, ist dieser Kontakt abgebrochen. Ich sage und meine bewusst ‚dauerhaft'. Wir werden jeden Tag in Gedanken, Worten oder auch Taten schuldig werden, weil wir immer noch durch unsere Fleischesnatur angefochten sind. Aber wenn wir diese Verschuldungen nicht bereinigen, dann bleiben diese als eine Scheidewand zwischen GOTT und uns bestehen. Sünde kann nur abgetan werden durch das Blut Jesu Christi, des sündlosen Lammes, das am Kreuz auf Golgatha für uns verblutet ist und sich stellvertretend für uns geopfert hat.

Der HERR Jesus gebraucht hier das wunderbare Bild einer Hochzeit. Wer ist der Bräutigam? Niemand anderes als Er selbst. Jesus ist der Bräutigam. Die Gemeinde ist die Braut. Hier in diesem Gleichnis hat Er nicht einfach Bräutigam und Braut gegenübergestellt, sondern Er hat zehn Brautjungfern genannt, weil man diese Gruppe aufteilen kann in solche, die Ihm wirklich hingegeben nachfolgen und solche, die abgeflacht sind in der Nachfolge.

Die hingegeben dem HERRN folgen, haben genügend Ölvorrat. Das heißt genauer gesagt: diejenigen, „die Öl immer nachfüllen lassen", die also immer um Reinigung bitten durch Jesu Blut und die immer wieder bitten: ***„HERR, leite mich durch Deinen Geist. Erfülle mich weiterhin mit dem Heiligen Geist."*** Wir sind versiegelt worden mit dem Heiligen Geist, als wir gläubig wurden (Eph. 1, 13 ff.). Aber wir können leider auch den Geist dämpfen und betrüben und somit in Seiner Wirksamkeit in uns reduzieren.

Hiermit möchte ich nicht der Schwärmerei das Wort reden, sondern es geht im Gegenteil darum, dass wir in unserem Glaubensleben dort, wo die Seele sozusagen verstopft, verschlackt und zugeschüttet ist, uns wieder reinigen und heiligen lassen, so dass der Geist GOTTES wieder durch uns Frucht wirken kann (Galater 5,22). Der Geist Gottes kann nur in einem gereinigten Herzen Seine Gaben entfalten, die jedoch individuell verschieden sind.

1. Thess. 5,19:

Den Geist dämpfet nicht, den Geist löscht nicht aus.

Wie wird Er denn gedämpft? Er wird gedämpft durch Sünde, durch Trotz, durch Rebellion, durch Ungehorsam gegen GOTT. Wenn wir in der Sünde beharren, dann zieht Er sich zurück. Dann kann das geschehen, was die Bibel „Abfall" nennt. Abfallen vom Glauben ist eine schreckliche Wirklichkeit.

Manche christlichen Kreise bestreiten das. Sie lehren dass ein Kind immer ein Kind bleibt und nie vom Glauben abfallen kann. Aber die Bibel sagt etwas anderes. Es wird sehr oft davor gewarnt, abzufallen. Wenn Worte einen Sinn haben, dann müssen wir sie auch stehen lassen und dürfen sie nicht umdeuten. Es gibt jedenfalls die schreckliche Möglichkeit, dass ein Kind GOTTES abfallen kann, wenn es nicht wachsam bleibt. Und das sind genau diese törichten Jungfrauen - jene sind abgefallen oder abgekühlt in ihrem Glaubensleben, sie sind lau geworden. So, wie die Gemeinde in Laodizäa, wo der HERR sagt: ***„Wenn du doch warm oder kalt wärst, weil du aber lau bist, will Ich dich ausspeien aus Meinem Munde"*** (Offenbarung 3,15 f.). Ja, dann wird Er auch zu ihnen sagen: ***„Ich kenne euch nicht."***

Wenn du lau geworden bist im Glaubensleben und wieder eine Sehnsucht hast, brennend für den HERRN zu sein, dann darfst du darum bitten: ***„HERR, mache mich wieder brennend für Dich. Schenke mir wieder die erste Liebe, diese dann gesteigert durch die gewachsene Liebe zu Dir und den Menschen."*** Bitte den HERRN, dass er das Herz wieder mit Seiner Liebe füllt und du auch in der Wahrheit des HERRN lebst.

Dies soll nicht ein sentimentales Gefühl sein, sondern ein Ergreifen der göttlichen Liebe und Verantwortung, die Er schenkt. Damit können wir auch jene Menschen lieben, die uns vielleicht unsympathisch sind und zu denen wir nicht den direkten Zugang haben. Solches kann allein der HERR Jesus schenken. Wir Menschen von uns aus bauen oftmals Barrieren anstatt Brücken, wenn uns jemand seltsam begegnet. Aber insbesondere für solche Menschen dürfen wir beten und im gleichen Zuge auch für uns, damit der HERR die Herzen öffnet und man aufeinander zugehen kann.

In diesem Zusammenhang möchte ich von einem Erlebnis erzählen, welches ich im Studium hatte. Es gab damals einen Studienkollegen, der ein Verhalten hatte, dass ein anderer Kollege meinte: *„Wegen dem geht mir schon das Messer in der Tasche auf."* Auch mir bereitete die Gemeinschaft mit ihm Probleme, denn er war wirklich grob geschnitzt und ist überall angeeckt. So betete ich zum HERRN, Er möge mir schenken, dass ich mit diesem Menschen gut zurechtkomme. Wir hatten damals im Studentenwohnheim auf einer Etage gewohnt. Dann lernte ich ihn näher kennen und bald sind wir die besten Freunde geworden. So kann der HERR wirken. Ja, die Liebe Christi soll in uns wachsen und wir sollen den Geist nicht dämpfen.

Etwas anderes soll uns ebenfalls zum Nachdenken bringen. Wir lesen:

Gal. 3,3:

Habt ihr im Geist angefangen und wollt es im Fleisch vollenden?

Hier geht es darum, dass Christen zurückfallen in eine Gesetzlichkeit selbst auferlegter Werke. Auch das ist eine schreckliche Möglichkeit. Denn wir müssen erkennen, dass wir uns durch unsere eigenen Werke nicht erlösen können. Wenn wir einmal an die Himmelstür kommen und sagen: ***„Ich habe doch so viel für Dich getan, aber es war letztendlich nur für mich, um mich selbst zu erlösen oder groß dazustehen"***, dann wird der HERR antworten: ***„Ich kenne dich nicht."*** Das gute Werk nützt mir nichts, wenn es nicht aus Glaube und Liebe getan ist. Glaube an Jesus, denn allein durch Seine Gnade sind wir gerettet! Das Vertrauen auf Christus und die Liebe zu Ihm und zu den Mitmenschen sollte Motivation genug sein, um das Leben in Jesu Dienst zu stellen. Eitle Selbsterlösungsbemühungen werden zuletzt doch scheitern müssen. Die Werke haben zwar ihren Platz, jedoch als Folge der Erlösung und nicht als Voraussetzung, um sich selbst erlösen zu wollen. Das muss man ganz klar auseinander halten.

Noch eine andere grundlegende Stelle möchte ich hier anführen. Sie ist ganz praktisch und plastisch bezüglich dessen, dass wir den Heiligen Geist nicht betrüben sollen.

Eph. 4,17 ff.:

Das sage und bezeuge ich nun im HERRN, dass ihr nicht mehr so wandeln sollt, wie die übrigen Heiden in der Nichtigkeit ihres Sinnes, deren Verstand verfinstert ist und die entfremdet sind dem Leben GOTTES wegen der Unwissenheit, die in ihnen ist wegen der Verhärtung ihres Herzens. Die, nachdem sie alles Gefühl verloren haben, sich der Zügellosigkeit ergeben haben, um jede Art von Unreinheit zu verüben mit unersättlicher Gier.

So sollen wir nicht sein. Das sind die Heiden, die ohnehin keinen Zugang zum Himmelreich haben. In der Fortsetzung dieser Bibelverse wird erläutert, wie sich ein Christ verhalten darf durch die Gnade GOTTES und wie er in Wahrheit leben sollte.

Ihr aber habt Christus nicht so kennen gelernt. Wenn ihr wirklich auf Ihn gehört habt und in Ihm gelehrt worden seid, wie es auch Wahrheit ist in Jesus, dass ihr, was den früheren Wandel betrifft, den alten Menschen abgelegt habt, der sich wegen der betrügerischen Begierden verderbte, dagegen erneuert werdet im Geist eurer Gesinnung und den neuen Menschen angezogen habt, der nach GOTT geschaffen ist in wahrhaftiger Gerechtigkeit und Heiligkeit.

Es geht darum, dass der alte Mensch fortlaufend abgelegt wird und Christus in uns wohnt. Das Wort GOTTES sagt auch an anderer Stelle:

Hebräer 12,14:

Ohne Heiligung wird niemand den HERRN sehen.

Heiligkeit ist ein wichtiges Thema der Bibel! Und nun erfolgen Beispiele für diese Heiligung unseres Wesens, die ab Vers 25 näher ins Detail gehen:

Darum legt die Lüge ab und redet die Wahrheit jeder mit seinem Nächsten. Denn wir sind untereinander Glieder. Zürnt ihr, dann sündigt nicht. Die Sonne gehe nicht unter über eurem Zorn. Gebt auch nicht Raum dem Teufel. Wer gestohlen hat, der stehle nicht mehr, sondern bemühe sich vielmehr, mit den Händen etwas Gutes zu erarbeiten, damit er den Bedürftigen etwas zu geben habe. Kein schlechtes Wort soll aus eurem Mund kommen, sondern was gut ist zur Erbauung, wo es nötig ist, damit es den Hörern Gnade bringe. Und betrübt nicht den Heiligen Geist GOTTES, mit dem ihr versiegelt worden seid für den Tag der Erlösung. Alle Bitterkeit und Wut und Zorn und Geschrei und Lästerung sei von euch weggetan samt aller Bosheit. Seid aber gegeneinander freundlich und barmherzig und vergebt einander, gleich wie auch GOTT euch vergeben hat in Christus.

Auch über diese Verse allein könnte man wiederum eine ganze Bibelwoche halten. Zur Aussage, dass wir nicht den Heiligen Geist betrüben sollen, mit welchem wir für den Tag der Erlösung versiegelt worden sind, sei hier noch einmal im Besonderen hervorgehoben: Als wir gläubig wurden, sind wir versiegelt worden mit dem Heiligen Geist. Aber wir vermögen Ihn leider auch zu betrüben, wenn wir nicht ausreichend Öl in unseren Lampen haben. Zum Beispiel wenn wir *nicht* den HERRN allezeit um Reinigung bitten und Ihm *nicht* unsere Sünde bringen, wenn wir *nicht* bitten: *„HERR, nimm meinen Trotz weg, meine Rebellion, meinen Ungehorsam."*

Jeder einzelne muss die eigene Verantwortung übernehmen, damit die Gnade Gottes im persönlichen Leben ungehindert fließen kann und sich sozusagen der Kanal wieder öffnet, wenn er verstopft ist. So wie uns manchmal bei einer Erkältung die Nase verstopft ist. Es ist ja belastend, wenn man nicht frei durchatmen kann. So ist die Sünde im Glaubensleben ein Hindernis. Wir dürfen bitten: *„HERR Jesus, nimm diese Blockade weg, diesen Knoten in meinem Gehirn oder in meinem Herzen, dass ich wieder mit Dir ins Reine kommen darf."* Ein ernsthaftes Gebet wird der HERR erhören.

12 Voraussetzungen, um bereit zu sein, wenn Jesus erscheint:

Um nicht missverstanden zu werden: Es geht dabei nicht um einen Werkkatalog, sondern die Gnade Jesu ist die Voraussetzung für alles. Es sind letztendlich Selbstverständlichkeiten für einen wiedergeborenen Christen. Aber wir sollten uns immer wieder Gottes Willen ins Gedächtnis rufen und bedenken, was notwendig ist, um als „kluge Jungfrau“ dem HERRN zu begegnen, wenn Er kommt.

1. Nehmt die Zeichen der Zeit ernst!

Vielleicht denkt der eine oder andere: Ist das denn möglich? Sollte in der Bibel wirklich vor Jahrtausenden niedergeschrieben worden sein, was wir heute vor unseren Augen erleben? Handelt es sich zum Beispiel bei der Heimkehr Israels, bei der Zunahme der Katastrophen, beim Auftreten von Aids, beim Entstehen einer „Neuen Weltordnung“, beim Auftreten falscher Christusse und Propheten, bei der Verweltlichung der Christenheit und all den anderen beschriebenen Entwicklungen nicht eher um Zufall?

Meine Antwort dazu: Um Zufall könnte es sich vielleicht dann handeln, wenn *ein* Zeichen isoliert für sich stünde. Wie aber soll man es sich erklären, dass wir heute eine sich immer deutlicher abzeichnende Erfüllung *aller* angekündigten Zeichen erleben?! Zur Zeit Martin Luthers oder Menno Simons z. B. war das wichtigste Zeichen noch nicht vorhanden. Das ist die Wiedererstehung Israels im Jahr 1948. Die Endzeit ist also, laut Bibel, wesentlich näher gerückt als in früheren Generationen. Hier handelt ganz offensichtlich Gott selbst und Er möchte uns etwas zeigen. Alles deutet darauf hin, dass der HERR bald wiederkommt und Seine Brautgemeinde zu sich nimmt.

Wir sollten deshalb nicht den gleichen Fehler machen wie die Pharisäer und Sadduzäer, denen Jesus sagen musste: *„Über das Aussehen des Himmels könnt ihr urteilen; könnt ihr dann nicht auch über die Zeichen der Zeit urteilen?“* (Matth. 16,3). Wir sollten diese Zeichen ernst nehmen, damit wir uns bereiten, Ihm zu begegnen.

2. Tut Buße und bekehrt euch!

Das gilt allen jenen, die noch keine Kinder GOTTES sind. Es ist für jeden Menschen wichtig, auf die Seite des Siegers zu wechseln, um in den Himmel Eingang zu finden. Wer bei Satan, dem Verlierer ist, der wird Eingang in die Hölle erleben. Aber das wünsche ich niemandem. Die Hölle wird heute ja oft so verharmlost. Die Leute sagen: *„Ja, dann gehe ich eben in die Hölle."* Sie können sich in keinster Weise vorstellen, was eine Ewigkeit in der Hölle bedeutet. Es wird ihnen durch Karnevalsschlager alles so vergnüglich verkauft: Da wird Party gefeiert usw. Liebe Freunde, die Hölle ist ein sehr grausamer Ort. Es heißt, wo der Wurm nicht stirbt und die Flamme nicht erlischt, ein Ort ewiger Qual. Wie genau das aussieht, können wir uns nicht ausmalen. Aber es muss entsetzlich sein – und vor allem endet dieser Zustand nie, sagt die Bibel.

Das müssen wir den Ungläubigen auch sagen. Leider wird dieses ernste Thema heute in vielen Predigten verschwiegen. Nun sollte die Hauptmotivation zur Bekehrung nicht die Angst vor der Hölle sein, sondern die Liebe Jesu. Er hat uns herausgerettet aus der Hölle, aus der Verdammnis, aus dem ewigen Verderben Er, der uns so geliebt hat, dass Er selbst für uns in den Tod gegangen ist. Ja, es war Ihm kein Preis zu hoch, um Menschen vor der Verdammnis zu erretten.

Wenn uns die Zeichen der Zeit tatsächlich darauf hinweisen, dass Jesus bald wiederkommt – und sie tun es –, dann bleibt demjenigen, der dies erkannt hat und vor dem Gericht Gottes gerettet werden möchte, nur *eine* Konsequenz: *„Glaube an den HERRN Jesus, so wirst du und dein Haus selig!"* (Apg. 16,31). *„Wenn du mit deinem Munde bekennst, dass Jesus der HERR ist, und in deinem Herzen glaubst, dass Ihn GOTT von den Toten auferweckt hat, so wirst du gerettet ... Wer den Namen des HERRN anrufen wird, soll gerettet werden"* (Röm. 10,9.13). *„Tut Buße und bekehrt euch, damit eure Sünden getilgt werden!"* (Apg. 3,19).

Wie furchtbar ist es, wenn wir lesen, dass selbst im Anblick der endzeitlichen Gottesgerichte *„die übrigen Leute, die nicht getötet wurden von den Plagen, sich doch nicht bekehrten von dem Werk ihrer Hände* (= Götzendienst) *... von ihren Morden, ihrer Zauberei, ihrer Unzucht und ihrer Dieberei"* (Offb. 9,20 f.). Sie haben es noch schlimmer getrieben und GOTT noch gelästert und angeklagt, anstatt zur Kenntnis zu nehmen: Hier wirken die letzten zurechtbringenden Zuchtruten GOTTES in der Endzeit.

Wer Jesus Christus als seinen Erlöser und HERRN angenommen hat und zu Ihm gehört, dessen Name steht im Buch des Lebens (Offb. 3,5). Wenn aber *„jemand nicht gefunden wurde geschrieben in dem Buch des Lebens, der wurde geworfen in den feurigen Pfuhl“* (Offb. 20,15). Hier wird der Ernst der *Entscheidung* deutlich, die jeder von uns zu fällen hat: entweder ganz für oder ganz gegen Jesus. Einen Mittelweg gibt es nicht (Offb. 3,15 f.). Diese geistliche Kompromisslosigkeit ist ein Kennzeichen einer klugen Jungfrau.

„Tut Buße!“ – das heißt: Kehrt zu Jesus um! Lasst euch jeden Tag reinigen durch Sein teures Blut, das Er am Kreuz für uns vergossen hat, indem ihr Ihm eure Sünden bekennt und Ihn um Vergebung bittet! Und werdet im Glaubensleben konsequent und eindeutig! Nichts Unreines kann nämlich in die Gemeinschaft mit GOTT kommen. Wenn wir aber Buße tun, dann sind wir reingewaschen durch das Blut des Lammes. Hören wir doch auf das Wort aus dem 2. Petrusbrief: *„Wenn nun das alles* (= Himmel und Erde) *so zergehen wird, wie müsst ihr dann dastehen in heiligem Wandel und frommem Wesen, die ihr das Kommen des Tages GOTTES erwartet und erstrebt, an dem die Himmel vom Feuer zergehen und die Elemente vor Hitze zerschmelzen werden“* (2. Petr. 3,11 f.).

3. Habt keine Angst!

Das gilt für die, die wirklich zum HERRN gehören. Wir brauchen keine Angst zu haben, weil wir geborgen sind in Jesus Christus. Angesichts der zunehmenden Verführungen, Verfolgungen und Katastrophen könnte es uns angst und bange werden. Jesus hat das vorausgesehen und ruft uns zu: *„Ihr werdet hören von Kriegen und Kriegsgeschrei; seht zu und erschreckt nicht. Denn das muss so geschehen“* (Matth. 24,6). Das ist im göttlichen Plan enthalten. Auch die Gerichte sind darin eingeschlossen.

Wenn *Verfolgung* über die Gläubigen hereinbricht, wenn man sie ins Gefängnis wirft und quälenden Verhören unterzieht, so will Jesus selbst ***ihnen „Mund und Weisheit geben", der alle Gegner nicht widerstehen können*** (Lk. 21,15). Und wenn Christen ihre Liebe zu Jesus mit dem ***Martyrium,*** mit dem Opfer ihres Lebens, bezahlen müssen, so gelten ihnen die Verheißungen: ***„Fürchtet euch nicht vor denen, die den Leib töten, doch die Seele nicht töten können ... Wer sein Leben findet, der wird's verlieren; aber wer sein Leben verliert um Meinetwillen, der wird's finden"*** (Matth. 10,28.39). ***„Kein Haar von eurem Haupt soll verloren gehen. Seid standhaft, und ihr werdet euer Leben gewinnen!"*** (Lk. 21,18 f.). Viele weitere solcher Verheißungen hat der HERR Seiner kleinen Herde mit auf den Weg gegeben.

Wir brauchen keine Angst zu haben, weil GOTT selbst sich Seiner bedrängten Gemeinde annimmt und sie zum herrlichen Ziele führt: ***„Fürchte dich nicht, du kleine Herde! Denn es hat eurem Vater wohlgefallen, euch das Reich zu geben"*** (Lk. 12,32).

4. Seid nüchtern und wachsam!

Wir haben schon gleich zu Anfang gehört von den vielen Verführungen, falschen Christussen und falschen Propheten, die in der Endzeit noch vermehrt auftreten. Gott nimmt sich unser an – und doch entbindet uns dies nicht davon, ***nüchtern und wachsam zu*** bleiben. Denn sonst könnten wir den Verführungen verfallen, die viel hinterhältiger und gefährlicher auftreten als die plumpe Verfolgung, denn Satan tarnt sich als Engel des Lichts. Vor allem aber könnten wir Gefahr laufen, den Tag zu verpassen, an dem der HERR kommt – so wie die fünf törichten Jungfrauen, die keinen Vorrat an Öl bei sich hatten (Matth. 25,1-13). ***„So lasst uns nun nicht schlafen wie die anderen, sondern lasst uns wachen und nüchtern sein!"*** (1. Thess. 5,6).

„Wachen und nüchtern sein" bedeutet: in der Lebensverbindung mit Jesus stehen, Seinen Geist im Herzen haben, Ihn lieben, Ihm dienen, Ihm gehorchen und durch Ihn Vergebung empfangen. „Wachen und nüchtern sein" bedeutet: nicht auf jeden

Wind der Lehre hereinfallen, sich nicht auf Seitenwege bringen lassen, die von Jesus wegführen, sondern auf dem schmalen Weg bleiben, der zum ewigen Leben führt (Matth. 7,13 f.).

Wenn wir so leben, sind wir vorbereitet auf den Tag der Entrückung, der jederzeit kommen kann. ***Entrückung heißt:*** Bevor Jesus als Weltenrichter erscheint, wird Er zuerst Seine Auserwählten zu sich holen. ***„Denn Er selbst, der HERR, wird, wenn der Befehl ertönt, wenn die Stimme des Erzengels und die Posaune GOTTES erschallen, herabkommen vom Himmel, und zuerst werden die Toten, die in Christus gestorben sind, auferstehen. Danach werden wir, die wir leben und übrig bleiben, zugleich mit ihnen entrückt werden auf den Wolken in die Luft, dem HERRN entgegen; und so werden wir bei dem HERRN sein allezeit"*** (1. Thess. 4,16 f.; vergleiche Matth. 24,31; Lk. 17,26-36; 1. Kor. 15,51 f.; Offb. 3,10). Weil die Entrückung ***jederzeit*** geschehen kann, gilt der Aufruf Jesu Christi: ***„Wachet; denn ihr wisst nicht, an welchem Tag euer HERR kommt!"*** (Matth. 24,42).

5. Forscht in der Schrift!

Wie wunderbar, dass wir hier im Westen noch die Bibel haben. In anderen Ländern ist es oft sehr problematisch, an eine Bibel zu kommen. Wenn man in islamischen Ländern bei einem Menschen eine Bibel findet, wird sie oft vernichtet, die Menschen werden eingesperrt und Schlimmeres. Doch wenn wir nicht das Wort GOTTES kennen und lieben, dann werden wir nicht vorbereitet sein auf den Tag des HERRN. Wo die Bibel den Menschen weggenommen wird, da ist es gut, wenn sie viele Worte auswendig können.

Über die Einwohner von Beröa wird in der Apostelgeschichte berichtet: ***„Diese waren freundlicher als die in Thessalonich; sie nahmen das Wort bereitwillig auf und forschten täglich in der Schrift, ob sich's so verhielte"*** (Apg. 17,11). So sind auch wir gerufen, gründlich die Bibel zu studieren, um die Zeichen der Zeit zu erkennen, alle Lehren (auch die in diesem Buch vorgetragenen) zu prüfen und unser Leben am Willen Gottes auszurichten.

Das kennzeichnet im Besonderen evangelische Christen, dass sie mündige Gotteskinder sein dürfen, die selbst in der Bibel lesen können und Lehren zu überprüfen vermögen. Natürlich kann man auch einmal bewährte Brüder um Rat fragen, aber letztendlich muss man fähig sein, selbst nachzuprüfen. Jeder von uns kann sich selbstverständlich auch irren. Aber wichtig ist, dass wir die heilsentscheidenden Punkte verstanden haben und danach leben. Denn das Verstehen in der Theorie allein reicht nicht aus. Es geht immer darum, gehorsam nach dem Wort Gottes zu leben, das Heilswerk Jesu anzunehmen und Ihm in Liebe und Treue nachzufolgen.

Es gibt kein Entrinnen vor den Gefahren der Endzeit ohne ***Kenntnis des Wortes GOTTES,*** welches diese entlarvt und den Ausweg zeigt. Die Bibel ist wie ein Kompass, der uns Orientierung schenkt und den wir in der Endzeit ganz besonders benötigen. Die prophetischen und apokalyptischen Kapitel sollten heute in Predigten, Bibelstunden und Hauskreisen vermehrt betrachtet werden. Doch dürfen wir uns mit dem Verstehen dessen begnügen, was der HERR uns zuteilt, und keinen gewagten Spekulationen verfallen. Wir sollten nichts zur Schrift hinzutun, nichts von ihr wegnehmen und keine Stellen aus dem Zusammenhang reißen. Das Gebet um das rechte Verständnis ist gerade bei den apokalyptischen Schriften das A und das O.

Es dürfte selbstverständlich sein, dass sich Kinder GOTTES das Wort GOTTES durch eine vom Unglauben gespeiste Bibelkritik nicht rauben lassen, sondern die ***reale Erfüllung der prophetischen und endzeitlichen Aussagen*** erwarten. Den Spöttern, die fragen: ***„Wo bleibt denn die Verheißung Seines Kommens?"*** antwortete bereits der Apostel Petrus: ***„Der HERR verzögert nicht die Verheißung, wie es einige für eine Verzögerung halten; sondern Er hat Geduld mit euch und will nicht, dass jemand verloren werde, sondern dass jedermann zur Buße finde"*** (2. Petr. 3,3 f.9).

6. Haltet fest am Gebet!

Ist GOTTES Wort der Kompass, der uns Orientierung schenkt, so ist das Gebet die Rettungsleine, die uns vor dem Ertrinken bewahrt und nach oben zieht. Ohne Gebet besteht keine Verbindung zu GOTT. Sicher, Er spricht zu uns durch Sein Wort, aber wir dürfen auch zu Ihm sprechen im Gebet. Das ist ein rechtes Zwiegespräch mit dem, der uns liebt. Deshalb gehören zur stillen Zeit die Bibel und das Gebet so eng zusammen. Wenn wir die Bibel lesen, spricht GOTT zu uns, und wenn wir beten, sprechen wir zu Ihm und bitten Ihn, dass Er uns leitet. Er kann auch durch Umstände, durch Führungen und durch Mitmenschen zu uns sprechen. Das erleben wir zweifellos Tag für Tag.

Wer betet, ist nie allein, sondern erfährt die Geborgenheit beim himmlischen Vater, der über Seine Kinder wacht und sie aus den antichristlichen Strudeln errettet. Weh aber dem, der das Gebet vernachlässigt! Er steht sehr schnell in der Gefahr, von der Lebensquelle abgeschnitten zu werden und wehrlos den Ideologien des Zeitgeistes ausgeliefert zu sein. ***„So seid allezeit wach und betet, dass ihr stark werdet, zu entfliehen diesem allem, was geschehen soll, und zu stehen vor dem Menschensohn!“*** (Lk. 21,36).

Wir dürfen GOTT, den Vater, in Jesu Namen bitten um Bewahrung, Geistesleitung, Wachsamkeit, Bekennermut, Retterliebe und die Zubereitung für den Tag Seines Kommens. ***„Sorgt euch um nichts, sondern in allen Dingen lasst eure Bitten in Gebet und Flehen mit Danksagung vor GOTT kundwerden!“*** (Phil. 4,6).

7. Stellt euch nicht dieser Welt gleich!

Das ist eine drohende große Gefahr, insbesondere in der Endzeit. Viele, die sich Christen nennen, vielleicht auch als Christ angefangen haben, wurden zu törichten Jungfrauen, weil sie sich plötzlich der Welt gleichgestellt haben, also die Welt wieder liebgewonnen haben, so wie Demas, der auch einmal dabei war. ***Demas***, so heißt es in der Heiligen Schrift, ***hat die Welt liebgewonnen***, er ist abgefallen (2. Tim. 4,10).

„Ganz für Jesus!“ sollte über unserem Leben stehen. „Sei ganz Sein oder lass es ganz sein!“ Der Apostel Paulus formuliert es so: ***„Ich ermahne euch nun, liebe Brüder, durch die Barmherzigkeit GOTTES, dass ihr eure Leiber hingebt als ein Opfer, das lebendig, heilig und GOTT wohlgefällig ist. Das sei euer vernünftiger Gottesdienst. Und stellt euch nicht dieser Welt gleich, sondern ändert euch durch Erneuerung eures Sinnes, damit ihr prüfen könnt, was GOTTES Wille ist, nämlich das Gute und Wohlgefällige und Vollkommene“*** (Röm. 12,1 ff.). Mit „Leiberhingeben“ ist die ganze Hingabe unseres Wesens gemeint, so dass wir ungeteilt dem HERRN dienen und als Licht und Salz in die Welt hineinwirken. Was der HERR uns zeigt, sollten wir umsetzen in unserem praktischen Leben.

Die Gemeinde Jesu steht zwar ***„in der Welt“***, ist aber nicht ***„von der Welt“*** (Joh. 17,14-18). Diese Unterscheidung gewinnt in der Endzeit vermehrt an Bedeutung, da der Sog der gottfernen Welt immer größer wird. Die Ermahnungen der Schrift sind aktueller denn je: ***„Prüft aber alles, und das Gute behaltet! Meidet das Böse in jeder Gestalt! Er aber, der GOTT des Friedens, heilige euch durch und durch und bewahre euren Geist samt Seele und Leib unversehrt, untadelig für die Ankunft unseres HERRN Jesus Christus“*** (1. Thess. 5,21-23).

Was die ***Heiligung*** betrifft (das heißt ja, dass wir uns nicht der Welt gleichstellen sollen), so wäre von einem jedem persönlich zu überlegen, ob hierzu nicht auch eine Form ***christlicher Enthaltsamkeit*** gehört, die es vermeidet, sich bewusst antichristlichen Einflüssen auszusetzen. Man kann auch von Absonderung reden von Vorgängen, die uns in einer Negativspirale hinunterziehen würden. Es gibt so viele ungute Beeinflussungen, welche uns auf ein niedrigeres Glaubensniveau bringen wollen. Damit meine ich nicht, dass wir uns über andere erheben dürfen. Das wäre wieder eine andere Gefahr, vom Pferd zu fallen. Man stelle sich vor, es steht einer auf dem Tisch und der andere steht davor. Und dann ziehen sie beide. Wer wird wohl gewinnen? Unstreitig der, welcher unten ist. Und derjenige, der oben steht, das ist der Christ, der einen bestimmten Glaubensstand erreicht hat.

Und lässt er sich dann wieder mit der Welt ein, zieht das sein geistliches Leben abwärts.

Wir können natürlich nicht der Welt als solcher entfliehen. Wir dürfen uns auch an dem freuen, was hier schön, gut und richtig ist, an der herrlichen Schöpfung. Aber wir sollten alles meiden, was Sünde ist, was die Bibel als böse kennzeichnet. Und so sollte man sich auch fragen, ob es notwendig ist, sich bewusst antichristlichen Einflüssen auszusetzen. Muss ich unbedingt einen Fernseher haben und mir womöglich noch jeden Schmutz und Schund ansehen, den „alle" sehen? Muss ich unbedingt jedes Buch kaufen, das auf der Bestsellerliste steht, nur weil es eben „alle" lesen? Muss ich mich unbedingt dem Urteil und Geschmack der „Masse" beugen - einem Urteil, das vielleicht gar nicht das Urteil der „Masse" wäre, sofern es ihr nicht eine Minderheit einsuggerieren würde, die an den Schalthebeln der Massenmedien und Manipulationsmechanismen sitzt?! Oder sollte ich mich nicht viel eher nach dem Willen GOTTES richten und Ihn fragen, ob Ihm gefällt, was ich lese, höre und sehe?

Ich stelle bewusst nur Fragen und richte kein neues Gesetz auf, denn ich weiß sehr wohl, dass es *„Schwache und Starke"* in der Gemeinde gibt (vergleiche 1. Kor. 8). Doch sollte sich keiner für so stark halten, dass er dem Zeitgeist nicht erliegen könnte! *Wer sich in Gefahr begibt, kommt darin um*, warnt uns das Buch der Sprüche, Kapitel 1. Es sind zum Beispiel schon etliche aus der Gemeinde Jesu zu Fall gekommen, die gemeint hatten, sie könnten sich rein interessehalber mit dem Gebiet des Okkultismus beschäftigen. Warum sollte ich mich jedoch auf ein Gebiet vorwagen, wenn ich keinen klaren Auftrag von GOTT dazu habe? Wenn ich ihn aber habe, dann sollte ich zuerst fest im Wort GOTTES verankert sein und im Gebet den Schutz Jesu erbitten.

Schließlich sollte auch die Frage nicht ganz vergessen werden, wann eigentlich noch Zeit für das Bibellesen, das Gebet und den Dienst am Nächsten bleibt, wenn ich mich einer Dauerberieselung durch die Massenmedien und durch ungeistliche Literatur aussetze. Kann ich es als Christ verantworten, in dieser Weise meine Zeit für unnütze Dinge zu vergeuden? Oder gilt nicht vielmehr der biblische Auftrag: ***„Kauft die Zeit aus!“*** (Kol. 4,5)?

8. Verlasst eure Versammlungen nicht!

Das wird heute leider manchmal vernachlässigt, auch aus mancher Not heraus. Aber ich möchte darauf hinweisen: Der Teufel versucht, Kinder Gottes zu isolieren und dadurch in ihrem Glaubensleben zu schwächen. Um diese Gefahr sollte man wissen und daher die Versammlung der Gläubigen nicht verlassen. Es gibt natürlich eine Grenze, nämlich dann, wenn eine Versammlung selbst sich dem Zeitgeist unterwirft und nicht mehr GOTTES Wort, so, wie es dasteht, verkündigt. Von solchen Versammlungen müssen wir uns trennen und in dem Fall gilt die Warnung: ***Gehet aus von ihnen und sondert euch ab, damit ihr euch nicht teilhaftig macht fremder Sünden*** (vgl. 2. Kor. 6,17; Offb. 18,4 f.).

Im Hebräerbrief findet sich das Wort: ***„Lasst uns aufeinander Acht haben und uns anreizen zur Liebe und zu guten Werken und nicht verlassen unsere Versammlungen, wie einige zu tun pflegen, sondern einander ermahnen, und das um so mehr, als ihr seht, dass sich der Tag naht“*** (Hebr 10,23-25). Wir alle brauchen Ermahnung, Stärkung, Tröstung und Korrektur. In der Versammlung gläubiger Christen empfängt der einzelne alles dieses. ***Außerhalb*** der Gemeinde jedoch ist die Gefahr groß, dass er ins Sektierertum abgleitet oder dass die Liebe in ihm erkaltet. Er geht ein wie ein Blümlein, das keine Nahrungszufuhr mehr bekommt. Wir haben zwar die kostbare Bibel, aber wir haben nicht mehr die Korrektur im praktischen Leben, so wie man sie z. B. auch in einer Ehe bekommt. Nichts gegen Unverheiratete, aber wenn man als Single keine Freunde hat, die einem mutig die Wahrheit sagen, wenn man sich nicht gut verhalten hat, dann fehlt eine große Hilfe in der Lebensführung. Ich stelle meiner Frau immer nach den Predigten die Frage: Was war gut und was war schlecht? Sie sagt es mir dann ehrlich, wenn es auch manchmal weh tut. Aber das hilft mehr, als wenn man nur gelobt wird. So ist es auch in der Versammlung.

Diese Versammlung kann ein großer Gottesdienst, aber manchmal auch nur ein kleiner Hauskreis sein. Wenn eine Gemeinde, ein Gottesdienst noch bibelgetreu ist, wenn Jesus Christus so, wie die Bibel Ihn uns verkündigt, im Mittelpunkt steht, wenn in der Gemeinde ein ernsthaftes Bemühen ist, dem HERRN von ganzem Herzen nachzufolgen in Seiner Kraft, nicht in eigener Kraft, dann sollte man diese Versammlung nicht verlassen, sondern stärken, auch manchmal durch Korrektur, die man selber erfährt oder auch hineingeben darf. Es sollte jedoch keiner gekränkt sein, wenn er korrigiert wird und es biblisch begründet ist.

Eine Predigt soll dazu dienen, aufzuerbauen, zu trösten, aber auch zu ermahnen. Wenn jemand wirklich ein Christ ist, dann wird er auch Ermahnung annehmen und nicht dagegen rebellieren. Die Empörung kommt zumeist von jenen, die geistlich „Halblebige" sind, „nicht Fisch, nicht Fleisch", sondern halbbekehrt und damit gar nicht bekehrt oder wiedergeboren. Wo jedoch der Geist GOTTES im Herzen wohnt, wird Er den Menschen zu der Erkenntnis führen: „Da spricht jetzt der HERR zu mir durch diese Botschaft. Da soll ich mich verändern lassen. Da soll ich neu anfangen."

Wichtig ist, ***dass*** sich Gläubige treffen und die Verheißung Jesu wahr wird: ***„Wo zwei oder drei versammelt sind in meinem Namen, da bin ich mitten unter ihnen"*** (Matth. 18,20). Für die Endzeit ist freilich der Platz der Gläubigen nicht mehr die machtvolle Organisation (diese wird sich mehr und mehr dem heranreifenden antichristlichen System unterwerfen), sondern die ***„kleine Herde"*** (Lk. 12,32). Auf die Frage: „Wann wird es soweit sein?", hat der bekannte württembergische Dekan Walter Tlach einmal geantwortet:

„Dann, wenn sie die Heiligen töten." Und er hat ergänzt: ***„Dieses Töten beginnt lange vor einem eventuellen Mord an Christen, z. B. dann, wenn bekennende Christen mundtot gemacht oder ihrer öffentlichen Ehre beraubt werden. Dann, wenn das Zeugnis für***

den gekreuzigten, auferstandenen und dadurch die Welt mit GOTT versöhnenden Jesus Christus polemisch abgewiesen, verlacht und kirchenpolitisch geahndet wird, beginnt auch nach alttestamentlicher Auffassung (vgl. z. B. Ps. 143) das Töten der Heiligen."[7]

Wie wichtig auch die ***kleine*** Versammlung sein kann, sehen wir am Beispiel Chinas. Dort hat die Gemeinde Jesu die Zeit der Verfolgung und Schließung der Kirchen überlebt, indem sich die Gläubigen in Hauskreisen getroffen haben. Und durch die Gnade Gottes ist ihre Zahl sogar rasant gewachsen. Wahrlich, *„das Blut der Märtyrer ist der Samen der Kirche"* (Tertullian).

9. Wirkt, solange es Tag ist!

Was wäre das für ein Christ, der immer nur passiv seine Zeit vertändelt und nichts tut für den HERRN. Da wäre sehr zu fragen, ob er wirklich den HERRN lieb hat. Jesus sagte einmal: *„Es kommt die Nacht, da niemand wirken kann"* (Joh. 9,4). Das gilt auch für die Endzeit. Deshalb sollen wir wirken, solange es Tag ist.

Im Gleichnis von den „anvertrauten Pfunden" wird das näher verdeutlicht: Ein Fürst, der in ein fernes Land zieht, lässt jedem seiner Knechte ein Pfund Geld zurück und spricht: *„Handelt damit, bis ich wiederkomme"* (Lk. 19,13). So hat GOTT jedem Menschen ***Gaben*** anvertraut, die er bis zu Jesu Wiederkunft gebrauchen, und ***Aufgaben,*** die er erfüllen soll. Gabe bedeutet zugleich Aufgabe. Wenn jemand eine Gabe hat, dann soll er sie auch einbringen, speziell in der eigenen Gemeinde, aber auch für die Mission. Auf die Wiederkunft Jesu zu warten, heißt deshalb keineswegs, die Hände in den Schoß zu legen - selbst wenn es gefaltete Hände sind!

Das Motto lautet vielmehr: „Bete ***und*** arbeite!" Auch wenn diese Welt vergeht, auch wenn das Gericht Gottes über sie beschlossen ist, so kann uns das, was in ihr geschieht, doch nicht gleichgültig sein. Wir sind gerufen, ***Nächstenliebe zu*** üben, bis

7 W. Tlach, Der letzte Krieg. Kriege und Krisen unserer Zeit im Lichte biblischer Prophetie, Neuhausen-Stuttgart 1991, S. 42.

der Tag des HERRN kommt. *„Brich dem Hungrigen dein Brot, und die im Elend ohne Obdach sind, führe ins Haus! Wenn du einen nackt siehst, so kleide ihn, und entzieh dich nicht deinem Fleisch und Blut!"* (Jes. 58,7).

Wir stehen in der gleichen Spannung wie ein Arzt, der darum weiß, dass jeder seiner Patienten einmal sterben wird, und doch alles tut, um ihr Leiden zu heilen oder zu lindern. Wir von uns aus dürfen diese Welt und ihre Menschen niemals aufgeben. Der Zeitpunkt ihres Endes liegt allein in GOTTES Hand.

10. Macht zu Jüngern alle Völker!

Das Handeln des Christen schließt an oberster Stelle den *Missionsauftrag* ein: *„Geht hin und macht zu Jüngern alle Völker: Tauft sie auf den Namen des Vaters und des Sohnes und des Heiligen Geistes und lehrt sie halten alles, was Ich euch befohlen habe. Und siehe, Ich bin bei euch alle Tage bis an der Welt Ende"* (Matth. 28,19 f.).

Ein Missionar kann jeder Christ sein. Damit meine ich nicht unbedingt, dass jeder nach Afrika oder in andere Länder geht. Aber wenn der HERR Jesus im Herzen wohnt, wenn wir etwas mit Ihm erlebt haben, wenn wir errettet wurden durch Ihn, dann drängt es uns. Der Heilige Geist drängt uns, das Evangelium weiter zu sagen. Wir dürfen die Liebe Christi vorleben, bis wir gefragt werden, aber können zugleich auch verbal Zeugnis ablegen.

Es ist jedoch immer schlecht, wenn man die Leute sogleich ohne Anlass anpredigt. Dies kann zwar auf der Straße oder in der Kirche zuweilen seinen Platz haben. Aber im alltäglichen zwischenmenschlichen Umgang sollte man um den richtigen Takt beten, denn manche haben nicht das richtige Feingefühl und schaden der Sache mehr, als sie nützen. Grundsätzlich dürfen wir durch unser Leben und unsere Worte und Taten den HERRN bezeugen. Mission ist die *positive Antwort des Christen* auf die antichristlichen Verführungen.

Die heilsgeschichtlichen Linien Israels, der Gemeinde, der Mission und der Verführung laufen nebeneinander her, bis Jesus wiederkommt. Mission bewahrt die Gemeinde Jesu vor der Weltflucht, die sich angesichts der antichristlichen Angriffe nahe liegen könnte. Aber nicht Flucht, sondern Liebe zu den Verlorenen darf der Antrieb des Christen sein.

Jedem Menschen gilt die Einladung Jesu: *„Ich bin das Brot des Lebens. Wer zu Mir kommt, den wird nicht hungern; und wer an Mich glaubt, den wird nimmermehr dürsten"* (Joh. 6,35). *„Ich bin die Auferstehung und das Leben. Wer an Mich glaubt, der wird leben, auch wenn er stirbt; und wer da lebt und glaubt an Mich, der wird nimmermehr sterben"* (Joh. 11,25 ff.).

11. Bleibt Jesus treu!

Nur wer treu ist, wird ans Ziel gelangen. Nur der, welcher ganz bei Jesus bleibt, wird vor den Fallstricken des Antichristen und seiner Vorläufer bewahrt. Nur wer Treue hält bis ans Ende, wird die Krone des Lebens erwerben: *„Und dem Engel der Gemeinde in Smyrna schreibe: Das sagt der Erste und der Letzte, der tot war und ist lebendig geworden: Ich kenne deine Bedrängnis und deine Armut - du bist aber reich ... Fürchte dich nicht vor dem, was du leiden wirst! Siehe, der Teufel wird einige von euch ins Gefängnis werfen, damit ihr versucht werdet, und ihr werdet in Bedrängnis sein zehn Tage. Sei getreu bis an den Tod, so will Ich dir die Krone des Lebens geben"* (Offb. 2,9 f.).

12. Freut euch im Herrn!

Eine Hochzeit ist ja grundsätzlich etwas Fröhliches. Wenn die Tür geschlossen war, wurde drinnen fröhlich gefeiert. Nur die, welche nicht bereit waren, hatten das Nachsehen. Diese blieben draußen in der Dunkelheit. Aber wer drin ist, der wird große Freude haben.

So gilt auch jetzt schon für uns, was der HERR Jesus sagt: *„Wenn aber dieses anfängt zu geschehen* (damit meint Er alle

Zeichen der Endzeit), *dann seht auf und erhebt eure Häupter, weil sich eure Erlösung naht"* (Lk. 21,28). Ja, wir wissen, der HERR kommt bald. Das Hochzeitsmahl wird gefeiert. Erhebt eure Häupter, lasst nicht die Köpfe hängen, sondern seid fröhlich im HERRN.

Ein weiterer Trost ist: *„Dann werdet ihr euch freuen, die ihr jetzt eine kleine Zeit, wenn es sein soll, traurig seid in mancherlei Anfechtungen, damit euer Glaube als echt und viel kostbarer befunden werde als das vergängliche Gold, das durchs Feuer geläutert wird, zu Lob, Preis und Ehre, wenn offenbart wird Jesus Christus"* (1. Petr. 1,6 f.).

Das jetzige Leiden auf dieser Welt ist also eine kleine Zeit im Vergleich zur ewigen Herrlichkeit, während es bei den Weltmenschen genau umgekehrt ist. Diese haben eine kurze Zeit irdischer Vergnügungen und dann ewiges Leiden.

Was ist aber objektiv die bessere Wahl? Natürlich haben auch wir hier Freude, aber ebenso Leid, evtl. auch und gerade wegen unseres Glaubens, dann zukünftig aber ewige Freude im Himmel. Die Weltmenschen haben hier das, was sie Freude nennen: Fasching, Tanz und Disco, Party usw., daneben haben auch sie Leid hier auf der Welt und nach dem Tod ewige Pein. Viele Menschen lassen sich verbrennen, weil sie denken: Dann wird nichts übrig bleiben, das Ende mit den Flammen ist unwiderruflich. Welche Torheit!

Der Grund der Freude, welche uns in all dem Schweren Kraft gibt, ist die Gewissheit, dass *Jesus Christus der Sieg gehört.* Am Kreuz auf Golgatha wurde dieser Sieg errungen. Seitdem führen der Teufel und seine antichristlichen Gehilfen Rückzugsgefechte. Die Zeit drängt für sie, weil ihre endgültige Entmachtung bevorsteht (Offb. 12,9 ff.).

Zwar wird der Antichrist noch seine Schreckensherrschaft auf Erden errichten, doch ist diese Tyrannei zeitlich begrenzt: Nach *„42 Monaten"* werden er und sein falscher Prophet in den *„feurigen Pfuhl"* geworfen. Nach dem Ende des tausendjährigen Friedensreiches Jesu Christi folgt ihnen dorthin der Satan: *„Und der Teufel, der sie* (= die Völker) *verführte, wurde geworfen in den*

Pfuhl von Feuer und Schwefel, wo auch das Tier (= der Antichrist) *und der falsche Prophet waren; und sie werden gequält werden Tag und Nacht, von Ewigkeit zu Ewigkeit"* (Offb. 20,10).

Nachdem der Böse entmachtet ist, führt GOTT alle, die Ihm und Seinem Sohn Jesus Christus treu geblieben sind, in das himmlische Jerusalem, wo *„weder Tod noch Leid noch Geschrei noch Schmerz mehr sein werden; denn das Erste ist vergangen. Und der auf dem Thron saß, sprach: Siehe, Ich mache alles neu"* (Offb. 21,4 ff.). Und gemeinsam mit dem himmlischen Heer betet die Gemeinde der Erlösten GOTT an, lobt Ihn und spricht: *„Das Lamm, das erwürgt ist, ist würdig, zu nehmen Kraft und Reichtum und Stärke und Ehre und Preis und Lob ... Dem, der auf dem Thron sitzt, und dem Lamm sei Lob und Ehre und Preis und Gewalt von Ewigkeit zu Ewigkeit ... Amen"* (Offb. 5,12-14).

Jeder Christ, der sich nicht nur so nennt, sondern wirklich an Jesus Christus als seinen Erlöser und HERRN glaubt, geht auf ein wunderbares *Ziel* zu. Und dieses Ziel besteht darin, einmal ganz bei GOTT zu sein; Ihn zu schauen, der die Welt erschaffen hat und sie so sehr liebte, dass Er Seinen eingeborenen Sohn für sie in den Tod gab (Joh. 3,16); Ihm zu danken, der uns Leben in Fülle gibt; von Ihm getröstet zu werden, der sagte: *„Kommt her zu Mir alle, die ihr mühselig und beladen seid; Ich will euch erquicken"* (Matth. 11,28); und an der Feier teilzunehmen, von der es in Offb. 19,6 ff. heißt: *„Halleluja! Denn der HERR, unser GOTT, der Allmächtige, hat das Reich eingenommen! Lasst uns freuen und fröhlich sein und Ihm die Ehre geben; denn die Hochzeit des Lammes ist gekommen, und Seine Braut hat sich bereitet."*

„Und der Geist und die Braut sprechen: Komm! Und wer es hört, der spreche: Komm! Und wen dürstet, der komme; und wer da will, der nehme das Wasser des Lebens umsonst" (Offb. 22,17).

Gebet:

Lieber Heiland, lieber Bräutigam, HERR, bereite uns zu als Deine Braut, dass keiner von uns, die wir heute hier sind, zurückbleiben muss, dass keiner von uns einmal vor verschlossener Tür steht. HERR, schenke, dass wir drin sein dürfen bei Dir, dem Bräutigam, dass wir das himmlische Hochzeitsmahl feiern dürfen und die ewige

Freude erleben in Deinem herrlichen Reich. Bitte bereite uns zu als Deine Brautgemeinde. Nimm alles weg, was Flecken und Runzeln sind, Böses und Sünde. Reinige auch mein Herz, damit nichts zwischen Dir und mir steht, wenn Du mich abrufst. Das schenke jedem von uns. Amen.

9. Teil
Gebrauche treu die dir anvertrauten Gaben!

Wie reagieren Sie?

Stellen Sie sich einmal vor, Ihnen würde beim Bibellesen deutlich werden, dass Sie in die Stadt gehen und Traktate weitergeben sollten. Was würden Sie dann aber tatsächlich tun? Sich sofort aufmachen und verteilen? Oder würden Sie sagen: *„Ich kann das nicht, weil ich zu ängstlich bin. Das ist vielleicht doch nicht GOTTES Wille. Das sollen andere machen. Ich mache lieber gar nichts."* Oder es könnte ja auch sein, dass jemand sagt: *„In der Stadt verteilen kann ich nicht, aber ich kann es in Briefkästen legen."* Ein Bruder hat einmal zu mir gesagt: *„Ich missioniere nicht mehr, ich habe meine Schäfchen im Trockenen. Ich warte nur noch auf den HERRN."* Das ist auch eine Lehre, die sehr bequem sein und sehr träge machen kann.

Ein anderes Beispiel: Stellen Sie sich vor, Ihnen wird im Gebet klar, dass Sie Ihrem ungläubigen Nachbarn etwas von Jesus erzählen sollen. Was würden Sie tun? Beten, wann der rechte Zeitpunkt ist und dann auch gehen? Vielleicht sagen Sie auch: *„Nein, ich möchte es mir mit dem Nachbarn nicht verderben. Am* *besten, er merkt gar nicht, dass ich Christ bin. Wir reden lieber nur über das Wetter.“*

Ein drittes Beispiel: Der Geist GOTTES mahnt Sie in der Versammlung: Im Chor sind zu wenig Sänger und Sie haben eine gute Stimme. Sie versuchen zwar immer, diese zu verbergen, aber jetzt ist der Zeitpunkt, wo Sie Ihre Gabe einbringen sollten. Was würden Sie tun? Sich melden beim Chorleiter und sagen: *„Hier bin ich, ich möchte mit dienen im Chor“*? Auch wenn das mehr Zeit und Kraft kostet? Oder würden Sie sagen: „Egal, ob der Chor ausstirbt. Wir können ja auch so singen.“

Noch ein Beispiel: In vielen Gemeinden liegt eine Liste aus zum Eintragen für den Putzdienst. Dann denken vielleicht manche Männer: *„Na wieso ich? Das können doch die Frauen viel besser. Ich sehe den Schmutz gar nicht. Bei mir häuft es sich sowieso bis zur Decke. Wieso soll ich mich da eintragen? Das überlassen wir den Frauen.“* Ist das richtig? Es ist doch schön, wenn man dann als Familie anrückt, vielleicht sogar mit den Kindern, dann den Besen schwingt und mit dem Putzlappen und dem Staubsauger wirkt. Das macht Freude. Aber es könnte sich auch einer drücken.

Warum habe ich diese Beispiele genannt? Sie hängen sehr eng zusammen mit dem, was wir nun im Wort GOTTES betrachten wollen. Und zwar lesen wir in Matthäus 25,14-30 ein Gleichnis. Gleichnisse haben dem Nachfolger Jesu für das persönliche Leben viel zu sagen. Da spricht der HERR Jesus folgendes:

Matthäus 25,14-30:

„Denn es ist wie mit einem Menschen, der außer Landes ging. Er rief seine Knechte und vertraute ihnen sein Vermögen an. Dem einen gab er fünf Zentner Silber (fünf Zentner entsprechen 500 Drachmen oder 500 Dinaren, umgerechnet 500 Tageslöhne von damals), *dem anderen zwei, dem dritten einen, jedem nach seiner Tüchtigkeit* (oder Fähigkeit, Kraft: dynamis steht hier) *und er zog fort. Sogleich ging der hin, der fünf Zentner empfangen hatte und handelte mit ihnen und gewann weitere fünf dazu. Ebenso gewann der, der zwei Zentner empfangen hatte, zwei weitere dazu. Der aber einen empfangen hatte, ging hin, grub ein Loch in die Erde* (in der Parallelstelle in Lukas 17 steht sogar, dass er es noch in ein

Schweißtuch gewickelt hat, mit dem er sich den Schweiß hätte abwischen sollen) *und verbarg das Geld seines Herrn.*

Nach langer Zeit kam der Herr dieser Knechte und forderte Rechenschaft von ihnen. Da trat herzu, der fünf Zentner empfangen hatte, und legte weitere fünf Zentner dazu und sprach: „Herr, du hast mir fünf Zentner anvertraut, siehe da, ich habe damit weitere fünf Zentner gewonnen. Da sprach sein Herr zu ihm: „Gut so, du tüchtiger und treuer Knecht. Du bist über wenigem treu gewesen. Ich will dich über viel setzen. Gehe hinein zu deines Herrn Freude."

Da trat auch der dazu, der zwei Zentner empfangen hatte, und sprach: Herr, du hast mir zwei Zentner anvertraut, siehe da, ich habe damit zwei weitere gewonnen. Sein Herr sprach zu ihm: „Gut so, du tüchtiger und treuer Knecht. Du bist über wenigem treu gewesen. Ich will dich über viel setzen. Gehe hinein zu deines Herrn Freude."

Da trat auch der herzu, der einen Zentner empfangen hatte, und sprach: „Herr, ich wusste, dass du ein harter Mann bist. Du erntest, wo du nicht gesät hast, und sammelst ein, wo du nicht ausgestreut hast. Und ich fürchtete mich, ging hin und verbarg deinen Zentner in der Erde. Siehe, da hast du das Deine." Sein Herr aber antwortete und sprach zu ihm: „Du böser und fauler Knecht. Wusstest du, dass ich ernte, wo ich nicht gesät habe und einsammelte, wo ich nicht ausgestreut habe? Dann hättest du mein Geld zu den Wechslern bringen sollen. Und wenn ich gekommen wäre, hätte ich das meine wiederbekommen mit Zinsen. Darum, nehmt ihm den Zentner ab und gebt ihm dem, der zehn Zentner hat.

Denn wer da hat, dem wird gegeben werden. Und er wird die Fülle haben. Wer aber nicht hat, dem wird auch, was er hat, genommen werden. Und den unnützen Knecht werft in die Finsternis hinaus. Da wird Heulen und Zähneklappern sein."

Gebet:

Lieber HERR Jesus Christus. Du hast uns Gaben anvertraut und diese Gaben beinhalten auch Aufgaben. Lass jeden von uns erkennen, welche Gaben und Aufgaben du uns anvertraut hast. Amen

Gaben beinhalten Aufgaben

Der Mensch, der in dem Gleichnis außer Landes zieht, ist gleichzusetzen mit GOTT, der jedem von uns Gaben gegeben hat. Hier im Gleichnis werden sie dargestellt als Geldwertbeträge. Übersetzt wird hier verschiedentlich mit Silber oder Talenten. Es geht aber um Werte, die anvertraut sind, mit denen die Knechte treu umgehen sollen. Sie sollen sie nicht verschleudern. Nun, das tut auch keiner von den dreien. Es kann keinem von ihnen vorgeworfen werden, er hätte das Geld verschleudert wie etwa der verlorene Sohn. Dieser hatte sein Erbe sehr schnell aufgebraucht und verprasst. Nein, alle drei haben das Anvertraute bewahrt. Der Unterschied ist nur, dass die ersten beiden Knechte mit den ihnen geliehenen Gaben gearbeitet und sie vermehrt haben. Jeder, der sich ein bisschen auskennt im Wirtschaftswesen, weiß, dass man investieren muss, um einen Gewinn zu erzielen.

Ich möchte hier ein Beispiel aus dem Buchhandel geben, in dem ich mich auskenne. Ein Buchhändler kauft zunächst Bücher ein bei den Vertriebsstätten. Auf den Einkaufspreis kalkuliert er seinen Buchhandelbetrag. So kommt er zu einem Gewinn. Mit jedem Buch, das der Buchhändler verkauft, hat er auch wieder einen Gewinn für seine Arbeit.

Genauso hatten diese Knechte etwas erhalten, mit dem sie hatten arbeiten können, um es zu vermehren. Und das haben auch zwei in hervorragender Weise gemacht. Aber der dritte erstaunlicherweise nicht. Zudem kann man an der Weise, wie der Herr in dem Gleichnis diese Gaben verteilt, bereits erkennen, dass er schon ahnt, dass der dritte Knecht problematisch sein könnte. Denn hier steht: ***„Er vertraute ihnen sein Vermögen an, dem einen gab er fünf Zentner, dem anderen zwei, dem dritten einen Zentner.“*** Also jedem nach seiner ***dynamis***, nach seiner Kraft, Energie, Fähigkeit, Tüchtigkeit. Alles das steckt in diesem Begriff drin.

Dieser Herr wusste bereits: der erste ist ein tüchtiger Knecht, dem kann ich viel geben. Der wird treu damit umgehen. Der zweite Knecht ist auch tüchtig, hat aber nicht so gute Gaben und ist ein bisschen schwächer veranlagt. Trotzdem ist auch er ein treuer und guter Knecht. So gibt es auch heute unter uns Menschen, die haben auf dem einen Gebiet nützliche Gaben, manche in einem anderen Bereich. Sinnvoll ist zweifellos auch, dass kein Mensch alle Fähigkeiten hat, sondern dass sie verteilt sind und keiner hochmütig wird. Der eine kann gut rechnen, der andere gut lesen, der dritte gut schreiben, der vierte gut handwerklich arbeiten, der fünfte gut musizieren usw. Jeder von uns besitzt mehrere Gaben.

Es gibt die natürlichen Gaben – und weiterhin die Geistesgaben, die der wiedergeborene Christ zusätzlich erhält. Es geht zunächst einmal um die natürlichen Gaben. Diese sind reichlich und unterschiedlich verteilt, so dass keiner benachteiligt ist. Der HERR kennt Seine Knechte. GOTT kennt jeden von uns. Er weiß: Wem viel gegeben ist, bei dem wird man viel fordern. So ist es auch bei dem ersten Knecht in unserem Gleichnis. Diesem wird viel gegeben. Er hat sich des Vertrauens würdig erwiesen und mit diesen Talenten gearbeitet. Er handelte mit ihnen und gewann weitere fünf dazu. Er hat sie verdoppelt.

Und wann tat er das? Nicht erst nach Jahren, als sein Herr lange ausblieb. Wir lesen das kleine Wörtchen in Vers 16 *„sogleich“*. Er bekam den Auftrag und fing sofort an zu arbeiten. Wie war es denn, als der HERR Jesus Seine Jünger berief am See Genezareth? Haben diese etwa gesagt: ***„Ich muss jetzt noch ein paar Wochen bleiben, muss noch das Feld bestellen vorher, muss dieses und jenes tun“***? Nein: ***„Wer seine Hand an den Pflug legt und sieht zurück, der ist nicht geeignet für das Reich GOTTES“***, sagt der HERR (Lukas 9,62). Die Jünger, die Er am See Genezareth berufen hatte, sind Ihm sofort nachgefolgt.

Einer freilich wollte noch groß Abschied feiern. Diesem hat Jesus gesagt, dass er nicht taugt. ***„Lass die Toten ihre Toten begraben“***, war die hart klingende Antwort des Heilands an ihn (Lukas 9,60). Der HERR Jesus ist natürlich nicht pietätlos, aber Er zeigt uns hier die Priorität auf. Wenn GOTT ruft, dann hat dies Vorrang vor allem anderen, auch in unserem Leben. Wenn der HERR uns eine Aufgabe zuteilt, dann steht das über allen irdischen, alltäglichen Verpflichtungen, die wir haben. Was uns hinsichtlich des Reichs GOTTES aufgetragen ist, besitzt Vorrang vor allem anderen. Wenn GOTT es sagt, dann gehe heute in die Stadt und verteile Traktate oder wirf sie in die Briefkästen oder sprich diesen bestimmten Menschen an oder tue, was immer Gott von dir möchte. Wir sollten nicht zögern.

Ich habe schon Zeugnisse gehört, wo jemand plötzlich durch das Bibellesen eine Art Eingebung bekommen hat. Ja, GOTT spricht auch heute noch manchmal so direkt. „Besuch jetzt diesen Nachbarn!". Dann ging er hin und fand diesen in einer ganz verzweifelten Lage vor. Quasi kurz vor dem Selbstmord. Er konnte ihn gerade noch retten, indem er zu ihm kam und ihn getröstet hat, indem er ihm das Evangelium vorgelebt und bezeugt hat. Ich habe schon mehrere solcher Beispiele gehört von Brüdern in Predigten, die das erlebt haben. In jedem Fall sollten wir nicht zögern, wenn GOTT uns etwas zeigt. Der erste Knecht, der ganz hervorragende Gaben und deshalb auch sehr viele Aufgaben bekommen hatte, ging sogleich hin. Er war ein schneller, tüchtiger und zuverlässiger Mensch.

Und dann kommt der andere Knecht, der zwei Zentner empfangen und zwei weitere hinzugewonnen hat. Zu beiden Knechten sagt der Herr im Gleichnis genau das Gleiche. Das ist interessant. Im Griechischen steht auch wörtlich die gleiche Antwort. Er sagt zu beiden den Satz, als sie Ihm das Erwirtschaftete überreichen bei Seiner Wiederkunft: ***„Gut, du tüchtiger und treuer Knecht."*** Man kann das auch übersetzen mit: „Du fleißiger und gläubiger Knecht". Denn das Wort „tüchtig" heißt auch „fleißig" und das Wort „treu" heißt auch „gläubig". Der auf den HERRN vertraut hat, ist der, der Ihn auch liebt. Vertrauen und Liebe hängen eng zusammen. Die ersten beiden Knechte haben ihren Herrn geliebt und haben das Beste für Ihn getan. Lieben wir den HERRN? Dann wird es uns nicht schwer fallen, Ihm zu dienen.

Gilt das auch im irdischen Bereich? Für manche klingt es vielleicht seltsam, aber lieben wir unseren Arbeitgeber, unseren Auftraggeber? Haben wir ein gutes Verhältnis zu ihm? Dann werden wir viel flotter und zufriedener arbeiten, als wenn eine angespannte Situation im Betrieb herrscht. Einmal sagt uns die Bibel, wir sollen uns auch den wunderlichen Herren unterordnen, und zwar um des HERRN Willen, damit wir auch sie gewinnen (1. Petrus 2,18). Beten wir doch dafür, wenn wir vielleicht einen schwierigen Arbeitgeber haben, dass der HERR die Situation verändert und wir ihm in Liebe, Offenheit und Freundlichkeit begegnen können. Ich denke, früher oder später wird er das merken und sich ändern, vor allem, wenn wir ihn in unserem Gebet dem HERRN anbefehlen. Dazu möchte ich ermutigen.

In der Geschäftswelt wird es heute immer härter, darum wollen wir umso mehr beten, dass der HERR uns Kraft schenkt – und auch Liebe zu den Vorgesetzten, zu den Kollegen und Kolleginnen, auch zu den Angestellten, falls wir über jemanden geordnet sind. Wir brauchen Weisheit und Vertrauen zueinander. Leider ist das nicht immer gegeben, vor allem dann nicht, wenn man Enttäuschungen erleben musste. Aber ich kann Ihnen sagen, wenn ein Chef merkt, dass Sie Christ und zuverlässig sind, wird er Sie letztendlich auch schätzen. Wenn wir keinen Betrug mitmachen, keine Bestechung und nicht lügen, sondern aufrichtig und geradlinig den Weg gehen. Es kann vielleicht in dem einen oder anderen Fall auch einmal die Arbeitsstelle kosten, wenn man keine falschen Kompromisse schließt. Aber der HERR wird es lohnen.

Der Lohn für zuverlässige Arbeit

Als der Herr der Knechte wiederkommt, sagt er zu beiden: *„Gut so, du fleißiger und treuer* (oder gläubiger) *Knecht. Du bist über wenigem treu gewesen, ich will dich über viel setzen. Geh hinein zu deines Herrn Freude."*

Damit ist letztendlich der Eingang in das Himmelreich gemeint. Der Knecht wird seine Belohnung empfangen im Himmelreich. Hier klingt das Preisgericht an aus 1. Korinther 3. Das Preisgericht findet zeitlich vor dem Weltgericht statt. Das Weltgericht, das vor dem großen weißen Thron sein wird, werde ich im nächsten Abschnitt behandeln. Dann wird GOTT, der

HERR, die Schafe von den Böcken scheiden. Das vorherige Preisgericht wird für die sein, die entrückt werden. Das sind diejenigen, die nicht ins Endgericht kommen.

1. Korinther 3,9:_

„Denn wir sind GOTTES Mitarbeiter. (Das ist eine großartige Würdigung, die der Gläubige erfährt, GOTTES Mitarbeiter sein zu dürfen, das ist ein Vorrecht). *Ihr aber seid GOTTES Ackerfeld und GOTTES Bau.* (Das sagt der Apostel Paulus als Apostel zur Gemeinde. Aber jeder Christ darf auch heute GOTTES Mitarbeiter sein, auf seine Weise, in seinem Bereich) *Gemäß der Gnade GOTTES, die mir gegeben ist,* (es geschieht alles aus Gnaden, nicht, dass sich jemand etwas auf seine Gaben einbildet) *habe ich als ein weiser Baumeister den Grund gelegt, ein anderer aber baut darauf. Jeder aber gebe Acht, wie er darauf aufbaut.* (Der eine baut fünf weitere Talente darauf, der andere zwei, der dritte gar nichts).

Denn einen anderen Grund kann niemand legen, außer dem, der gelegt, welcher ist Jesus Christus. (Jesus ist das einzige Fundament, und nun kommt das Preisgericht) *Wenn aber jemand auf diesem Grund* (also auf Jesus, auf seine Gnade) *Gold, Silber, kostbare Steine, Holz, Heu, Stroh baut, so wird das Werk eines jeden offenbar werden. Der Tag wird es zeigen, weil es durchs Feuer geoffenbart wird. Welcher Art das Werk eines jeden ist, wird das Feuer erproben. Wenn jemandes Werk, das er darauf gebaut, bleibt,* (also dauerhaft ist) *so wird er Lohn empfangen. Wird aber jemandes Werk verbrennen, so wird er Schaden erleiden. Er selbst aber wird gerettet werden, doch so, wie durchs Feuer hindurch."*

Damit ist nicht ein imaginäres Fegefeuer gemeint, sondern es heißt: ... wie durchs Feuer hindurch. Es ist ein Vergleich, d. h. jemand, der nicht viele Werke auf dieses Fundament Jesus Christus baut, der kann auch gerettet werden, aber wie durchs Feuer hindurch, während jemand, der ein fleißiger und treuer Knecht ist, besonderen Lohn empfangen wird in der Ewigkeit.

Wir wollen aber nicht auf den Lohn spekulieren, wenn wir dem HERRN dienen, sondern möchten es alles aus der Liebe tun zu Jesus und zu den Menschen. Denn sonst ist alles schon wieder getrübt. Dann ist es nicht mehr aufrichtig, sondern geschieht mit Nebengedanken. Es ist beispielsweise auch gut, dass ich nicht weiß, wie viele Menschen sich durch meine Bücher bekehrt haben. Wir wollen gar keine Zahlen wissen. In der Ewigkeit werden wir es erfahren. Gut, dass der HERR hier manches vor uns verbirgt in dieser Weltzeit. Der HERR offenbart uns nicht alles. Aber in der Ewigkeit wird hoffentlich einmal Freude sein über alle Dienste, die hier getan werden konnten, über die Predigten und Botschaften. Jedes Mal bete und hoffe ich, dass sie nicht ins Leere treffen, sondern dass Herzen sich bekehren, dass Menschen gerettet werden. So darf ich auch von mir persönlich sagen, dass alle meine Bücher ein missionarisches Ziel haben: Menschen zu retten, auch wenn es sich zum Teil um aktuelle Themen handelt. Es geht letztendlich immer um Jesus. Er ist die einzige Antwort auf alle Fragen unserer Welt. Sonst würde ich gar nichts reden oder schreiben, wenn das nicht mein Ziel wäre.

Nun haben wir also einiges gehört über die zwei guten Knechte. Sie sind Beispiele für Christen, die eifrig sind im Reich GOTTES. Andererseits sollen wir uns auch nicht die Beine ausreißen und bis zum „burnout“ (Ausgebranntsein) schuften. Dies wäre ein falsches Verständnis. Das Fundament bleibt Jesus Christus, Seine Gnade. Aber wir sollen auch nicht faul und träge sein. Das zeigt uns das Wort hier ganz deutlich.

Das Verhalten des faulen Knechtes

Jetzt betrachten wir den faulen, unnützen Knecht. Bevor ich darauf eingehe, möchte ich darauf hinweisen, dass das Wort „unnütz“ nicht zu verwechseln ist mit dem gleichen Wort „unnütz“ in Lukas 17,7-10. In dieser Bibelstelle ist die Rede von der Pflichterfüllung im Reichsgottesdienst. Da lesen wir, dass der HERR Jesus uns sagt:

Lukas 17,7-10:

„Wer aber von euch wird zu seinem Knecht, der pflügt oder weidet, wenn er vom Felde heimkommt, sogleich sagen: Komm her und setze dich zu Tisch! Wird er nicht vielmehr zu ihm sagen: Bereite mir das Abendbrot! Schürze dich und diene mir, bis ich ge-

gessen und getrunken habe - und danach sollst du essen und trinken. Dankt er wohl jenem Knecht, dass er getan hat, was ihm befohlen war? So sollt auch ihr, wenn ihr alles getan, was euch befohlen war, sprechen: Wir sind unnütze Knechte. Wir haben getan, was wir zu tun schuldig waren."

Wer so denkt, der wird nie in Hochmut verfallen und sich etwas einbilden auf seine eigenen Leistungen. Wen GOTT lieb hat, den züchtigt er. Den lässt Er immer wieder durch Demutstäler gehen in seinem Leben. Das sollten wir so annehmen.

Am Anfang meines Dienstes habe ich es ebenso erlebt. Mein Dienst stieg ziemlich kometenhaft nach oben. Die ersten Bücher waren Bestseller. Dann hat mir der HERR viele Demutstäler geschickt im Leben, wo es steil bergab ging. Ich will diese hier nicht aufzählen, nur einfach erwähnen. Und ich denke, das brauchen wir wirklich, damit wir bei allen Gaben, die der HERR uns schenkt, und allen Aufgaben, die wir ausführen dürfen, erkennen und am Schluss sagen können: Wir sind unnütze Knechte. Wir haben getan, was wir zu tun schuldig waren.

Denn wir können gar nichts tun aus eigener Kraft. Alles, was wir tun, insbesondere im Bereich der Gottesarbeit, ist Gnade vom HERRN. Selbst unser alltägliches Leben könnten wir nicht führen, wenn der HERR uns nicht gesunde Glieder, gesunde Gedanken, ein funktionierendes Gehirn geschenkt hätte, so dass wir noch klar denken können. Wie schnell kann das vorbei sein ...!?

Meine Mutter wurde von einem Tag auf den anderen dement. So schnell kann es gehen. Sie war damals 75 Jahre alt. Wir wissen nicht, wie lange uns der HERR die Gesundheit erhält. Es ist alles Gnade. Auch im Reich GOTTES, denn ohne Ihn können wir nichts tun.

Das Wort „unnütz" in Lukas 17 darf also keinesfalls verwechselt werden mit dem Begriff „unnützer Knecht" in unserem Gleichnis, in dem es um den dritten, den bösen und faulen Knecht geht. Dieser nämlich ist unnütz in einem ganz anderen Sinn. Dieser würde von sich aus nicht sagen: ***Ich bin ein unnützer Knecht. Ich tue, was ich zu tun schuldig bin.*** Weil er nämlich ***gar nichts*** tut. Dieser ist ganz objektiv gesehen tatsächlich unnütz.

Wir dagegen bekennen, dass wir unnütz sind gegenüber Jesus, weil wir Ihm alles verdanken. Aber dieser hier ist unnütz in seinem Wesen. Er sagt das nicht, sondern er hält sich für sehr nützlich. Er hat ja nichts verschleudert von dem Anvertrauten, aber ganz objektiv gesehen ist er wirklich unnütz und wird deshalb auch als Heuchler ins Feuer geworfen, ins ewige Feuer der Verdammnis. So lesen wir jetzt, was dieser Knecht seinem Herrn in einer unverschämten und frechen Weise antwortet, als der Herr nach langer Zeit wiederkommt:

Matthäus 25,24:

„Da trat auch herzu, der einen Zentner empfangen hatte und sprach: „Herr, ich wusste, dass du ein harter Mann bist. Du erntest, wo du nicht gesät hast, und sammelst ein, wo du nicht ausgestreut hast.“

Was will er seinem Herrn damit sagen? Er will sagen: ***Ich hatte nicht den Mut, mit dem mir anvertrauten Gut zu wirtschaften, ich habe es einfach auf Nummer sicher gebracht und es verborgen.*** Er hat es in ein Schweißtuch gewickelt, das steht in der Parallelstelle im Lukasevangelium, und dann noch in die Erde eingegraben, damit ja nichts passiert mit diesem Zentner. Dann würde sein Herr mit ihm zufrieden sein, denkt er. Er hat es ja nicht ausgegeben. Aber es gibt auch eine Unterlassungssünde!

Der verlorene Sohn in Lukas 15 hat viele offensichtliche Tatsünden begangen. Er hat sich von seinem Vater verabschiedet und das Erbe beansprucht, was man sonst nur macht, wenn der Vater im Sterben liegt. Er hatte sich demzufolge gewünscht, dass der Vater stirbt, damit er an sein Erbe kommt. Das war schon die erste große Sünde. Darüber hinaus hat er das Erbe noch verprasst. Wie, das wird im Einzelnen nicht gesagt. Sein älterer Bruder vermutet dann, dass er es mit Dirnen durchgebracht hat. Der verlorene Sohn hat also Tatsünden begangen.

Aber der böse und faule Knecht in unserem Gleichnis hält sich wahrscheinlich auch noch für gerecht. Er hat ja mit dem einen Zentner nichts Böses angestellt. Aber er hat eine Unterlassungssünde begangen!

Was ist eine Unterlassungssünde? Das werden wir im nächsten Abschnitt hören, wenn wir Matthäus 25,42 ff. lesen – ich zitiere schon einmal im Voraus:

Matthäus 25,42 ff:

„Ich bin hungrig gewesen, und ihr habt mir nichts zu essen gegeben. Ich bin durstig gewesen, und ihr habt mir nichts zu trinken gegeben. Ich bin ein Fremder gewesen, und ihr habt mich nicht aufgenommen. Ich bin nackt gewesen, und ihr habt mich nicht gekleidet. Ich bin krank und im Gefängnis gewesen, und ihr habt mich nicht besucht."

Das sind konkrete Unterlassungssünden, die der HERR hier zusammenfasst. Wir merken, wie die Bibel eine wunderbare Einheit ist und eins aus dem anderen hervorgeht. Eine Unterlassungssünde ist, wenn ich gar nichts tue. Wenn ich sehe: Da verblutet einer am Straßenrand – und ich gehe daran vorbei. Gemäß dem Gleichnis vom barmherzigen Samariter sind die zwei „heiligen" Männer (der Priester und der Levit) am Notleidenden vorbeigelaufen, während der verschrieene Samariter ihm tatkräftig geholfen hat. Der Samariter stammte aus einer verachteten Volksgruppe, denn die Samariter waren ein Mischvolk mit israelischem und babylonischem Glauben. Aber der Samariter hat Barmherzigkeit erwiesen, nicht die frommen Rechtgläubigen. Wir sollten uns auch faktisch prüfen: Wen sollten wir schon lange einmal besuchen? Wem sollten wir ein gutes Wort sagen? Wem sollten wir praktische Dienste, ganz konkret mit der eigenen Hände Werk, leisten?

Jetzt kehren wir zurück zu dem unverschämten Vorwurf, den der unnütze Knecht seinem Herrn macht. Er sagt immerhin noch „Herr" zu ihm. Das drückt aber gleichzeitig seine Heuchelei aus. Er nennt ihn „Herr", aber im Grunde ist er sein eigener Herr. Das merkt man daran, dass er sagt: *„Da hast du das Deine."* Er distanziert sich mit dieser Wortwahl gänzlich von seinem Herrn. Denn es war ihm so anvertraut, als ob es seins gewesen wäre und er damit wirtschaften konnte. Aber er hat immer Abstand zu seinem Herrn gehalten. Dann behauptet er, ihn zu kennen.

Dabei kennt er ihn gar nicht wirklich. Er sagt: ***„Ich wusste, dass du ein harter Mann bist.“*** Unglaublich.

Und dann noch der Vorwurf:

„Du erntest, wo du nicht gesät hast, und sammelst ein, wo du nicht ausgestreut hast.“

Ja, was wirft er ihm denn hier vor? Betrug, krumme Dinge, in die Tasche wirtschaften, ohne recht zu arbeiten. Das wirft er seinem Herrn vor. Womit wagen wir es heute, GOTT auf die Anklagebank zu setzen, und erheben uns als Richter über Gott selbst? ***Du schickst die Katastrophe. Du schickst diese Erdbeben. Du bist schuld, dass ich krank bin. Du bist schuld, dass ich nicht im Lotto gewinne.*** Es sind manchmal die banalsten Ereignisse, die Leute GOTT zuschreiben. Dabei denken sie gar nicht nach, was sie da eigentlich tun und wie sie GOTT lästern. Dürfen wir so mit GOTT umgehen? Nein, ich kann davor nur warnen. GOTT hätte es überhaupt nicht nötig, dass einer von uns in den Himmel kommt. Es ist alles Seine Gnade, dass Er den Nachfolgern Jesu Wohnungen im Himmel bereitet hat.

GOTT könnte die Menschheit genauso mit einem Wort auslöschen, wie Er sie geschaffen hat. Wer sind wir denn, dass wir denken, wir können mit GOTT rechten? Das sagt GOTT auch zu Hiob. Im Buch Hiob lesen wir in Kap. 38: ***„Da antwortete der HERR Hiob aus dem Gewittersturm und sprach: Wer verfinstert da den Ratschluss mit Worten ohne Erkenntnis?“*** Hier hatte Hiob begonnen, mit GOTT zu diskutieren. Wer hat alles geschaffen, GOTT oder der Mensch? GOTT natürlich.

Der Knecht wirft seinem Herrn sogar Betrug vor: ***„Du erntest, wo Du nicht gesät hast, und sammelst ein, wo Du nicht ausgestreut hast.“*** Und dann noch: ***„Ich fürchtete mich.“*** Ja vor wem hat er sich denn gefürchtet? Vor seinem Herrn, den er hier „Herr“ nennt? Der Apostel Johannes hat, durch den Geist GOTTES inspiriert, im 1. Johannesbrief einen sehr wichtigen Satz geschrieben: ***„Furcht ist nicht in der Liebe“*** (1. Johannes 4,18). Und wenn der Knecht hier sagt: „Ich fürchtete mich“, dann beweist das, dass er diesen Herrn eben nicht liebt. Und wenn ein Mensch sich Christ nennt und sich weigert, GOTT zu dienen, weil er sich fürchtet oder behauptet, sich zu fürchten, dann zeigt es, dass ihm die Liebe fehlt: die Liebe zu GOTT und zu den Menschen.

Der HERR Jesus hat gesagt:

Matthäus 10,32 f.:

Wer Mich bekennt vor den Menschen, zu dem werde Ich Mich auch bekennen vor Meinem himmlischen Vater. Wer Mich aber verleugnet, den werde Ich auch verleugnen vor Meinem himmlischen Vater.

Das ist die Situation, die wir auch hier sehen. ***Ich fürchtete mich ...*** Manche sagen, sie fürchten sich vor GOTT und sie haben Menschenfurcht. Sie haben Furcht, sich zu Jesus zu bekennen. In unseren natürlichen Herzen liegt diese Furcht. Aber je mehr wir GOTT fürchten, umso mehr verlieren wir die Menschenfurcht. Habt ihr das auch schon erlebt? Das ist geradezu wie ein Gesetz. Je mehr wir GOTT fürchten, umso geringer wird die Menschenfurcht in unserem Leben werden.

Ich darf euch sagen: Das ist auch mein Geheimnis, warum ich manchmal so mutig erscheine (immer bin ich es auch nicht): weil ich im Gebet immer wieder GOTT an die erste Stelle setze: ***HERR, ich will Dich fürchten und ehren. Schenk mir Mut, auch unbequeme Dinge zu sagen, dass ich keine Menschenfurcht haben muss.***

Manchmal habe ich auch Menschenfurcht. Es fällt mir dann schwer, auf die Straße zu gehen und Traktate zu verteilen. Aber ich mache es doch immer wieder und werde reich gesegnet. Noch schöner ist es, wenn auch andere Christen dabei sind und wenn man es nicht ganz allein machen muss. Ich weiß nicht, ob ich soviel Mut hätte, in islamische Länder zu gehen und dort zu missionieren. Das ist eine ganz besondere Gnade. Das verlangt der HERR auch nicht von jedem. Der HERR versucht niemanden über seine Kraft. Er kennt jeden von uns. Dem einen vertraut Er fünf Zentner an, in der Parallelstelle ist sogar die Rede von 10 Zentnern. Aber diesen einen Zentner, liebe Geschwister, den sollen wir nicht in ein Schweißtuch wickeln und vergraben, sondern mit diesem einen Zentner sollten wir arbeiten.

Und wenn es nur soviel ist, dass ich Traktate in die Briefkästen verteile oder dass ich der Nachbarin einen Einkauf mache, damit sie vielleicht ins Grübeln kommt und fragt: ***Warum tun Sie das? Ja, weil ich Jesus lieb habe und Sie auch.*** So können wir das weitersagen durch unsere Dienste. Das ist dieses eine Talent. Und 10 Talente – das ist vielleicht ein Evangelist, der vor Tausenden spricht. Wir sollten beten für wirklich bibeltreue Evangelisten. Andere gibt es genug. Aber bibeltreue werden immer weniger.

Dann sagt dieser freche böse Knecht:

„Ich fürchtete mich, ging hin und verbarg deinen Zentner in der Erde. Siehe, da hast du das deine.“

Er hat den Zentner herausgeholt und einfach zurückgegeben. Und die Frucht? Er hat keinerlei Frucht gebracht. Obwohl sein Herr ja lange nicht gekommen ist. Wie sieht es in unserem Leben aus? Sind wir auch vielleicht schon 50, 60 oder 70 Jahre alt? Und wieviel Frucht haben wir gebracht im Reich GOTTES? Hat sich jemand durch uns bekehrt? Ist schon jemand getröstet worden in Krankheitsnot? Haben wir schon Gefangene besucht? Haben wir Armen etwas gegeben von unserem Überfluss oder vielleicht ein wirkliches Opfer, das uns wehgetan hat am Geldbeutel? Auch da mögen wir uns prüfen.

Ich finde das Prinzip des Zehnten sehr hilfreich, wenn man nicht weiß, wieviel man geben soll. Das steht zwar im Alten Testament. Aber das sollte das Mindeste sein, dass wir den Zehnten unserer Gaben einbringen. Aber nur da, wo es im biblischen Sinne auch verwendet wird. Bei Missionswerken empfehle ich oft, nicht für die Missionsleitung zu spenden, sondern zweckgebunden für den einzelnen Missionar im Dienst, den man kennt, damit es auch dort ankommt. Man kann dann nachfragen, ob es auch angekommen ist oder ob „die da oben“ es verbraten haben für ihre Politik. Das ist das Problem, dass die großen Dachverbände heute fast alle auf der ökumenischen Welle mitschwimmen.

Das Schicksal des faulen Knechtes

Jedenfalls ist dieser böse Knecht nicht für den Himmel bestimmt. Er ist offensichtlich verloren. Er hätte die Chance gehabt, etwas Gutes mit dem ihm Anvertrauten zu tun. Ich bin kein Anhänger der Lehre, dass es eine doppelte Prädestination gibt, dass der eine zum Heil, der andere zur Verdammnis vorherbestimmt ist. Das ist eine grausame, extrem calvinistische Lehre, die manche heute vertreten. Nein, der faule Knecht hätte auch die Möglichkeit gehabt, mit diesem einen Talent etwas Gutes zu tun für seinen Herrn. Aber er hat diese Chance sehendes Auge verpasst. Deshalb ist er für sein Nicht-Tun verantwortlich. Wenn man dagegen von der doppelten Vorherbestimmung ausgeht, könnten diejenigen, die sowieso zur Verdammnis vorherbestimmt sind, sagen: *Ich bin ja nicht verantwortlich. Wieso will GOTT mich jetzt verdammen?* Nein, der Faule wird zur Rechenschaft gezogen. Und das kann er nur, wenn er eine Entscheidungsmöglichkeit hat, einen Willen, der „Ja“ oder „Nein“ sagen kann.

Das Heilswerk ist auf Golgatha ist hundertprozentig vollbracht. Da können wir nichts hinzufügen, nichts, nicht mal ein Prozent. Aber ob wir es annehmen oder ablehnen, ist eine andere Sache. Der Pietismus hat immer gesprochen von der Entscheidung für Jesus. Dabei tun wir nichts zu Golgatha hinzu, sondern nehmen es einfach an oder andere lehnen es ab. Dann sind wir aber auch verantwortlich und müssen dafür zur Rechenschaft gezogen werden. Hier steht ebenso: Der Herr im Gleichnis fordert Rechenschaft von diesem bösen und faulen Knecht. Und wie verurteilt er ihn? Nicht einfach so, sondern er verurteilt ihn aus seinen eigenen Worten und Taten. Er wiederholt dessen ungeheuerlichen Vorwurf gegenüber seinem guten und reinen HERRN, der ja GOTT selbst ist, So heißt es dann in Vers 26:

Matthäus 25,26

„Sein Herr aber antwortete und sprach zu ihm: „Du böser und fauler Knecht (das ist nämlich seine Sünde, die Boshaftigkeit, so seinem Herrn gegenüberzutreten und die Faulheit, mit leeren Händen zu kommen, es war keine Frucht darin) - ***wusstest du,***

wo ich ernte, wo ich nicht gesät habe und einsammle, wo ich nicht ausgestreut habe? (Woher will er denn das wissen? Denn selbst, wenn das so wäre, er kommt ihm sogar noch ein Stück entgegen,) *Dann hättest du mein Geld zu den Wechslern bringen sollen. Und wenn ich gekommen wäre, hätte ich das Meine wiederbekommen mit Zinsen.*"

Hätte er es auf die Bank gebracht, bräuchte er nicht einmal zu arbeiten und es hätte noch Zinsen gebracht. Aber nicht einmal das hat er getan. Sogar dazu war er zu faul. Vielleicht hat er Angst gehabt vor Inflation. Gar nichts tun, ist zu wenig. Darum geht es hier. Er hätte wenigstens Holz, Heu oder Stoppeln auf das Fundament Jesus bauen können, wenn er schon nicht Gold, Silber, Edelsteine im geistlichen Sinne produziert (1. Korinther 3). Aber gar nichts? Somit wird ihm auch noch das abgenommen, was ihm gegeben worden war.

So lesen wir in Vers 28:

„Darum nehmt ihm den Zentner ab und gebt ihn dem, der zehn Zentner hat."

Ja, ist das nicht ungerecht? Der andere hat doch bereits zehn Zentner, weshalb erhält er noch einen dazu? Weil es ein tüchtiger Mann ist. Da weiß man: Wenn dieser jetzt elf hat, wird er das nächste Mal zweiundzwanzig haben, wenn er weiter so arbeitet. Das ist auch das Prinzip im Wirtschaftsleben. Aber unser Wirtschaftsleben heute ist leider von der Sünde durchtränkt, weil da die Ellbogengesellschaft herrscht, der Egoismus. Das können wir nicht mit diesem biblischen Sinnbild gleichsetzen. Aber hier ist ein gesundes Wirtschaften gemeint. Man hat ein Material erhalten oder eine Vermögensgrundlage – und dann kommt die eigene Arbeit dazu. Deshalb wächst dieser Kapitalgrundstock durch die eigene Arbeit. So ist es ja auch bei jedem Beruf. Jeder Arbeiter bekommt Material, mit dem er etwas tun kann. Durch die Arbeit entsteht dann etwas daraus, z. B. ein Auto, ein Bauwerk oder ein Kunstwerk, etwas Kreatives. Es gibt so viele Berufe und Gaben, die GOTT geschenkt hat.

So ist es auch im geistlichen Bereich. Derjenige, welcher schon zehn Zentner hat, bekommt den einen von dem dazu, der nichts erwirtschaftet hat. So sagt der HERR Jesus, und das ist die Quintessenz, die Lehre daraus:

„Denn wer da hat, dem wird gegeben werden und er wird die Fülle haben. Wer aber nicht hat, dem wird auch, was er hat, genommen werden."

Das darf man nicht verwechseln etwa damit, dass man den Armen grundsätzlich nichts geben solle. So nicht! Allerdings finden sich auch Arme, die aus eigener Schuld arm geworden sind, weil sie einfach faul sind. Da muss man schon prüfen, ob man Faulheit unterstützt. Solchen Leuten soll man eher dazu verhelfen, dass sie zu einer vernünftigen Arbeit finden. Aber es existieren leider Menschen, die nicht arbeiten wollen. GOTTES Wort sagt: ***„Wer nicht arbeiten will, der soll auch nicht essen."*** Da steht nicht, wer nicht arbeiten kann, sondern wer nicht arbeiten will. Das muss man ganz klar unterscheiden. Wenn jemand zu krank oder zu alt, um arbeiten zu können, der soll natürlich zu essen bekommen. Aber wer sich weigert zu arbeiten im weltlichen Beruf oder auch im Reich GOTTES, der wird nicht für seine Faulheit belohnt werden. ***Geh hin zur Ameise, du Fauler, und lerne von ihr,*** lesen wir im Buch der Sprüche in Kapitel 6. Aus dem Tierreich können wir viel lernen.

Ich hoffe, dass mit diesen Ausführungen vermittelt werden konnte, dass wir dem HERRN dort treu dienen dürfen, wo Er uns eine Aufgabe zeigt. Da sollen wir dann auch unsere Gaben einsetzen. Es sollte hiermit aber keinesfalls der Eindruck eines falschen Leistungsdrucks entstanden sein. Lasst euch einfach vom HERRN führen und entzieht euch nicht Seinem Auftrag, der euch so deutlich vor Augen gestellt wird. Der Nächste ist immer derjenige, welcher mir gerade vor Augen steht: meine Familie, mein Nachbar, die Kollegen, die Mitschüler usw. Wenn wir konkrete Not sehen, sollen wir uns ihr nicht entziehen. Das bezieht sich sowohl auf geistliche als auch auf materielle oder psychische Not. Wer hat, dem wird gegeben werden, und der wird die Fülle haben. Wie wunderbar! Die absolute Fülle wird die Vollendung in der himmlischen Herrlichkeit sein.

Aber jetzt kommt noch Vers 30:

„Und den unnützen Knecht (der aus sich selbst heraus wirklich unnütz ist und das nicht nur bekennt im Verhältnis zur GOTTES Allmacht, sondern der wirklich unnütz ist) *werft in die Finsternis hinaus. Da wird sein Heulen und Zähneklappern."*

Er wird ausgestoßen in die Verdammnis, in die Finsternis deshalb, weil GOTT Licht ist. Wer nicht in Seiner Nähe ist, der ist von der Quelle des Lichts und des Lebens getrennt. Gleichzeitig kann die Hölle auch mit Feuer beschrieben werden. Aber man stelle sich das Feuer nicht physisch vor wie unser irdisches Feuer, da wäre es ja wieder hell, sondern hier bezeichnet die Bibel verschiedene Begriffe für die ewige Verlorenheit und Qual. Feuer drückt einfach die Qual aus, die dort gelitten wird in der Ferne von GOTT. Auch die Finsternis drückt die Ferne von GOTT aus.

Der Mensch existiert ewig weiter. Er wird Schmerzen leiden, was wir in Lukas 16 erkennen bei dem reichen Mann und dem armen Lazarus, wo der reiche Mann bittet, dass nur die Zunge gekühlt wird durch Wasser. Infolgedessen müssen es Schmerzen sein, Heulen und Zähneklappern. Wir können uns das in keinster Weise ausmalen und müssen es auch nicht. Aber wir können davor warnen, dass ein Mensch ohne Gott ein solches tragisches Ende nimmt. Wie wunderbar dagegen, wenn wir die Fülle haben werden, die Fülle des Heils, die Fülle des Segens, die Fülle des ewigen Lebens, die Fülle des Friedens und der Freude im HERRN Jesus Christus.

Wir wollen beten, dass auch wir unnütze Knechte sind, nicht im Sinne der Faulen und Bösen, sondern im Sinne dessen, dass wir bekennen können: HERR, Du hast uns alles geschenkt, lass uns damit verantwortlich umgehen, aber wenn wir alles getan haben, dann dürfen wir sagen: Wir sind unnütze Knechte, denn es war alles Deine Gnade allein. Amen

Gebet:

Lieber HERR Jesus Christus, Danke, dass Du der Geber aller Gaben bist, der irdischen und natürlichen Gaben, aber auch der geistlichen Gaben. HERR lass uns erkennen, welche Gaben Du jedem von uns gegeben hast, und lass uns praktizieren, was Du uns aufträgst. Zeige uns, wo wir anderen Menschen helfen können. Zeige uns, wo wir anderen Menschen Dich verkündigen können. Tue ihre Herzen dann auf. Vergib auch mir, wenn ich nicht immer gehorcht und das getan habe, was Du gewollt hast. Lass uns Gehorsam lernen und Dir dienen bis an unser Ende. Amen.

10. Teil
„Was ihr einem Meiner geringsten Brüder getan habt ..."

Matthäus 25,31 ff:

Unser HERR und Heiland Jesus Christus spricht: *»Wenn aber der Menschensohn kommen wird in Seiner Herrlichkeit und alle Engel mit Ihm, dann wird Er sitzen auf dem Thron Seiner Herrlichkeit. Und alle Völker werden vor Ihm versammelt werden. Und Er wird sie voneinander scheiden, wie ein Hirte die Schafe von den Böcken scheidet, und wird die Schafe zu Seiner Rechten stellen und die Böcke zur Linken.*

Da wird dann der König sagen zu denen zu Seiner Rechten: Kommt her, ihr Gesegneten Meines Vaters. Ererbt das Reich, das euch bereitet ist von Anbeginn der Welt, denn Ich bin hungrig gewesen und ihr habt Mir zu essen gegeben. Ich bin durstig gewesen und ihr habt Mir zu trinken gegeben. Ich bin ein Fremder gewesen und ihr habt Mich aufgenommen. Ich bin nackt gewesen und ihr habt Mich gekleidet. Ich bin krank gewesen und ihr habt Mich besucht. Ich bin im Gefängnis gewesen und ihr seid zu Mir gekommen.«

Dann werden Ihm die Gerechten antworten und sagen: »HERR, wann haben wir Dich hungrig gesehen und haben Dir zu essen gegeben oder durstig und haben Dir zu trinken gegeben. Wann haben wir Dich als Fremden gesehen und haben Dich aufgenommen oder nackt und haben Dich gekleidet? Wann haben wir Dich krank oder im Gefängnis gesehen und sind zu Dir gekommen?« Und der König wird antworten und zu ihnen sagen: »Wahrlich, Ich sage euch, was ihr getan habt einem von diesen Meinen geringsten Brüdern, das habt ihr Mir getan.«

Dann wird Er auch sagen zu denen zur Linken: »Geht weg von mir, ihr Verfluchten in das ewige Feuer, das bereitet ist dem Teufel und seinen Engeln. Denn Ich bin hungrig gewesen und ihr habt Mir nichts zu essen gegeben. Ich bin durstig gewesen und ihr habt Mir nichts zu trinken gegeben. Ich bin ein Fremder gewesen und ihr habt Mich nicht aufgenommen. Ich bin nackt gewesen und ihr habt Mich nicht gekleidet. Ich bin krank und im Gefängnis gewesen und ihr habt Mich nicht besucht.«

Dann werden sie Ihm auch antworten und sagen: »HERR, wann haben wir Dich hungrig oder durstig gesehen oder als Fremden oder nackt oder krank oder im Gefängnis und haben Dir nicht gedient?« Dann wird Er ihnen antworten und sagen: »Wahrlich, Ich sage euch, was ihr nicht getan habt einem von diesen Geringsten, das habt ihr Mir auch nicht getan.« Und sie werden hingehen, diese zur ewigen Strafe, aber die Gerechten in das ewige Leben.

Gebet:

Lieber Heiland. Wie gern möchten wir Dir dienen, wenn Du heute zu uns kommen würdest. Und wir erkennen oft nicht: HERR, Du bist in unserer Mitte in den geringsten Brüdern und auch Schwestern. Hilf uns zu erkennen, wo wir ihnen dienen können und damit auch Dir dienen. Amen.

Wer sind die geringsten Brüder?

In meiner Lutherbibel ist das Gleichnis, das eines der bekanntesten ist, überschrieben mit dem Titel „Vom Weltgericht“. Und so verstehe ich es auch. Es gibt heute eine Vielzahl von Deutungen und Umdeutungen auf liberalem und säkularem Sektor, aber auch im ganz frommen Bereich, in welchem man dieses Gleichnis schon in diese oder jene Richtung verbogen hat. Im liberalen Lager gibt man dem Humanismus eine große

Gewichtung. Es wird so gesagt: *„Ja, wenn wir den Menschen Gutes tun, dann werden wir uns Verdienste einsammeln, damit wir dann in den Himmel kommen."* Hinter diesem sozialen Evangelium steht eine unverhohlene Werkegerechtigkeit: Wir müssen nur die Hungernden speisen, die Nackten kleiden, die Armen versorgen und die Kranken besuchen, dann bekommen wir automatisch einen Platz im Himmel. Also geschieht doch eine Erlösung durch die Werke? Das widerspräche aber Johannes 14,6, wo der HERR Jesus sagt: *„Ich bin der Weg, die Wahrheit und das Leben. Niemand kommt zum Vater außer durch Mich."* Dieser ausschließliche Anspruch Jesu kann nicht im Sinne einer Werkereligion ausgelegt werden. Damit würden wir aus der Gnade fallen und stünden unter dem Gesetz.

Eine andere Deutung finden wir in manchen sehr frommen Kreisen, wo gesagt wird: Die geringsten Brüder sind Israeliten. Wenn wir Israel Gutes tun, dann haben wir den Auftrag des HERRN erfüllt. Die geringsten Brüder sind die Israeliten insbesondere im tausendjährigen Reich. Wenn dort Menschen auftreten, die ihnen helfen oder vielleicht auch schon vorher in der Drangsalszeit, dann werden diese Zugang in den Himmel haben. Das seien somit Heiden, die dann den Israeliten helfen, wenn diese in die Drangsal Jakobs hineinkommen. Das steht heute in vielen Büchern geschrieben.

Treffen diese Deutungen zu? Ich denke nicht. Meinem Erachten nach sind beides Verkürzungen.

Die entscheidende Frage lautet: Wer sind die Brüder, von denen im zentralen Vers 40 die Rede ist? Jesus sagt – und Er spricht hier als der König: *„Der König wird antworten und zu ihnen sagen: Wahrlich, Ich sage euch, was ihr getan habt einem von diesen Meinen geringsten Brüdern, das habt ihr Mir getan."*

Wer sind die Brüder Jesu? Wir müssen die Bibel immer vom Zusammenhang her lesen, damit wir sie richtig verstehen. So lesen wir in den Evangelien von der Begebenheit, als einmal die Mutter Jesu, Maria, und seine Halbbrüder Ihn sehen, wie er heilt und predigt. Da sagen die Jünger zu Ihm: *„Draußen stehen Deine Mutter und die Brüder."* Dann antwortet Er ihnen: *„Wer* *sind Meine Mutter und Meine Brüder? Es sind die, die den Willen Meines Vaters im Himmel tun"* (Lukas 8,19 ff.).

Wenn hier die Rede von Brüdern ist, sind natürlich auch die Schwestern enthalten. Die biblische Sprache ist an dieser Stelle inklusive (einschließlich). Ich rede aber jetzt der Einfachheit halber von den Brüdern. Die Brüder Jesu Christi sind die Jünger und Jüngerinnen. Die, die den Willen des Vaters tun. Das tun nur die Jünger, die wiedergeboren sind durch Seinen Geist (Johannes 3). Dadurch erkennen sie überhaupt erst Seinen Willen – aufgrund der Leitung durch den Heiligen Geist und aufgrund der Orientierung durch Sein Wort: der Heiligen Schrift. So bezieht sich dieses Gleichnis zunächst einmal darauf, dass wir als wiedergeborene Christen anderen wiedergeborenen Christen Gutes tun dürfen. Wenn wir das getan haben, haben wir Jesus gedient.

Heißt das aber im Umkehrschluss, dass wir *nur* wiedergeborenen Christen Gutes tun dürfen? Nein, das wäre ein Missverständnis. In den Apostelbriefen lesen wir immer wieder: „Tut Gutes an den Glaubensgenossen." Dann heißt es aber auch: „Tut Gutes allen Menschen, aber zuerst den Glaubensgenossen" (Galater 6,10). In dieser Priorität soll es sein. Wenn wir Gutes tun, dann kommen alle Menschen in Frage, also Gläubige wie auch Ungläubige. Es sind die Menschen, die uns der HERR zeigt, an denen wir Seine Liebe erweisen dürfen.

Dabei sollten wir nie die Glaubensgenossen übersehen. Sie gehören an die allererste Stelle meiner Nächstenliebe. Wenn ihr einen Bettler auf der Straße seht und einen Bettler in der Gemeinde, hat immer noch das, was in der Gemeinde geschieht, Vorrang. Noch mehr Vorrang hat ein gläubiger Bruder oder Schwester, wenn diese in Not geraten. Denen sollen wir zuerst helfen – und dabei diejenigen auf der Straße nicht vergessen. Diese sollen gewonnen werden für das Reich GOTTES, indem sie durch unser Zeugnis der Liebe Jesus in uns erkennen.

Es verhält sich also ähnlich wie konzentrische Kreise. Am nächsten stehen uns die, mit denen wir geistlich verwandt sind, die den gleichen Geist GOTTES im Herzen tragen, also unsere Glaubensbrüder und Schwestern.

Das ist meine Erkenntnis. Ich habe mit der Auslegung dieses Gleichnisses eine lange Zeit gerungen. Doch ich denke, in der Lutherbibel ist der Text zu Recht überschrieben mit „Vom Weltgericht“. Ich sehe es so, dass hier die Scheidung zwischen Schafen und Böcken zusammenfassend beschrieben wird im Sinne dessen, wie das Endergebnis sein wird. GOTT wird die Geretteten von den Ungeretteten scheiden. Die Geretteten sind die Schafe und stellen als Gesamtheit somit die Herde Jesu Christi dar, welche zu Ihm gehört, die Ihm als den guten Hirten nachfolgt. Die Böcke sind die, welche bockig sind, die trotzig und rebellisch gegen GOTTES fürsorgende Hand aufbegehren, die sich nicht haben rufen lassen in Seine Nachfolge – und damit auch nicht in Sein Reich.

Mit dem Gleichnis an dieser Bibelstelle werden wir auf das Endergebnis hingewiesen. Der HERR Jesus sagt mehrfach im Johannesevangelium, in den Kapiteln 3 und 5: *„Wer an Mich glaubt, der kommt nicht ins Gericht. Der ist schon gerichtet und gerettet.“* Also gerettet zum Leben. Wir kommen nicht mehr in das Endgericht vor dem großen weißen Thron. Wenn wir zu Jesus gehören, sind wir vorher schon reingewaschen und gerettet. Wir werden nicht beim Verdammungsgericht anwesend sein. Dies hier ist jedoch eine Zusammenfassung aller Gerichte. Das widerspricht auch nicht der Entrückung: der Tatsache, dass die Gemeinde schon vor dem Weltgericht entrückt wird und in das Preisgericht nach 1. Kor. 3 gelangt.

Das Preisgericht liegt ja zeitlich vor dem Weltgericht. Beim Preisgericht wird deutlich, wer auf das Fundament Jesus Christus Holz, Heu und Stoppeln gebaut hat – oder aber Gold, Silber und Edelsteine im geistlichen Sinne. Hier geht es darum, wer wieviel für den HERRN getan hat aufgrund Seiner Gnade und Seiner Kraft.

Am Ende wird sich zeigen: Das sind die Schafe, die vorher schon entrückt wurden. Aber es bekehren sich auch noch welche in der zweiten Hälfte der Trübsalszeit. Diese werden dann auch zu den Schafen gehören. Auf der anderen Seite stehen die Böcke, die in das Verdammungsgericht hinein müssen.

Es gibt hierzu eine unglaubliche Zahl von Missdeutungen. Ich will auch nicht behaupten, dass ich nun der Wahrheit letzten Schluss erkannt hätte. Aber das ist meine Erkenntnis.

Das passt auch zusammen mit dem, was in Daniel in Kapitel 7 steht. Hier ist nämlich vom Menschensohn die Rede. Das ist die Verknüpfung zu dem, was der Prophet Daniel darüber geschaut hat.

Der HERR Jesus sagt:

Matthäus 25,31 f.:

„Wenn aber der Menschensohn kommen wird in Seiner Herrlichkeit und alle Engel mit Ihm, dann wird Er sitzen auf dem Thron Seiner Herrlichkeit, und alle Völker werden vor Ihm versammelt werden.“

Und wir lesen im Propheten Daniel, Kapitel 7 ab Vers 13:

„Ich sah in den Nachtgesichten, und siehe, es kam einer mit den Wolken des Himmels, gleich einem Sohn des Menschen. Und Er gelangte bis zu dem Hochbetagten und wurde vor Ihn gebracht. Und Ihm wurde Herrschaft, Ehre und Königtum verliehen und alle Völker, Stämme und Sprachen dienten Ihm. Seine Herrschaft ist eine ewige Herrschaft, die nicht vergeht und Sein Königtum wird nie zugrunde gehen.“

Hier ist zusammenfassend beschrieben, wie Jesus Seine Königsherrschaft, die nie vergeht, antritt. Hier ist nicht allein die Herrschaft vom tausendjährigen Reich gemeint, sondern diese beginnt zwar in diesem, mündet aber dann in das himmlische Jerusalem. Es ist eine Herrschaft, die nie vergeht. Der Menschensohn regiert zusammen mit Seinem Vater, umgeben von den sieben Geistern Gottes, wie es in der Offenbarung steht. Vater, Sohn und Heiliger Geist – wir finden immer wieder die göttliche Dreieinigkeit. Der Menschensohn ist niemand anderes als der Sohn GOTTES, des Vaters. Und der Hochbetagte, von dem der Prophet Daniel spricht, ist ein Bild für die Ewigkeit GOTTES, der ohne Anfang und ohne Ende ist. Er wird Seinem Sohn die Herrschaft übertragen über alle Völker, Stämme und Sprachen.

Wir lesen in der Offenbarung, dass einmal Menschen aus allen Völkern, Stämmen, Sprachen und Nationen vor dem Thron GOTTES und des Lammes stehen werden (Offenbarung 7,9). Das sind die Bluterkauften aus der gesamten Menschheit. Es sind jene Erlösten, welche das Geschenk der stellvertretenden Sühnung der Sünden am Kreuz von Golgatha für sich in Anspruch genommen haben.

Das war einiges Grundsätzliches, um Missverständnisse auszuräumen, die heutzutage wie Sand am Meer über dieses Gleichnis grassieren. Die Brüder und Schwestern Jesu sind die Gläubigen. Ihnen sollen wir zuerst Dienste der praktischen Nächstenliebe erweisen, sollen aber dabei die, die noch draußen sind, nicht vergessen. Ich spreche überhaupt nicht dagegen, dass wir humanitäre Hilfe auch an Ungläubigen, auch an Menschen diverser Religionen leisten sollen. Sie sollen ja gerade durch die Liebeserweise für Jesus als den einzigen Weg zum Vater gewonnen werden. Es ist immer wieder wunderbar, wenn ein Mensch fragt: ***„Warum tust du mir Moslem, der du doch ein Christ bist, soviel Gutes? Oder mir Hindu? Oder mir Buddhist?" „Ja, ich tue es, weil die Liebe Christi in mir wohnt."***

Aber wir können nicht sagen, dass in dem Moslem, Hindu und Buddhist bereits Christus wohnt, so wie es manche liberalen Theologen auslegen, die dann eine Art heilsuniversalistische Menschheitsverbrüderungsreligion auf diesem Gleichnis errichten. Das wäre eine grobe Fehlinterpretation. Nein, Christus, der HERR, wohnt allein in den Brüdern und Schwestern, die wiedergeboren sind durch Gottes Geist (Johannes 3).

Was wir solchen Brüdern und Schwestern tun, das haben wir auch Jesus Christus getan. Jünger sollen Jüngern helfen und darüber hinaus allen Menschen Gutes tun. Wenn sie anderen Jüngern und Jüngerinnen helfen, haben sie Jesus geholfen und gedient. Natürlich ist Er ja nicht auf unsere Hilfe angewiesen. Aber Er möchte, dass wir Seine Jünger nicht im Stich lassen. Darüber sollen wir die Menschheit insgesamt nicht vergessen. Niemals können wir aber behaupten, dass in allen Menschen der Geist GOTTES bereits wohnen würde. Das behaupten die

Mystiker in verschiedenen Traditionen. Das ist eine Irrlehre. Beispielsweise hat Roger Schütz von Taizè gesagt: ***„Dans chaque être humain habite l'Esprit Saint.“*** Das heißt übersetzt: „In jedem menschlichen Wesen wohnt der Heilige Geist.“Das ist eine schreckliche Irrlehre.

Es handelt sich hierbei zweifellos um jene falsche Mystik, die der Welteinheitsreligion des Antichristen den Weg bereitet. Wenn der Papst Angehörige aller Weltreligionen einlädt, um für den Frieden zu beten, gehört dies in dieselbe Kategorie. Und sie wollen nicht einmal mehr merken, wie sie durch diese religiöse Vermischung das 1. Gebot übertreten. Dies wird dann heruntergespielt. Sie behaupten: „Wir beten ja nicht zusammen. Wir meditieren nur.“ Hier sollten wir uns jedoch keinen Sand in die Augen streuen lassen! Wir können und dürfen in geistlichen Dingen keine Gemeinschaft mit Götzendienern, mit Dämonenverehrern haben (2. Korinther 6,14 ff.). Es ist Satan, der hinter den falschen Religionen steht. Und Christus und Satan können wir niemals zusammenbringen.

Hilf den geringsten Brüdern!

Es gibt eine schöne Geschichte von Leo Tolstoi über den Vater Martin. Diese Geschichte ist inhaltlich in dem Sinne, dass man allen Menschen Gutes tun soll. Sie ist allerdings ein klein wenig grenzwertig:

Da ist ein altes Väterchen in Russland und wohnt in einer Stadt. Eines Abends zur Weihnachtszeit hat er durch einen Traum erfahren, dass am nächsten Tag Jesus ihn besuchen würde. Jesus sagt zu ihm: „Ich werde dich morgen besuchen kommen.“ Der Vater Martin ist so erfüllt davon und freut sich sehr. Er putzt sein Stübchen fein heraus, schaut hinaus auf die Straße und erwartet Jesus. Er war schon ein älterer Mann und war davon ergriffen, dass ihm das noch in seinem Alter zuteil werden würde.

Er schaut also auf die Straße und sieht irgendwann einen Straßenkehrer vorbeikommen, der im kalten Winter in dem russischen Städtchen die Straße kehrt. Vater Martin fasst sich ein

Herz, als er sieht, wie dieser Mann friert. Er lädt ihn zu einem Tee ein und sie freuen sich beide, dass sie Gemeinschaft haben. Der Straßenkehrer geht danach wieder weg.

Einige Zeit später sieht Vater Martin eine Mutter mit einem Kindlein auf dem Arm vorbeikommen. So bittet er auch diese Mutter mit ihrem Baby herein und auch ihr und dem Kind gibt er etwas zu essen. Er erzählt ihr, dass Jesus ihn heute besuchen kommen wolle. Sie freuen sich beide darüber. Schließlich geht auch die Mutter mit ihrem Kind wieder.

Es wird Abend und Jesus ist immer noch nicht gekommen. Dann hat er wieder einen Traum. Darin spricht Jesus zu ihm: Hast du mich nicht erkannt?

Das ist schon eine bewegende Geschichte. Sie zeigt uns, dass wir nicht hartherzig sein sollen, wenn wir Menschen in Not sehen oder wenn Menschen Hilfe bei uns suchen. ***„Hast du mich nicht erkannt?"*** Ja, der HERR Jesus kommt auch in denen zu uns, die wirklich Hilfe brauchen. Das können wahrhaftig in erster Linie die geistlichen Brüder und Schwestern in Ihm sein, wenn wir z. B. an die vielen verfolgten Christen denken. Die heutige schreckliche Märtyrerstatistik besagt ja, dass im Schnitt alle 5 Minuten ein Bruder, eine Schwester um des Glaubens an Jesus willen getötet wird. Über 100.000 im Jahr! Wir wollen für sie eintreten und Protestbotschaften an solche Regierungen schicken, die Christen ermorden lassen und die das zulassen. Hier sind wir ganz konkret gefordert, unsere Stimme zu erheben – zu beten, aber auch zu handeln: ***ora et labora – bete und arbeite.*** Das gehört untrennbar zusammen.

Mich hat sehr beeindruckt, was Charles Haddon Spurgeon, der bekannte Prediger, dazu sagt:

„Nun will ich euch etwas in aller Deutlichkeit sagen, was niemand missverstehen kann. Ihr mögt von eurer Religion sprechen, bis euch die Zunge lahm wird, und andere mögen euch glauben. Ihr mögt 20 Jahre in der Gemeinde gewesen sein und niemand ist imstande gewesen, in irgendeiner Weise einen Tadel über euren Wandel auszusprechen. Wenn es aber in eurer Macht steht, und ihr habt nichts für die Not der armen Glieder Christi getan, so

werdet ihr gewiss so verdammt werden wie die Trunkenbolde und die Zuhälter. Wenn ihr keine Sorge für die Gemeinde tragt, so wird dieser Text auf euch angewandt, euch ebenso sicher in die unterste Hölle bringen, als wenn ihr die größten Spötter gewesen wärt. Das ist deutlich gesprochen. Aber es ist der Sinn meines Textes und es wäre zu meinem Verderben, wenn ich davon zurückschreckte, euch dieses zu sagen.

(Nun kommt in der ersten Satzhälfte immer ein Zitat aus Matthäus 25 und die zweite Satzhälfte endet nach Menschenweise):

„Ich bin hungrig gewesen und ihr habt ….	*mir guten Rat gegeben, aber kein Brot.*
„Ich bin durstig gewesen und ihr habt….“	*mir ein Traktat gegeben, aber kein Getränk.*
„Ich bin nackt gewesen und ihr habt….“	*mir gute Wünsche gesagt, aber keine Kleider gegeben.*
„Ich bin ein Gast gewesen und ihr habt….“	*mich bemitleidet, aber nicht aufgenommen.*
„Ich bin krank gewesen und ihr habt…“	*mir einen Arzt empfohlen, mich aber nicht besucht.*
„Ich bin gefangen gewesen, ich, Jesu Diener bin verfolgt worden, und um Jesu Willen ins Gefängnis gekommen und ihr sagt…“	*ich hätte vorsichtiger sein sollen, aber ihr seid nicht zu mir gekommen und habt nicht an der Schmach um der Wahrheit willen teilgenommen.*

Dies ist eine schreckliche Rute für einige von euch Knickrigen, deren Hauptgenuss es ist, zu nehmen, soviel ihr könnt, um es festzuhalten, aber es gibt eine Rute, die oft gebraucht werden muss. Wer es auch sei, der euch täuscht oder schont – ich will es mit GOTTES Gnade nicht tun, sondern will kühner werden denn je, die Sünde an den Pranger zu stellen.“

Eine aufrüttelnde Predigt, die hier wiedergegeben ist.

Durch die Aktion „Brot für die Welt“ wird Brot weitergegeben, wenn auch nicht immer, die Aktion ist zum Teil umstritten. Aber das eigentliche Problem dort ist, dass sie leider sehr oft das Wort GOTTES verschweigen. Daneben gibt es andere Missionswerke, die geben zwar das Wort GOTTES weiter, aber wenn es wirklich im biblischen Sinne handelnde Werke sind, dann dürfen sie auch nicht darauf verzichten, die Not zu lindern.

Ich arbeite z.B. mit dem Samenkorn-Verlag zusammen. Dieser Verlag ist verbunden mit dem Hilfswerk Aquila. Hier wird beispielsweise Russland mit allem bestückt: Bibeln und auch Versorgung mit Kleidern, Nahrung usw. So ist es richtig. Das machen sicherlich viele andere Hilfswerke, die im evangelikalen Sinne heute noch arbeiten, ebenso, dass sie geistliches und leibliches Brot weitergeben. Nicht wie es die Liberalen machen, nur das irdische. Auch nicht so, wie es übergeistlich Denkende machen, nur das geistliche. Sondern beides gehört zusammen: Mission und Diakonie. Mission, die frohe Botschaft, dass Jesus allein der Retter ist - und Diakonie, praktische Dienste der Nächstenliebe, damit der Mensch körperlich überleben kann und Zeit findet, sein Herz für Jesus aufzutun, so dass er im irdischen Leben bewahrt und für das ewige Leben gerettet wird.

Es ist wunderbar, wenn das geschehen darf.

Praktische Beispiele der Nächstenliebe

Hierzu möchte ich eine Stelle aus der Heiligen Schrift zitieren – aus dem Römerbrief Kapitel 12. Dort werden uns ganz praktische Beispiele genannt, was wir das tun können und wie dieses Gleichnis mit Leben erfüllt wird.

Römer 12,9 ff.:

Die Liebe sei ungeheuchelt (am Anfang steht die herzliche, aufrichtige Liebe zu unseren Mitmenschen). ***Hasst das Böse, haltet fest am Guten. In der Bruderliebe seid herzlich gegeneinander, in der Ehrerbietung*** (Wertschätzung, Respekt) ***komme einer dem anderen zuvor*** (unser Umgang sollte geprägt sein von einem herzlichen liebevollen Miteinander, gerade auch zwischen Brüdern, wo es manchmal auch leider unterschiedliche Ansichten gibt – trotzdem wollen wir die Brüder deshalb nicht verachten oder hassen, sondern füreinander beten). ***Im Eifer lasst nicht nach, seid brennend im Geist. Dient dem HERRN.*** Aller Dienst geschieht dem HERRN, auch wenn wir den Brüdern dienen (was ihr dem Bruder getan habt, habt ihr auch dem HERRN getan). ***Seid fröhlich in Hoffnung, in Bedrängnis haltet Stand, seid beharrlich im Gebet, nehmt Anteil an den Nöten der Heiligen, übt willig Gastfreundschaft.***

Angenommen, es wird jemand verfolgt oder vielleicht sogar angeklagt wegen einer Sache, die er in der Predigt gesagt hat. Das könnte mir oder auch anderen passieren, die manche unbequemen Wahrheiten in unserer Zeit aussprechen müssen, wenn wir vom Geist GOTTES gedrängt sind. Es gab schon Brüder in anderen Ländern, die wurden angezeigt, weil sie Sünde noch Sünde genannt haben. Steht dann die Gemeinde dahinter? Betet sie für solche Brüder, die den Kopf hingehalten haben?

Es macht mich sehr traurig, wenn ich im letzten Brief des Paulus, im 2. Timotheus lese, dass ihn alle verlassen haben. Nur Lukas war bei ihm. Sicher, weil Lukas auch Arzt war, so durfte er bei ihm bleiben. Aber die anderen haben ihn alle verlassen. Doch der HERR hat ihn gestärkt. Der HERR hat ihn nie verlassen. Das ist ähnlich wie beim Kreuz Jesu: Da standen auch nicht mehr alle Jünger direkt darunter, sondern weiter weg. Johannes war noch da mit der Mutter Jesu. Sonst hören wir von den Jüngern unter dem Kreuz nicht viel.

Dann lesen wir: ***„Übt willig Gastfreundschaft.“*** Seid ihr gastfreundlich in eurer Gemeinde? Lädt man sich da gegenseitig ein? Das ist nicht in jeder Gemeinde selbstverständlich. Ich kenne ganz unterschiedliche Gemeinden. In der einen gibt es jeden Sonntag ein gegenseitiges Einladen – auch wenn Gäste kommen, werden sie sofort eingeladen. Das ist ein gutes Zeugnis. Und in anderen ist es wie in den meisten Volkskirchen. Man geht rein und genauso wieder raus. Das ist die traurige Gegenseite.

Römer 12,14 f.:

„Segnet, die euch verfolgen. Segnet und flucht nicht. Freut euch mit den Fröhlichen und weint mit den Weinenden."

Das heißt, dass wir Anteil nehmen sollen, wenn sich jemand freut, wie z. B. über eine Geburt, aber auch weinen sollen mit den Familien, wenn jemand gestorben ist. Und wir sollen darüber hinaus mit Trösten und Helfen das Leid mittragen. Ich habe auch in persönlichen Krisen miterleben dürfen, dass Geschwister gekommen sind, die mich getröstet haben und die geholfen haben, Dinge in Ordnung zu bringen. Das kann ich wirklich nur empfehlen, dass wir das anderen auch so tun.

Römer 12,16:

„Seid gleichgesinnt gegeneinander, trachtet nicht nach hohen Dingen, sondern haltet euch herunter zu den niedrigen. Haltet euch nicht selbst für klug."

Mancher könnte sich ja überheben über den, der vielleicht eine geringere gesellschaftliche Position hat. Das ist nicht im geistlichen Sinne. Wir wollen jeden Menschen hochschätzen, ob es der Bürgermeister ist oder der Straßenkehrer. Jeder Mensch ist ein Mensch, den GOTT so liebt, dass Er auch ihn einladen möchte, sich Jesus zuzuwenden und in Sein Reich zu kommen.

Römer 12,17:

„Vergeltet niemand Böses mit Bösem. Seid auf das bedacht, was in den Augen aller Menschen gut ist."

Die Menschen haben noch ein Gespür, was gut und böse ist. Zum Beispiel sehen die meisten Menschen Mord auch heute noch als böse an. Es gibt zwar auch hier Ausnahmen wie z. B. bei den Kannibalen, aber wo das Gewissen nicht verroht ist, weiß man: Mord ist Sünde. Leider erkennt man es nicht mehr bei Mord gegenüber Ungeborenen. Da hat man sich die Augen und Ohren zugebunden und tut so, als sei das noch kein Mensch.

Aber da macht man sich etwas vor und wird sehr sehr schuldig in einer Gesellschaft, in der das toleriert und gefördert wird.

Man soll aber ***auf das bedacht sein, was in den Augen aller Menschen gut ist*** und nicht auf solches wie töten oder stehlen. Das erkennen viele noch als böse an. Dazu gehört aber auch: nicht ehebrechen. Bei Letzterem allerdings werden die Schamgrenzen bei uns leider immer mehr abgebaut.

Römer 12,18.20:

„Ist es möglich, soviel an euch liegt, so haltet mit allen Menschen Frieden. Wenn Dein Feind Hunger hat, so gib ihm zu essen. Wenn er Durst hat, dann gib ihm zu trinken. Wenn du das tust, wirst du feurige Kohlen auf sein Haupt sammeln.“

Da haben wir das Essen und Trinken, was auch in unserem Gleichnis vorkommt. ***Ich war durstig und ihr habt Mir zu trinken gegeben. Ich war hungrig, ihr habt Mir zu essen gegeben.*** Sogar beim Feind können wir das tun. Damit würden wir feurige Kohlen auf sein Haupt sammeln. Das heißt, der Heilige Geist wird an seinem Herzen dann arbeiten, wenn sein Gewissen geweckt wird und er sich fragt: ***„Der ist doch mein Feind, warum tut er mir jetzt soviel Gutes?“*** Nur so, liebe Geschwister, können wir die Spirale der Gewalt und des Hasses, der Kriege in dieser Welt durchbrechen. Ja, es werden Kriege sein alle Zeit, sagt der HERR Jesus, aber wir sollen als Christen – so sagt Er auch in der Bergpredigt – Friedenstifter sein. Denn die Friedenstifter werden Kinder GOTTES heißen (Matthäus 5,9). Wir wissen, dass Kriege kommen müssen, weil das Böse ausreift. Aber wir selbst als Christen sollten beitragen zum Frieden und zur Versöhnung zwischen den Menschen. Das ist ganz klar und grundlegend.

Ich könnte noch viel sagen über das Weltgericht und das Endgericht. Doch zum Schluss möchte ich noch darauf hinweisen, was am Ende dieses Gleichnisses steht, in Vers 46:

„Und sie werden hingehen (nämlich die Böcke zur Linken) ***zur ewigen Strafe, aber die Gerechten*** (die Schafe zur Rechten) ***in das ewige Leben.“***

Das ist die Entscheidung, die jeder von uns zu treffen hat. Unser Leben ist eine Prüfungszeit, ob wir Jesus lieben und Ihm dienen. Ob wir im praktischen Leben den Gläubigen und auch den Ungläubigen Gutes erweisen. Wir vertreten damit keine Werkereligion – das möchte ich nochmals betonen - sondern es geschieht aufgrund der Gnade, dass Jesus uns selbst vergeben hat und uns Kraft schenken möchte zu einem Leben in Seiner Nachfolge. Wir können uns den Himmel nicht verdienen. Der HERR Jesus allein ist das Fundament, und nur über den Glauben an Ihn wird sich uns der Himmel öffnen. Niemand kommt zum Vater außer durch Ihn. Aber Er möchte auch, dass wir Ihm in der Nachfolge treu dienen, Gutes tun und den Nächsten lieben wie uns selbst. Amen.

Gebet:

Lieber HERR Jesus Christus. Vergib mir bitte, wenn ich nicht immer das praktiziert habe, was Du hier sagst. Schenk uns allen offene Augen und offene Herzen zu sehen, wo Brüder und Schwestern in Not sind, dass wir ihnen helfen, für sie beten und für sie wirken. Und hilf auch, dass wir bei unseren Nachbarn und Bekannten sehen, wo wir Dich bezeugen können durch Wort und Tat. Lass diese Ausführungen nicht vergeblich gewesen sein, sondern lass sie weiterwirken durch unser Leben hindurch zu Deiner Ehre und zum Segen für die Menschen. Amen.

Lothar Gassmann

Die Zehn Gebote Gottes

Wie können wir danach leben?

Wie können wir in unserer Zeit nach diesen Geboten Gottes leben? Dieses Buch gibt viele hilfreiche und praktische Hinweise für ein echtes Leben als Christ.

ISBN: 978-3-936894-78-3

Lothar Gassmann

Prediger

Alles Irdische ist vergänglich

Alles Irdische ist vergänglich. Das erleben wir inmitten der Wirschaftskrise besonders dramatisch. Das biblische Buch Prediger weist auf das Unvergängliche und Ewige hin. Ein Trost- und Hoffnungsbuch in schwerer Zeit!

Alles Irdische ist vergänglich
Von der wahren Weisheit
Jedes Ding hat seine Zeit
Besser zu zweit als allein
Wer Geld liebt, wird vom Geld nicht satt
Trauern ist besser als lachen
Wer Gott ehrt, wird gesegnet
Weisheitssprüche
Denke an deinen Schöpfer in deiner Jugend!

ISBN 978-3-86203-029-3

Lothar Gassmann

Psalmen

Lebendige Wasserquellen

Die Psalmen sind das Gebetbuch Israels. Da sie den einzigen wahren Gott loben, sind sie zugleich das Gebetbuch der gesamten Menschheit. Diese Auslegung einiger der bekanntesten Psalmen für unsere Zeit soll dazu beitragen, dass viele Menschen die Größe und Liebe Gottes entdecken und von der Quelle des lebendigen Wassers trinken.
Folgende Psalmen werden ausgelegt:
Psalm 1: Sitze nicht bei den Spöttern, sondern wandle mit dem HERRN!
Psalm 2: Warum toben die Heiden gegen Gott?
Psalm 22: Mein Gott, mein Gott, warum hast Du mich verlassen?
Psalm 23: Der HERR ist mein Hirte
Psalm 51: Gott, sei mir Sünder gnädig!
Psalm 73: Das Dennoch des Glaubens
Psalm 90: Vergänglichkeit und Ewigkeit
Psalm 122: Friede über Jerusalem

ISBN 978-3-86203-027-9

Lothar Gassmann

Sprüche der Weisheit

Wie Gott unser Leben verändert

Viele Menschen halten sich selbst für klug, aber wahre Weisheit kommt allein von Gott. Wer weise werden möchte, sollte das biblische Buch der Sprüche lesen. Diese Auslegung der Sprüche gräbt Schätze wahrer Weisheit aus, die das Leben entscheidend verändern können. Die Themen sind:

Gottesfurcht, der Anfang der Weisheit
Weisheit und Torheit
Hochmut und Demut
Fleiß und Faulheit
Armut und Reichtum
Genügsamkeit und Völlerei
Beherrschung der Zunge
Wahrheit und Lüge
Eine Frau nach Gottes Plan
Jesus Christus, die Weisheit in Person

ISBN 978-3-86203-028-6

Lothar Gassmann

Der Jakobusbrief

Seid Täter des Worts,
nicht Hörer allein!

Der Jakobusbrief entfaltet existenzielle Themen für den christlichen Lebensalltag: Anfechtung und Versuchung, Barmherzigkeit und Gerechtigkeit, Armut und Reichtum, Krankheit und Gebet, Absonderung und Zucht der Zunge. Er lädt ein zur Nachfolge Jesu Christi in Wort und Tat. Eine praktische Auslegung mit vielen Anregungen für das persönliche Wachstum im Glauben.

ISBN 978-3-936894-92-9

Lothar Gassmann

Die himmlische Herrlichkeit

und die Vollendung der Gläubigen

„Und ich sah einen neuen Himmel und eine neue Erde". Dieses Buch vermittelt einen Einblick in die unbeschreiblich schöne himmlische Herrlichkeit und erweckt Freude und Sehnsucht, an dieser teilzuhaben. Überwältigender als die goldenen Gassen und die Perlentore wird aber der Anblick Jesu Christi, des Erlösers, sein …

ISBN 978-3-936894-85-1

Lothar Gassmann

Die sieben Sendschreiben

Was der Geist
den Gemeinden sagt

Die sieben Sendschreiben sind das Vermächtnis Jesu Christi an Seine Gemeinde. Ihr Inhalt ist hochaktuell: Rückkehr zur ersten Liebe, Warnung vor Verführung, Aufwachen aus geistlichem Tod und Lauheit, Treue zum Herrn. Ein aufrüttelnder Bußruf, ausgelegt für unsere Zeit!

ISBN 978-3-936894-79-0

Lothar Gassmann

Das Tausendjährige Reich

Jesus Christus herrscht als Sieger

Nachdem der Antichrist und sein falscher Prophet besiegt sind, errichtet Jesus Christus Sein herrliches Tausendjähriges Reich. Dieses Buch bringt den Nachweis, dass dieses eine ernst zu nehmende Wirklichkeit ist, die dem Endgericht und der Neuschöpfung von Himmel und Erde vorausgeht. Eine spannende und bewegende Darstellung!

ISBN 978-3-936894-84-4